내가
교사가 돼도
되나?

자유글쓰기로 만드는 행복한 교육학 수업 이야기

내가 교사가 돼도 되나? ── 자유글쓰기로 만드는 행복한 교육학 수업 이야기

지은이 최영란
펴낸곳 이매진　**펴낸이** 정철수
편 집 기인선 이정미 최대연
디자인 오혜진　**마케팅** 김둘미
첫 번째 찍은 날 2009년 9월 4일
두 번째 찍은 날 2011년 1월 4일

등록 2003년 5월 14일 제313-2003-0183호
주소 서울시 마포구 서교동 396-47 1층
전화 02-3141-1917　**팩스** 02-3141-0917
이메일 imagine@imaginebooks.co.kr
ISBN 978-89-93985-06-1 (03370)

ⓒ 최영란, 2009

내가
교사가 돼도
되나?

자유글쓰기로 만드는 행복한 교육학 수업 이야기

최영란 지음

이매진

이 책은 2007년부터 2008년까지 학부와 교육대학원의 '교육학 개론' 수업에 참여한 대학생들이 쓴 글의 일부를 주제별로 엮은 것이다. 여기에는 우리를 즐겁게도 하고 슬프게도 하고 또 화나게도 하는 솔직한 이야기들이 담겨 있다. 이제 곧 교사가 될 젊은이들의 고뇌가 담긴 것이기에 이 이야기는 더욱 값지다. 외적 요구에 시달려 점점 파리해져 가는 이 땅의 학생들, 교육 현장의 불편한 진실들에 맞서 씨름하고 있는 교사들, 더 나은 교육 시스템을 위해 애쓰는 교육 행정가들, 그리고 올바른 교육을 갈망하고 있는 이 땅의 학부모들에게 생생한 이야기를 들려주고 싶다. 학생들이 토해놓은 진솔한 이야기 안에서 우리 모두 허심탄회하게 만날 수 있기를 기대한다.

여는 글

어느 학기인가, 교육학 개론 수업의 어려움에 대해 고민이 시작됐다. 한 학기에 16주, 100분씩 주어지는 수업에서 교수들은 교육학의 밑그림을 그리기 위해 주요 이론과 개념들을 훑기에도 바쁘다. 학생들은 매 시간 쏟아지는 낯선 개념들 앞에서 어리둥절해하다가 한 학기를 마치기 일쑤다. 그러다 보니 학생들은 교육에 대한 안목은 고사하고 최소한의 흥미도 느끼기가 어렵다.

제한된 시간에 한 분야의 지식을 적절하게 다루기는 결코 쉽지 않다. 어느 정도의 폭과 깊이로 특정 주제를 다룰 것인가? 또 이것은 학습자들에게 어떤 의미로 다가갈 것인가? 같은 내용을 다룬다 하더라도 대상이 다르고 시 · 공간적 맥락이 다르기 때문에 가르치는 사람들은 번번이 어려움을 느낀다.

이런 고민을 하다가 문득 이미지 하나가 떠올랐다. 우리는 수박 맛을 보려고 수박 껍질을 핥지는 않는다. 대신 날카롭고 예리한 칼로 속살을 깊숙이 잘라내서 한 조각 맛을 본다. 이런 방식으로 교육학 수업을 할 수는 없을까?

이런 문제의식에서 시작한 활동이 바로 '자유글쓰기'다. 자유글쓰기는 프레네$^{C. Freinet}$가 자기 교실에서 다양한 방식으로 시도하여 성공을 거둔 학습 기법*으로, 이것을 약간 변형해 고등교육 수준에서 해보기로 한 것이

---

* 프랑스의 한 초등학교 교사였던 프레네는 어린이의 능동성과 인격의 자유로운 전개를 중요한 교육 목표로 생각했는데, 이것을 위해 학습과정에서 '자유로운 자기표현으로서 글쓰기'를 강조했다. 프레네가 발전시킨 교육학 원리는 '프레네 교육학'으로 불릴 만큼 전세계적으로 유명하다(디틀린데 바이예, 송순재 옮김, 《프레네 교육학에 기초한 학교 만들기》, 내일을 여는 책, 2002; 정훈, 《자발성과 협력의 프레네 교육학》, 내일을 여는 책, 2009).

다. 나는 이것을 'RP'라고 불렀다. 'RP'란 'Remind · Reflection · Reaction Paper'의 앞 글자를 딴 것으로 개인적 경험에 관한 회상, 반성적 사고, 반응적 행동을 나타내기 위한 것이다.

강의를 진행하는 동시에 한 학기 동안 다룰 교과 내용과 관련된 RP 주제 열 개 정도를 학생들에게 제시하면, 학생들은 관심 주제에 따라 서너 개를 선택해 A4 1~2매 정도로 짧은 글을 쓰면서 자기 경험과 관련한 이야기를 풀어낸다. 그 과정에서 학생들은 자기 성찰뿐 아니라 자신을 둘러싼 교육적 상황을 객관적으로 바라보는 힘을 얻게 된다. 이런 활동을 통해 학생들은 강의에서 배우는 이론들과 함께 자신의 교육관과 방법론을 스스로 만들어간다.

나는 학생들이 12년 이상 겪은 학교교육을 바탕으로 기대 이상의 풍부하고 깊은 생각을 끌어내는 것을 자주 볼 수 있었다. 학생들의 경험은 긍정적이든 부정적이든 자기 학습을 위한 값진 재료들로 새로 형성될 지식의 밑바탕이 된다.

학생들은 저마다 써 온 글을 가지고 소그룹에서 대화를 나누었으며 이런 과정을 통해 강의실은 자연스레 풍부한 나눔의 장이 되었다. 별 의미 없게 생각하던 개인의 경험이 대화를 통해서 새로운 문제의식과 지식으로 바뀌어간 것이다. 학생들은 매 시간 마치 식탁에 둘러앉아 이야기를 나누며 밥을 먹듯이 함께 차려낸 대화의 식탁에서 실제적이고 신뢰할 만한 교육적 안목과 지식을 쌓아갔다. 나는 그 자리에서 학생들이 처한 교육 현실과 그 삶을 새롭게 인식할 수 있었다. 그 어떤 교과서로 이런 생생한 지식을 대신할 수 있었겠는가!

가르치는 사람이 기존의 지식을 체계적으로 제시하는 대신, 학생들 스스로 지식을 구축해갈 수 있게 하는 이런 수업 방식은 프레이리^{Paulo Freire}의

'대화 교수법dialogue method'*이나 하버마스Jürgen Habermas의 '담론적 교수법discursive teaching method'**을 통해서도 이미 널리 알려진 바 있다. 굳이 연결 짓자면 브루너J. S. Bruner의 문화구성주의에서 제기된 '내러티브적 앎Narrative knowing'***하고도 관련된다. 아무튼 우리에게는 아직 낯선 이런 교수법은 학생들의 지성을 해방시키고, 그 어떤 것에도 속박되지 않은 자유로운 정신을 갖게 하는 데 목적이 있다.

주입식 교육이 몸에 배인 학생들 대부분은 이런 시도를 낯설고 부담스러워했다. 하지만 문제의식을 가지고 자기주도적으로 공부하려는 학생들은 이 시간을 즐기면서 열정적으로 배움에 몰입했다.

'우리의' 색다른 교육학 수업은 몇 가지 특징이 있다. 첫째는 학생들을 학습의 주체로 인정하고 자신을 성찰하면서 동시에 세계를 탐구할 수 있게 격려하는 것이다. 모든 것이 학생들의 탐구 자료가 될 수 있다(책, 자기 경험, 친구의 경험, 뉴스, 다큐멘터리, 신문 기사, 외국의 교육 사례 등). 둘째, 교사와 학생 사이에, 학생과 학생 사이에 의사소통을 지속적으로 촉진하는 것이다. 이런 식의 의사소통은 사회적 관계 안에서 지식을 형성해 앎

● 브라질의 교육학자이며 사회운동가인 프레이리는 대화(말)를 자유를 실천하는 교육의 본질로 보았다. 모든 대화에는 성찰과 행동이라는 두 가지 요소가 상호작용하기 마련인데, 따라서 참된 대화를 하는 것은 자신과 세계를 변화시키는 힘이라고 보았다. 이런 관점에서 볼 때, 참된 배움은 참된 대화를 통해서만 가능해진다(파울로 프레이리, 남경태 옮김, 《페다고지》, 그린비, 2002).

●● 독일의 비판적 사회학자인 하버마스는 교육의 궁극적 목적이 자신과 세계의 문제 해결 능력을 기르는 것에 있다고 보았다. 그러나 이런 문제 해결 능력은 비판적 사고 없이는 불가능하다. 또 비판적 사고는 인간의 합리적 사고에 근거를 두는데, 하버마스가 말하는 합리적 사고는 담론, 즉 강요되지 않은, 열린 의사소통을 통해서 가능하다. 인간이 더 나은 문제 해결 과정에 근접할 수 있으려면 대화와 토론은 꼭 필요하다. 이런 관점에서 볼 때, 교실은 언제나 자유로운 담론의 장이 되어야 한다(로버트 영, 이정화·이지헌 옮김, 《하버마스의 비판이론과 담론교실》, 우리교육, 2003).

●● 'Narrative'는 '이야기'다. 인간의 구체적인 경험이 담긴 이야기는 문화와 역사가 반영되며 이야기를 풀어내고, 이것을 해석하는 과정에서 인간은 주체적 앎을 형성해간다. 이야기 안에는 인간의 다양한 삶의 문제들이 녹아 있으므로 관련된 학문 영역과 직결되기 마련이다(강현석, 《교과교육학의 새로운 패러다임》, 아카데미프레스, 2006).

과 삶, 지식과 경험을 통합시킨다. 그 결과 학생들은 존재감과 자신감을 가지게 되고 아울러 창조적 문제 해결 능력도 키워간다. 학생들은 탈맥락화된 객관적 지식을 애써 외워서 시험지에 토해놓고 난 뒤 몰려드는 심리적 허탈감하고는 전혀 다른 질적 체험을 하게 된 것이다.

그러나 이런 수업 과정에서 곳곳에 도사린 위험도 발견할 수 있었다. 한 번도 자기주도적으로 공부해본 적이 없는 학생들의 경우, 교수와 학생 간의 신뢰가 두텁지 못하거나 수업이 지향하는 목적과 가치에 대한 공감대가 부족할 경우, 학생들이 맹목적으로 평가에 발목이 잡혀 있을 때나 새로운 평가 기준에 대한 합의가 모자랄 경우, 사회적 관계 맺기가 미숙하고 타인과 속 깊은 대화를 하는 것을 두려워하는 경우 등에서 나타나는 위험이 바로 그것이다. 이런 위험을 민감하게 감지하고 신중하게 대처하지 않으면 수업은 곧 무질서에 빠지고 뜻하지 않은 엉뚱한 결과에 이르기도 한다.

수업의 성패와 질적 차이를 결정하는 세 가지 요인이 있다. 첫째, 학습자가 누구이며 무엇으로 볼 것인가 하는 문제다. 학습자를 능동적이고 자발적인 탐구자로 볼 것인가, 아니면 수동적이고 타율적인 존재로 볼 것인가? 학습자를 수동적이고 타율적인 존재로 인식할 경우 통제와 강요가 늘 주된 교수기제로 사용되지만, 능동적이고 자발적인 존재로 인식할 경우 학생들의 자유와 책임의 적절한 활동 공간을 위해 더 많은 힘을 쏟게 된다.

둘째, 교사는 누구이며 무엇으로 볼 것인가 하는 문제다. 교사를 지식 전달자로 볼 것인가, 아니면 지식 형성의 촉진자로 볼 것인가? 만일 교사가 단지 효율적인 지식 전달자라면 잘 디자인된 기술공학적 교수 방식으로 충분할지도 모른다. 그러나 교사를 지식과 삶을 형성하도록 돕는 촉진자로 인식할 경우 교사는 의문을 촉발시키는 물음, 맥락에 어울리는 순발력과 기예, 새로운 경험의 제공, 상상력을 일으키는 예술적 행위를 주저해서는 안 된다.

셋째, 지식을 무엇으로 볼 것인가 하는 문제다. 지식을 학습 주체의 경험과 무관하게 객관적으로 존재하며 단순히 전승이라는 시각에서 습득해야 할 대상으로 볼 것인가? 아니면 학습 주체가 인격적으로 소화해야 할 삶의 과제로 볼 것인가? 세 가지 요인에 따라 가르치고 배우는 과정, 내용, 목표와 평가 방식은 전혀 달라진다.

이런 수업의 백미는 무엇보다 학생들이 자기 자신이 누구인지 발견하는 순간 경험하게 되는 환희와 기쁨에서 찾아볼 수 있다. 다음은 한 학생이 그 순간을 표현한 글이다.

봄의 푸르름처럼 활기찬 삶이고 싶었다. 여름의 강렬한 태양처럼 열정적인 삶이길 원했다. 가을의 떨어지는 낙엽만큼 성숙한 삶이고 싶었다. 겨울의 아름다운 눈처럼 빛나는 삶이길 원했다. 그러나 그런 바람들과는 달리 내 대학생활은 무기력했고 불만투성이였고 쓸쓸했으며 차가웠다. 반복되는 사계절만큼이나 지루하던 내 대학생활, 일상 속의 공허함이 반복되던 내 대학생활, 취업과 진로 준비로 여념이 없던 내 대학생활, 그런 내가 우연히 듣게 된 수업, 어쩔 수 없이 들어야만 한 교직 수업, 수학을 전공하는 내게 가장 두려운 인문 수업, 하지만 나는 그 곳에서 생각이 생각을 뚫는 학문을, 죽어 있는 나를 흔들어 깨우는 내적 지식을, 청년의 열정을 끌어올리는 또 하나의 열정을 배웠다. 당장 진로를 걱정하며 두려움에 차 있던 내 생각들이 변화되었다. 진정 내게 필요하던 '생각'이라는 것을 다시 시작하게 되었다. 사회라는 새로운 울타리로 던져지기 이전에 나는 내 정체성을, 내 안의 '나'를 발견해가고 있다. 앞으로 내게 다가올 사계절에는 지루함이 없을 것이다. 봄은 활기로 넘쳐날 것이며, 여름에는 그 뜨거움 그대로 활동적일 것이며, 가을에는 붉게 물든

단풍처럼 조화로울 것이며, 겨울에는 온 세상이 하나가 되듯이, 내 삶도 분명히 내 색깔을 띠는 그런 삶을 살아갈 것이다.

이 책은 이런 순간들을 둘러싼 학생들의 다양한 시각과 경험을 엮어 모아본 것이다. 반짝이는 이슬처럼 진정성을 담은 글들이 많았지만 이 조그만 책에 모두 담지는 못했다. 그래도 수업에 참여한 모든 학생들의 삶과 마음이 여기에 오롯이 담겨 있다. 지면을 빌어 마음에서 우러나는 깊은 감사의 뜻을 전한다. 학생들의 고통스런 자기 성찰과 교육적 사유가 우리 교육을 개선할 작은 실천들로 이어질 수 있다면 이것보다 더 큰 기쁨은 없을 것이다.

가르친다는 것은 무엇인가? 인간은 어떻게 배우는가? 교사는 어떻게 가르쳐야 하는가? 교단에 설 때마다 나는 종종 이런 물음을 던진다. 이 책은 그런 '작은 철학함'과 '작은 실천'의 결과다. 그런 성찰의 단초는 무엇보다도 평생 초등학교 교사로, 또 교장으로 사신 아버지한테서 받은 것이다. 아버지는 꽃을 기르는 마음으로 아이들을 만나셨고 나무를 지키는 마음으로 교사들을 대하셨다. 지금은 다시 뵐 수 없기에 아버지에 대한 한없는 그리움을 이 책에 담아본다.

책을 엮어 펴내는 과정에서 뜻을 함께 하고 힘을 보내준 남편과 두 아이에게 사랑과 고마움을 전한다. 졸업 뒤 지금까지도 좋은 대화의 벗이 되고 있는 '오아시스'의 멋진 친구들에게 우정의 인사를 보낸다. 같은 교사의 길을 걸으면서 삶의 도반이 되고 있는 '교육사랑방'의 모든 선생님들께 감사의 마음을 전한다. 우둔한 늦깎이 학생을 학문의 길로 인도해주신 이화여대 임현식 선생님과 조경원 선생님께 진심으로 감사드린다. 아무도 귀 기울이지 않을 우리들의 이야기에 관심 가져주고 한 권의 책으로 엮어

주신 이매진 출판사의 정철수 님과 기인선 님께 진심으로 고마움을 전한다.

2009년 8월, 구기동 다락방에서

교육을 통해
얻은 것과 잃은 것

개강 첫 시간 수업 안내가 끝난 뒤 실제로 첫 수업이 시작되는 둘째 주간에는 '교육의 개념적 기초'를 공부하면서 교육이란 무엇인가, 인간에게 교육은 왜 중요한가, 교육의 가능성은 무엇이고 한계는 무엇인가, 교육의 기본 구성 요소는 무엇이고 그것은 역사적·공간적 맥락에 따라 어떻게 다양한 형태로 나타나는가 하는 내용을 다루게 된다. 수업에 들어오기 전 학생들은 교육에 관해 총체적 질문을 던지며 스스로 생각할 기회를 갖는다. 나는 교육을 통해서 무엇을 얻었고 무엇을 잃었는가? 이 물음 앞에서 학생들은 때로는 당황스럽게, 때로는 심각하게, 때로는 즐겁게 자신의 경험과 대면하면서 교육의 본질에 관해 생각하게 된다.

나도 열심히
공부했는데, 왜?

고등학교 때였다. 논술 시험을 준비하려고 프랑스 대입 시험에 나온 문제와 우수 답변을 모아놓은 책을 한 권 샀다. 책을 펴고 차례를 보는 순간 내 눈을 믿을 수가 없었다. '지금의 나는 내 과거의 총합인가?', '죽음은 인간에게 일체의 존재 의미를 박탈해가는가?', '기술이 인간 조건을 바꿀 수 있는가?' 같은 철학적인 문제가 시험에 나왔다는 것이다. 나는 도저히 대답할 수 없는 문제들이었다. 니체와 칸트, 루소와 마르크스 같은 학자들의 말이 곳곳에 인용된 답변을 보면서 이것이 정말 내 또래의 학생들이 쓴 것인지 의심이 갈 지경이었다. 학생들은 인간과 세상에 대한 자신의 시각과 논리를 뚜렷하게 표현하고 있었다. 왜 나는 같은 질문에 대답할 수 없던 것일까? 분명 나도 그 아이들과 똑같이 삶과 죽음, 세상을 마주한 인간인데……. 그리고 12년이라는 교육과정 속에서 누구보다도 열심히, 치열하게 노력했는데…….

그것은 내가 거쳐온 대한민국의 공교육 체계가 인간으로서 생각하고 고민하는 과정보다 다른 것들을 더 중히 여겼기 때문이다. 우리의 공교육은 모든 학문의 시작인 '왜?'라는 질문을 하게 하는 것보다 여러 교과의 탐구 결과를 외우는 것에 더 가치를 둔다. 물론 그 덕분에 국어, 영어, 수학, 국사, 지리, 과학 등 다양한 교과 지식을 요령 있게 외우고 깔끔하게 정리하는 법을 배울 수 있었다. 하지만 이렇게 많은 지식을 알게 된 것이 무색할 정도로, 이런 지식이 내게 어떤 의미인지 도무지 설명할 수 없었다. 좋은 성적을 받아 경쟁에서 살아남아도 그렇게 기쁘지 않았다. 내가 교육을 통해 얻은 것은 시험 시간에만 잠시 머릿속에 머무르는 일차원적 텍스트였지 인간과 세상을 이해하는 방법이 아니었기 때문이다.

그때 기억을 떠올리면서 내가 교육을 통해 얻은 것과 잃은 것이 무엇인지 분명하게 알 수 있었다. 얻은 것은 그저 성적을 받기 위한 지식, 그리고 그것을 외우는 방법 정도였다. 세상에 대한 호기심과 그 호기심을 채워가면서 갖게 되는 공부의 기쁨은 공부를 하면 할수록 점점 더 잃어갔다.

경쟁에서 살아남을 수 있다는 것을 증명하려고 지금도 많은 학생들은 예전에 내가 그랬듯이 흥미도 호기심도 느끼지 못한 채 학교에 다니고 있다. 정해진 답을 선택하지 못하면 틀렸다고 판단하는 지금의 교육과정은 어떤 문제를 놓고 깊이 생각해보는 것도, 자기 시각에 따라 논리를 펼치는 것도 못 하게 한다. 백 가지 색깔을 가진 백 명의 학생이 아니라 한 가지 색깔을 가진 백 명의 학생을 만들고 있는 것이다. 미래에는 일차원적 지식을 가르치는 교육이 돼서는 안 된다. 인간과 세상을 생각하고 이해할 수 있는 방법, 그리고 그 과정에서 오는 기쁨과 즐거움을 학생들에게 선물로 줘야 한다. 참된 교육은 자신이 원하는 일을 미루는 것이 아니라, 그것을 찾아가고 이루려고 하는 에너지, 그 자체이기 때문이다.

보이는 공부와
실질적인 공부 사이에서

학교교육으로 내가 얻은 것은 '보이는 공부를 하는 법'이며, 잃은 것은 '실질적으로 공부하는 법'이다. 부모님과 선생님에게 보여주기 위한 공부, 즉 성적을 잘 받기 위한 공부가 '보이는 공부'라면 '실질적인 공부'는 스스로 절실히 원해서 능동적으로 공부하는 것이다. 나는 지금까지 '보이는 공부'를 하는 학생이었다. 선생님이 어느 프린트에서 시험 문제가 나온다고 하면 그것만 반복해서 외웠고, 다른 것은 거의 하지 않았다. 심지어 다른 걸 하면 시험에 나올 부분을 공부할 수 있는 시간을 빼앗아 손해라는 생각까지 했다.

고등학교 2학년 수학 선생님한테 '보이는 공부를 하지 말라'는 얘기를 들은 적이 있다. 그 선생님 수업은 무척 힘들었다. 선생님은 수학 공식이나 이론을 설명할 때 질문을 던지거나 응용된 수학 문제를 칠판에 쓰고 답을 물었다. 수업 시간에 거의 모든 아이들한테 질문을 했는데, 답이 나올 때까지 물어보는 식이었다. 나는 답을 모르면 위축되고 창피했는데, 그때 선생님의 질문이나 문제는 흔히 볼 수 있는 것도, 쉽게 풀 수 있는 것도 아니었다. 선생님은 '보이는 공부'가 아니라 자신을 위한 공부를 하길 바란 것 같다.

내가 수업 시간을 즐기지 못하고 문제를 못 풀면 소화도 안 될 만큼 다른 학생들과 비교를 한 것은 내가 어떻게 보일까만 생각했기 때문이다. 늘 다른 아이들보다 나은 성적을 받아서 좋은 대학에 가야 한다는 생각만 가득 차 있을 때였다. 그때 그 수업만큼은 나를 위한 공부를 하는 시간이라고 여기고 열심히 생각하고 자신 있게 말하고 혹시 틀려도 부끄러워하지 않았더라면 한 단계 더 성장하고 그 과목을 더 깊이 배울 수 있었을 텐데…….

내가 사교육을 통해서 얻은 것은 깊고 폭 넓은 지식이고, 잃은 것은 혼자 예습과 복습을 하는 힘이다. 나는 강남에 살았고, 대치동 학원가를 드나든 학생이었다. 대치동 학원가에는 이른바 '스타 강사'들이 꽤 많았는데 막상 강의를 들어보면 너무 상업적이고 진도에만 급급하고 '알맹이'가 없는 강의를 하는 사람이 많았다. 그러나 나한테 잘 맞는 좋은 선생님을 만난다면, 각 과목의 내용을 심화해서 배울 수 있고, 예습을 해 학교에서 배울 때 더 유리해질 수 있었다. 학교에서는 기본에서 심화까지 다루기가 어렵지만 학원에서는 할 수 있었기 때문에 성적 올리는 데 도움이 되었다.

하지만 이런 학습 방법은 대학교에 들어와서 문제가 되고 말았다. 나 혼자 예습하거나 스스로 탐구하는 힘이 너무 부족해진 것이다. 늘 학원을 통해서 예습을 했기 때문에 대학교에서 혼자 모든 일을 하는 것이 부담스럽고 힘들었다. 1년이나 지나서야 비로소 대학생활과 공부에 적응할 수 있었다.

공교육과 사교육을 합쳐서 생각해보면 내가 교육을 통해 얻은 것은 '선생님의 말씀을 한껏 받아들이는 법'이며, 잃은 것은 '내 생각을 하는 것'이다. 사교육이든 공교육이든 내 생각을 지우고 얼마나 그 수업을 온전히 받아들였는지 평가한다. 이것이 교육을 받는 목적이기도 했다. 많은 내용을 배우려면 그만큼 내 생각을 비운 상태에서 수업을 들어야 했다. 하지만 점점 내 생각은 사라지고, 나중에는 스스로 생각하는 일이 부담스럽고 부자연스러운 일이 되었다.

논술을 배울 때 어떤 주제에 대한 책을 읽고 선생님의 생각을 들어보는 식으로 공부를 했다. 그 뒤부터 나는 어떤 주제를 글로 쓰는 것이 무척 부담스러웠고, 그 생각이 과연 답일지 걱정부터 앞섰다. 다행히 대학교에 와서 여러 시행착오를 거치면서 많이 나아졌다.

전공 수업 중에 실험 과목이 있는데 매주 실험을 하고 난 뒤 보고서를 써야 했다. 보고서 항목 중 'Discussion' 란에는 실험 주제를 설명하고 실험한 내용을 바탕으로 실험의 오류와 과정을 분석한 뒤, 실험을 어떻게 응용할 수 있는지 고민해서 써야 했다. 학기 내내 까다로운 교수님한테 꾸중도 듣고 열심히 수업을 들었더니 보고서 쓰는 일이 훨씬 쉬워졌고, 자신감도 생겼다. 도서관에서 많은 책을 찾아보고 이해하고, 실험이 잘못됐다면 원인을 추측해보고, 응용할 수 있는 부분까지 생각하는 과정이 즐거웠다. 실험의 성공과 실패는 성적에 반영되지 않았고, 실패했다면 그 원인이 무엇이었는지 생각해서 보고서를 쓰는 것이 훨씬 중요했다.

언젠가 형식과 내용, 분량에 상관없이 인지적 성취 과정에 대해 에세이를 쓴 적이 있다. 그 에세이를 통해 느낀 것은 태어난 때부터 고등학교 때까지 나한테 교육이 얼마나 큰 영향을 끼쳤는가 하는 점이었다. 그때 느낀 점이 비사대생으로 교직 이수를 결정하는 데 큰 영향을 주었다. 이렇게 한 사람의 삶에 큰 영향을 끼칠 수 있는 교육은 무척 이로울 수 있지만 반대로 아주 나쁜 결과를 가져올 수도 있다.

어떤 경험이든지 얻은 것과 잃은 것은 함께 남는다. 이때 사람들은 얻은 것이 잃은 것보다 가치가 더 크거나 의미가 있을 때 그 일이나 경험을 좋은 것으로 받아들인다. 하지만 교육만큼은 여기에 해당하지 않는다. 교육은 아무리 좋은 것을 많이 얻어도, 다른 한편 잃은 것이 있다면 마음에 계속 남게 마련이고, 그 한 가지 상실이 한 사람의 미래에 결정적인 영향을 줄 수 있기 때문에 그런 결과를 가져온 교육을 용서할 수 없을지도 모른다. 따라서 교육은 삶에서 중요한 가치들을 잃지 않게 주의해야 하고 겸손하게 해야 한다.

자유 앞에서
당황하는 나를 만나다

처음에 이 주제를 접했을 때, 나는 이상했다. 지금까지 교육을 통해서 늘 긍정적인 것만 얻는다고 생각했지 중요한 것을 잃을 수도 있다는 사실을 생각해보지 못했기 때문이다.

23년간 가정과 학교, 사회에서 여러 형태의 교육을 받아왔다. 그 동안 사회라는 거대한 체제의 작은 부품 같은 존재로 체제에 순응하는 법과 사회라는 틀에서 벗어날 때 오는 불안감을 배웠다. 정해진 규칙이나 법칙 같은 틀에 속하지 못할 때는 마음이 불편해지고, 구성원들한테서 소외되거나 도태될까봐 불안해진다. 일정한 틀에서 벗어나면 불안해지다 보니 새로운 일에 도전하거나 주변 환경이 변하는 것에 대해 저항하거나 거부하는 마음이 생기기도 한다. 그러나 대학에 입학한 뒤 스스로 선택하고 결정해야 할 기회가 많아졌다. 이전에는 스스로 하지 않아도 될 결정을 직접 하게 되면서 내가 얼마나 자유 앞에서 당황스러워하고 있는지 발견하게 됐다.

내가 지금까지 받아온 교육, 특히 학교교육이나 사회교육에서는 남보다 잘 해야 하고 또 남을 이겨야 할 대상으로 인식하도록 배웠다. 물론 모든 수업과 교육과정이 그랬던 것은 아니었지만 교육 자체의 목적이나 목표가 결과주의로 흘렀기 때문에 나는 건강하지 못한 경쟁심을 몸에 익혀올 수밖에 없었다.

이렇게 10여 년 동안 경쟁심을 조장하는 교육을 받아오다 보니, 새로운 것에 도전할 경우 자연스럽게 '실패하면 어쩌나? 뒤처지면 어쩌나?' 하는 생각이 먼저 든다. 그래서 좀더 익숙한 것, 많이 해왔던 것, 사람들 대부분이 지향하는 것에 맹목적으로 합류하려는 경향이 있다. 따라서 아직 경험해보지 않은 것, 새로운 것에 대해 도전하는 태도를 잃어버리고 말았다.

고3 때 체육 시간이 생각난다. 체육 선생님은 핸드볼을 가르쳐주면서 협동심, 스포츠의 즐거움, 건강한 경쟁심을 함께 가르쳐주고 싶어했다. 하지만 대학 입시라는 부담감을 안고 있는 우리는 체육 시간을 점수와 관련지어 생각할 수밖에 없었다. 핸드볼 경기는 즐겁지 않았고, 협동심보다는 배타심, 맹목적인 경쟁심을 배운 스포츠로 남고 말았다.

사회 체제와 교육 사이에 서 있는 나는 사회 체제가 지향하는 것과 교실 안의 교육이 지향하는 가치가 상충하는 속에서 중요한 것을 잃어왔다. 대학에 들어와서 보낸 지난 3년 또한 그 이전 시간과 마찬가지로 경쟁심이나 불안을 떨쳐버리기는 쉽지 않았다. 고등학교 때까지는 입시 부담감이 있었다면 이제는 취업이라는 새로운 장벽 앞에서 자유롭지 못하기 때문이다. 그나마 지금은 이전보다는 훨씬 능동적이고 주체적이 되었기 때문에 비판적 수용을 할 수 있고, 따라서 생각 없이 잃어버리는 일들은 줄어든 것 같다.

교육을 통해서 무엇을 얻고 무엇을 잃을 수 있는지 한 번 더 깊이 생각해보는 태도를 가져야겠다. 앞으로 교사가 될 사람으로서 내가 하려는 교육이 학생들에게 얼마나 긍정적인 것으로 이어질지도 고민하고, 교육과 사회 체제의 관련성도 깊이 생각해봐야 할 것 같다.

오답을 두려워하는
겁쟁이가 되다

　　　　　작년에 친구와 일본 여행을 간 적이 있다. 친구는 혼자 일본에 몇 번 간 적이 있지만 일본어 교육을 받은 적은 없었다. 나는 고등학교 때 제2외국어로 일본어를 배웠고, 대학에서도 기본 일본어를 수강했다. 따라서 간단한 의사소통은 문제없을 거라고 생각했다. 그러나 착각이었다.

　내가 은행 창구에서 '환전을 하고 싶습니다'라는 온전한 문장을 얘기하려고 '환전'의 일본식 발음을 생각하고 있는 사이, 친구는 '한국, 일본, 돈, 바꿈' 같은 명사만으로 쉽게 목적을 달성했다. 내가 받은 교육은 불완전한 문법으로 말하는 것을 꺼리게 했다. 굳이 정답이 아니더라도 직접 용기를 내 말할 수 있는 것이 얼마나 중요한지 생각하게 된 계기였다.

　내가 학교교육으로 잃은 것은 바로 그 용기다. 유연한 생각을 하고 순발력 있게 상황에 대처하려면 자신을 믿고 생각을 실현하려는 용기가 필요하다. 그것이 정답인지 아닌지만 고민한다면 계속 같은 생각에 맴돌기 쉬우며, 실패를 두려워하며 이것저것 재다가는 적절한 시기를 놓치게 된다. 이 세상 만물은 정답과 오답으로 이분되는 것보다 그렇지 않은 것이 더 많다. 그러나 나는 늘 정답과 오답을 구분하며, 정답이 아닐까봐 의견을 펴거나 일을 추진할 때 겁을 낸다. 오답을 아주 두려워하는 겁쟁이가 되어버린 것이다.

　그러나 교육을 통해 얻은 것도 있다. 바로 사회성이다. 나는 내가 주변 사람들에게 폐를 끼치지 않고, 책임과 규칙을 지키며 살고 있다고 믿는다. 당연한 일로 보이지만 이렇게 살지 못하는 사람들도 많다. 아이들은 처음 만나게 되는 사회인 학교에서 의사를 전달하고 목적을 달성하는 법을 배우게 된다. 학교에서 배우는 일반적인 지식들, 즉 윤리와 국어, 국사 등은 전국에 있는 학생들이 똑같이 배운다는 점에서 개성이 없을 수도 있지만 통일된 기준을 제시하는 면도 있다. 학교교육은 사람들이 옳고 그른 일에 대해 공통된 기준을 세우게 하고 그것을 지키면서 사회 안에서 함께 살 수 있게 하는 데 이바지한다.

이렇게 나는 학교교육을 통해서 사회에 적응할 수 있는 일반적인 지식과 규범을 얻을 수 있었지만 한편으로는 용기를 잃었다. 이 둘은 반비례가 아니라 정비례가 되어야 하지 않을까? 하지만 지금 내 현실은 결과적으로 겁쟁이가 몸을 사리면서 안전한 틀 안에서만 움직이는 꼴이 되었다. 다만 지금은 다른 사람에게 피해를 주지 않고 잘 어울리면서, 내 생각과 행동을 더 자유롭게 펼 수 있는 용기를 키워갈 수 있기를 바랄 뿐이다. 대학은 열린 생각과 행동을 할 수 있는 길을 보여주고 있다. 계속 그 길을 걷고 늘여 나가는 것은 전적으로 나한테 달린 일이다. 지식과 용기가 함께 성장할 수 있는 그런 교육의 길을 찾고 싶다.

학교교육을 받기 전,
내 모습은 어땠을까

아주 어릴 때 나는 투정을 부리지 않고 늘 웃으며 아무나 잘 따라서 사람들한테 귀여움을 많이 받았다고 한다. 연년생 동생 두 명을 잘 챙기고, 네 살 때 종이를 잘라 '3월의 잡지'라는 책을 만들 정도로 글 쓰고 만드는 것도 좋아했다고 한다. 앞에 나가서 노래하라고 하면 무척 신나게 놀 정도로 나서는 것도 좋아했다.

그러나 유치원에 가면서 나는 많이 변했다고 한다. 왜 그랬는지는 잘 모르겠다. 그러나 기억 속 유치원 풍경은 늘 구름이 낀 흐린 배경이다. 선생님이 언제나 발을 뒤로 구르던 모습과 크레파스를 쓰라고 했는데 색연필을 사용해 혼난 생각이 난다. 나는 유치원에 가기 시작하면서 매일 아침 울고, 말이 없어졌으며, 어른을 아주 어려워했다고 한다.

초등학교에서도 마찬가지였다. 교사인 어머니는 학교를 신뢰했고, 교육관도 확고했다. 그래서 나는 학원에 가지 않고 모든 것을 학교에 의존했다. 만약 학교나 선생님에 대해 싫은 소리를 하면 어머니한테 야단을 맞았다. 학교가 주는 가치를 무조건 받아들이는 편이던 나는 애국조회 때 거의 강박적으로 바른 자세를 하고 있었고, 나라를 생각하면 마음이 뜨거워지는 학생이었다. 선생님 말씀은 무조건 따라서 나이 많은 선생님들은 귀여워했고, 젊은 선생님들은 걱정을 많이 했다. 그런데 그것은 선생님과 규칙을 무서워한 탓이었다. 얌전한데다가 아이들과 어울리지 않고 책만 읽었기 때문에 사회성이 많이 부족했다.

중학교에 가서는 처음으로 공부와 성적의 의미를 알게 됐다. 나는 학교, 성적, 등수를 그때 처음 알았다. 그 전까지는 학교 공부를 한 적이 없었다. 하루 종일 책을 읽었고 교과서는 보지 않았다. 시험공부도 해본 적이 없었다. 친구들이 시험공부를 하면 '왜 쟤는 비겁하게 시험에 대해 공부를 하나'라는 생각을 할 정도로 물정이 어두운 아이였다. 그러나 전교 4등으로 입학한 내가 점점 성적이 떨어지자 선생님은 많이 걱정했고, 나도 점점 등수와 성적의 가치에 관한 인식이 생기기 시작했다. 그래서 처음으로 혼자 공부를 하게 됐고, 성적이 오르자 칭찬을 받고 주목받기 시작했다. 그래서 공부에 부쩍 매달리기 시작했다.

중학교에서 알게 된 또 하나의 가치는 사회성이었다. 말을 할 줄 몰랐고, 또래 집단에서 지켜야 할 규범을 몰랐기 때문에 나는 왕따였다. 초등학교 때도 친구가 없었지만 그때는 심각하게 생각하지 않았다. 그러나 중학교 때는 그것이 문제라는 것을 깨닫기 시작했다. 친구들과 친해지려고 성격을 고치기 위해 많이 노력했고, 연예인이나 텔레비전에 관심을 갖게 됐다. 그러면서 늘어난 것이 눈치다. 친구들 눈치를 많이 봤고, 아이들 마음에 맞는 이야기를 하려고 노력했다. 왕따의 영향은 지금까지도 남아 있어 사람들 기분이나 생각을 눈치채는 것이 아주 빠르다. 성적이 잘 나와도 자랑을 하지 말아야 한다는 것을 알게 된 것도 그때쯤이다.

그렇게 불안정한 시기였는데도 나는 선생님을 잘 만났다. 나를 무척 걱정해주던 중학교 1학년 담임선생님은 기어이 2학년 때도 나를 선생님 반에 배정했다. 2년 동안 같은 담임선생님을 겪으면서 나는 많이 변했다. 선생님은 매일 나를 불러 여러 잡무를 도와 달라고 했다. 그래서 늘 교무실에서 선생님과 많은 이야기를 나누었는데, 그러면서 학교에 대한 두려움이 조금씩 없어졌다. 초등학교 때는 학교가 마냥 무서운 곳이었는데 중학교 때부터 학교를 무척 좋아하기 시작했다. 그런데도 친구들과 관계를 맺는 것은 참 어려웠다.

고등학교 때는 내 의지가 많이 작용한 시기였다. 그리고 의지에 따른 성취라는 가치는 고등학교에서 얻은 것이다. 내가 간 고등학교에는 아는 애들이 하나도 없었다. 그래서 나는 완전히 다른 모습으로 변하려고 많은 시도를 했다. 친구들에게 먼저 다가가 얘기했고, 그 동안 시행착오를 거쳐 단련된 태도로 친구들을 대했다. 처음 친구들이 생겼고, 반장도 맡았다. 정말 아주 빠르게 변하던 시기였다.

공부에 대한 욕심도 그때 생겼다. 성취와 등수의 가치를 확실히 알게 됐고, 스스로 알면서 느끼는 즐거움도 알게 됐다. 특히 생물 과목을 무척 좋아하기 시작했다. 스스로 책을 찾아보았고, 모르는 것을 묻는 아이들에게 더 재미있게 설명하려고 개념을 바탕으로 이야기를 지어냈다. 그때 처음 생물교육과를 가고 싶다는 생각을 했다. 그때도 과외를 하지 않아 학교 공부에만 매달렸는데, 스스로 공부하는 습관도 그때 생겼다. 모르는 수학 문제를 풀려고 새벽 네 시에 일어날 정도였다.

그러나 그때도 나는 학교 규칙에 무척 순종적인 학생이었다. 무조건 하라는 대로 해서 융통성이 없다는 소리를 많이 들었다. 지각을 한 날, 종아리를 맞는다는 사실보다 지각을 한다는 사실에 겁에 질려 몸이 아픈데도 심하게 뛰어가다가 넘어져 많이 다친 일도 있었다.

그렇게 나는 대학에 왔다. 대학은 지금까지 생활하던 곳과 전혀 다른 곳이었다. 내가 대학에서 배운 가치는 '자유'다. 처음에는 무척 힘들었다. 아무도 뭐라고 하지 않았고, 모든 것은 스스로 결정해야만 했다. 친구들을 사귀려면 내가 먼저 나서야 했고, 동아리는 누가 가입하라고 권하는 곳이 아니라 스스로 찾아다녀야 하는 곳이었다. 모든 시간을 공부에만 쏟을 수 없었다. 그렇지만 금방 극복할 수 있었다. 고등학교 때 이룬 성취가 이유 없이 자신감 넘치게 만든 것 같다. 이상하든 말든 우선 도전했고, 이곳저곳 기웃거렸다. 처음으로 '꽤 발이 넓은 아이'라는 얘기도 들었다.

공부에서도 많이 자유로워졌다. 듣고 싶은 수업을 들었고 원하는 교수님의 수업을 열심히 찾아다녔다. 내가 좋아하던 어느 교수님은 창의력이 필요한 과제를 많이 내줬다. 그 수업을 들으면서 나도 집중하면 창의적인 사람이 될 수 있다는 자신감이 생겼고, 반드시 주어진 텍스트만으로 공부를 하는 것은 아니라는 사실도 알게 되었다. 그런 자신감은 동아리 친구들과 칼럼을 연재하고 책을 쓰는 데도 한몫을 했다.

꽉 닫혀 있던 생각도 대학교 4년을 거치면서 많이 열렸다. 늘 불안하던 마음이 많이 평안해졌고, 늘 웃고 다녀서 친구들에게 핀잔을 듣기도 했다. 다른 사람을 배려할 수 있게 되었고, 더는 눈치를 보고 다른 사람의 기분에 맞추지 않아도 충분히 사람들과 교류할 수 있다는 것을 알았다. 규칙은 사람을 위해 있는 것이라는 사실도 깨달았다. 여러 사람들을 알게 되면서 단점을 극복하려고 늘 애쓰기만 하던 이전과 달리 내 단점을 받아들이게 됐고, 나 자신을 부드럽게 다독거리게 될 줄 알았다. 대학은 아주 많은 것을 알게 해준 교육 기관이다. 그러나 아직도 권위에 대한 두려움은 완전히 떨쳐내지 못하고 있다. 또래들하고는 자유로워졌지만, 어른들한테 자유로워지는 법에는 아직 익숙하지 못하다. 이제 많이 극복했지만, 어릴 때부터 있던 두려움은 여전히 마음 속에 크게 남아 있는 듯하다.

나는 교육에서 많은 것을 잃으면서 시작했다. 교육은 아주 어린 내게 최초로 닥친 큰 시련이었기 때문이다. 그러나 찬찬히 다시 돌아보면 반드시 그렇지만은 않다. 교육은 내가 성장해온 역사 그 자체다. 교육을 통해 잃은 것도, 얻은 것도 나 자신이다. 교육을 받기 전의 밝고 거리낌 없던 내가 어둡고 권위에 주눅든 아이가 되었던 것도 교육 때문이었다. 그러나 삶이 문제가 많고 힘들다는 것을 가르쳐준 것도 교육이었고, 그 문제를 이겨나갈 수 있는 훈련을 하게 해준 것도 교육이었다. 성취의 기쁨을 누리고 즐겁게 공부하는 법을 알게 된 것도 교육 때문이었다. 사회는 나 혼자 사는 곳이 아니라 다른 사람과 어울려 사는 곳이라는 사실도 교육을 통해 알았다. 결국 교육을 통해 얻은 것과 잃은 것이 많은데도 나는 교육을 받았기 때문에 성장할 수 있었고, 교육을 받은 것은 행운이었다.

또 하나 알게 된 것이 있다. 나는 생물교육을 목표로 대학에 왔기 때문에 생물 과목에 흥미가 많고, 생물교육 프로그램에 관심이 많았다. 그래서 생물에 대한 지식을 쌓고 학문을 꿰뚫는 통찰력 있는 시야를 확보하는 것이 가장 중요하다고 생각했다. 그래서 부전공으로 생명과학까지 들을 정도로 전공에 치우쳐 있었다.

그러나 내가 받은 교육을 돌아보면서 처음 든 생각은 교과교육만으로는 한계가 있다는 점이다. 교육은 한 개인의 역사고 그 자체다. 내가 받은 잠재적 교육과정이 나를 이렇게 만들었듯이 교사로서 내가 미래의 학생들에게 할 교육이 그 아이들을 또 어떠한 모습으로 만들지 모른다. 한 사람의 미래에 중요한 영향을 미치는 사람으로서 먼저 사람을 이해하고, 올곧고 열린 마음을 가진 지혜로운 사람이 되어야 한다는 생각이 든다.

교육이란 무엇인가? 한마디로 '가르치고 기르는 것' 이다. 여기에는 어른과 아이 사이의 상호적 관계가 전제되어 있다. 어린이들이 온전한 인간으로 성장할 수 있게 부모와 교사들이 돕는 것이다. 그러나 오늘날의 교육은 어떠한 가? 어린이들이 찾아야 하는 '삶의 자리'와 '존재의 어떠함'은 고려하지 않고 어른들의 생각과 욕심만 앞선 채 강제로 끌고 가고 있지 않은가? 어린 이가 가진 '스스로 성장하는 힘'을 까맣게 잊고 자연스러운 성장을 방해 하고 있지는 않은가? 눈앞의 결과와 이익에 눈이 멀어 아이들을 맹목적인 경쟁으로 내몰고 있으며 아이들 안에서 평생 발현되어야 할 경이로운 재 능과 학습 능력을 파괴하고 있지는 않은가?

교육에서 부모와 교사들이 빠지기 쉬운 함정은 미성숙한 아이와 성숙 한 어른을 구분 지으려는 미묘한 간극에서 발견된다. 어른들 스스로 능력 있다고 생각하면 할수록 어른들과 아이들 사이는 더 멀어진다. 어른들은 아이들이 답답하게 더듬거리며 생각하는 과정을 기다리기가 어렵다. 아이 들이 성장하는 데 그것이 필수불가결한 것인데도 말이다.

어른들은 아이들 스스로 알 수 있게 돕는 것이 아니라 어른들이 아는 것을 아이들에게 어떻게 설명할까 고민한다. 자신이 이미 알고 있다고 생 각하는 것을 전달하려는 것이다. 자크 랑시에르[Jacques Rancire]는 이런 형태의 교육이야말로 유능한 학습 능력을 가진 학생들을 '무한 퇴행 과정'으로 이 끄는 것이라고 비판한다. ● 어른들이 가르쳐주는 지식을 순조롭게 전달받 은 아이들은 어른들의 생각이 곧 자신의 생각인양 착각하는 위험한 상태

● 자크 랑시에르는 누구보다도 인간 안에 잠재된 무한한 학습 능력을 인정한다. 따라서 섣부르게 가르치고 주
입하려는 어른들의 행위가 오히려 아이들의 천재적인 학습 능력을 망칠 수 있고 배우려고 하는 의욕과 즐거
움을 없애버릴 수 있다고 경고한다(자크 랑시에르, 양창렬 옮김,《무지한 스승》, 궁리, 2008).

에 빠진다. 그리고 기존 지식 세계의 위계에 맹목적으로 복종하는 법을 배운다. 자기 지능으로 스스로 학습하는 법을 배우지 못한 채 어른들이 전달해준 죽은 지식을 차곡차곡 쌓아가는 것이다.

글을 쓴 학생들은 그런 위험을 자신의 경험 안에서 감지해냈다. 교과서에 있는 지식을 요령 있게 외우고 깔끔하게 정리하는 법을 배울 수 있었지만 그런 지식이 자신에게 어떤 의미인지 설명할 수 없었다. 좋은 성적을 받았는데도 그것은 시험 볼 때 잠시 머릿속에 머무르는 일차원적 지식이었지 인간과 세상을 이해하고 대처하는 복합적이고 실질적인 자기 능력이 되지 못했다는 것이다.

이런 기억들을 하나 둘 떠올리면서 학생들은 교육을 통해서 얻은 것과 잃은 것이 무엇인지 자각하고, 그렇게 해서 교육의 본질과 올바른 방향이 무엇인지 스스로 더듬거리며 탐구해간다.

나는 왜
교육받으려고
하는가

'교육의 역사와 철학적 기초'를 다루는 시간에 쓴 학생들의 글을 모았다. 교육의 의미와 목적에 관해 역사적 맥락과 철학적 사유 안에서 기존 지식을 배우는 동시에 스스로 자기 자신에게 하나의 물음을 던져봄으로써 더 깊이 있게 교육의 의미와 목적을 탐구하려는 것이다. '나는 왜 교육받으려고 하는가?' 이 단순하고 당연한 물음은 때때로 학생들을 꽤 당혹스럽게 만든다. 그 당혹스러움 덕분에 학생들은 처음으로 진지하게 고민할 수 있었다. 태어나면서 지금까지 교육을 받아왔지만 한 번도 왜 교육받는지 묻지 않았다. '왜?'라는 물음은 자신의 교육 역사를 새롭게 바라보게 하며 단순히 교과서적 정의를 앵무새처럼 외우는 것을 거부하게 함으로써 스스로 자신이 공부하는 이유를 성실하게 답변할 수 있도록 자극한다. 공부를 해야 하는 이유를 성실히 대답할 수 있을 때, 비로소 근본적인 학습 동기가 생겨나고 자발적이고 주체적인 학습자가 된다. 이런 학습자야말로 좋은 교사가 될 자격이 있다.

나는
길을 잃었다

내가 처음 '나는 왜 교육받고 있는가?'라는 질문을
한 것은 중학교 3학년 무렵이었다. 고등학교 입학을 앞두고 어머니는 외국
어 고등학교에 가라고 했지만, 나는 유학을 가고 싶었다. 물론 어머니는 반
대했다. 내가 외국에 나가서 얌전히 공부만 하려는 것이 아니라 여행을 하
면서 그림을 그리고 싶어했기 때문이다. 꿈을 이루려면 돈을 마련해야 했
다. 그렇게 하려면 직장에 다녀야 하고, 직장을 구하려면 일정 수준 교육이
필요하고, '중졸'로는 돈을 벌기 힘드니 고등학교는 다녀야겠다는 결론에
이르자 우선 잠자코 학교에 다니기로 했다. 그런 마음으로 일반 고등학교
에 진학했지만 어느 사이 나도 다른 아이들처럼 대학 입시를 준비하고 있
었다. 결국 대학에 와 있는 지금, 나는 내가 왜 교육을 받고 있는지 모르겠
다. 내가 지금 받고 있는 교육을 통해서 내가 어떤 일을 하고 싶고, 해야 할
지 구체적인 생각이 떠오르지 않으며 희망 사항도 없다. 그럼 나는 왜 계속
교육받고 있는 것일까?

이 질문을 처음 받았을 때, 나는 아예 생각도 하기 싫었다. 지금 길을 잃
었기 때문이다. 분명한 목표를 세우고 꿈과 희망을 품고 교육받고 있는 진
지한 친구들을 볼 때 불안하고 조급하다. 휴학을 하려고도 했지만 휴학을
한다고 해서 지금과 별반 달라지지도 않을 것이다.

나는 교육을 통해서 좀더 이상적인 삶을 살기를 원한다. 한번 주어진 삶
을 후회나 미련이 남지 않게 살려고 교육받고 싶다. 그렇기 때문에 입시교

육을 받아온 것이 시간 낭비라고 생각할 때가 많다. 입시교육 속에서 스스로 판단하고 생각하는 과정 없이 살다가 나처럼 길을 잃어버린 사람들이 많이 있다. 자기 소질과 적성하고는 다른 길 위에서 맹목적으로 일류 대학을 희망하고, 그렇게 들어온 대학교에서 많은 학생들은 길을 잃고 방황하고 있다. 그나마 대학 이전에는 자기 삶을 챙겨주는 사람들이 있다. 그러나 대학에 오면 그것마저 없기 때문에 그 동안 다른 사람의 판단에 따라 걸어온 길에 대해서 스스로 어떻게 풀어가야 할지 모른다. 이건 결코 나만의 문제가 아니다.

요즘 내 주변에는 자기 꿈하고는 별개로 공무원 준비를 하는 아이들이 많다. 공무원이 되려는 가장 큰 이유는 안정적인 생활이다. 요리사가 되고 싶은 사람이 공무원 공부를 하고 있는 셈이다. 이렇듯 요즘 교육은 코미디다. 교육이 인생의 가치와 개인의 고유한 방향성을 찾아 그것을 개발하고 실현할 수 있게 돕는 것이 아니라 살아 있으나 죽은 것 같은 무의미한 삶을 부추기고 있다. 나는 내가 지금 왜 교육받고 있는지 모른다. 확실히 뭔가 잘못된 것 같다. 나는 길을 잃은 것인가?

늘 전투에
뛰어드는 느낌이다

나는 왜 교육받으려고 하는가? 나는 왜 지금껏 학교에 다니고 있는가? 이 질문을 받자 말문이 막히고, 이상하게도 마음이 아려왔다. 나는 한 번도 자발적으로 교육을 '받으려고' 한 적이 없기 때문이다. 그저 남들 다 받는 것이고 부모님, 학교, 그리고 이 사회가 시키고 있으며 그것이 당연하고 자연스러운 길이라고 여겨왔으니까 받은 것이다. 정해진 교육과정대로 열심히 하면 당연히 성공이 주어진다고 생각했다. 나는 그런 성공을 원했고 가장 안정적이고 많은 사람이 가는 그 길로 접어든 것이다.

대학에 진학하려고 중·고등학교 교육을 받았고 미대에 가려고 학원에서 미술교육을 받았다. 내가 교육을 받으려고 한 이유는 이게 전부다. 좀더 생각해보면 어릴 적부터 그림을 좋아했고, 그리는 것을 직업으로 삼고 싶어서 미대에 왔다. 결국 내가 교육받으려고 한 이유는 내 꿈을 이루기 위한 것이었나?

하지만 이내 한 가지 물음이 꼬리를 잇는다. 나는 내 꿈을 이루기 위해 교육받고 있는데, 왜 아름답고 즐거워야 할 그 과정이 이토록 지긋지긋하고 괴로운 것일까?

지금 그 꿈을 이루기 위해서 나는 아주 가까이 다가왔다. 그렇게 바라고 원하던 미대를 왔으니 말이다. 그렇다면 지금 내가 교육받으려는 이유는 뭐지? 좀더 박식한 디자이너, 좀더 안목이 높은 디자이너? 누구에게도 꿀리지 않을 디자이너? 이 분야에서 최고로 불리는 그런 사람이 되기 위해서?

내가 좋아하는 분야에서 최고가 되려고 나는 지금 교육받는다. 미대에서 전문 디자인을 배우고 이 과정에 필요한 여러 가지를 배우고 있다. 이런 생각이 정리가 되어가니 내가 지난 세월 맹목적으로 받아왔던 그 시절보다 교육이 훨씬 재미있고 가치 있는 것으로 느껴진다. 하지만 그래도 아직까지는 교육은 행복한 느낌을 주지는 못한다. 나는 교육을 받으며 무척 힘들고 지친다. 교육은 여전히 줄 세우기를 즐기면서 학생들을 학대한다. 좀더 행복한 교육이 될 수는 없을까? 맹목적으로 달려가는 우리의 교육은 어쩌면 개인의 꿈을 즐겁고 성실하게 이루어가는 과정이라기보다는 개인을 파괴하는, 일종의 만인을 위한 만인의 투쟁에 가깝다. 그래서 나는 늘 교육을 생각하면 전투에 뛰어드는 느낌이 든다.

이 늦은 나이에 공부는
왜 다시 시작하는데?

초등학교 저학년 시절, 시골에 있는 학교를 다닌 나는 선생님들의 관심과 기대를 한 몸에 받았다. 하지만 나이가 들수록 교사들에 대한 실망감이 때로는 분노로 변하기도 했고, 교육의 목적이 인생에서 성공하는 것이라고 맹목적으로 생각하기도 했다. 내가 정말 하고 싶은 일은 '예술'이었지만 재능도 용기도 없었기 때문에 인생의 목표로 세운 것은 '성공'이었다. 그때는 성공이 무엇인지 몰랐기 때문에 하고 싶은 공부와 성공이 어떤 관계에 놓여 있는지도 몰랐으며, 내 자신이 누구인지, 또 내가 정말 무엇을 하고 싶은지 묻는 내면의 목소리도 외면했다.

대학교에 들어가자마자 공인회계사 공부를 시작했다. 부끄럽게도 공인회계사는 아버지가 권해준 것이었고, 사회적으로 성공하려고 나도 별다른 고민 없이 시작했다. 숫자와 수학에는 '젬병'이라 공부가 제대로 될 리 없어 괴로웠지만, 그래도 공인회계사 공부에 도움이 되는 회계학, 경영학, 경제학만 전공 수업으로 들었다. 물론 적성에 맞지 않았으므로 성적은 형편없었다. 친구들은 정치학을 복수 전공했는데, 나는 그때 친구들이 정말 이해가 안 됐다. 취직하는 데 전혀 도움이 안 되는 학문을 공부한다고 생각했기 때문이다. 그러나 일반사회 선생님이 되려는 지금, 그때 정치학과 사회학, 심리학, 문화인류학, 법학 등을 듣지 않은 것이 무척 후회가 된다.

대학교 때 재미있게 들은 과목이 있기는 하다. 바로 '철학의 이해'와 '과학사의 이해'다. 두 과목을 같은 교수님에게 들었는데, 이 교수님의 수업 방법은 무척 특이하고 흥미로웠다. 특히 '철학의 이해'는 조를 짜서 그때 인기 있던 애니메이션인 〈에반게리온〉의 철학적인 의미를 발견하는 식으로 진행됐는데, 나는 A+를 받았다. 그러나 공부하는 즐거움을 느낀 것은 그때뿐이었고 내 관심은 늘 성공에 있었다.

하지만 그렇게 성공을 위해 공부하면서도 전혀 즐겁지 않았고 오히려 불안하고 초조했다. 계속 여러 시험에서 실패하자 아버지의 권유와 자포자기 심정, 무언의 압력, 경제적인 이유, 경력이 될 것이라는 막연한 기대에 따라 공군 장교로 입대했다

공군 장교로 쌓은 경험은 훌륭했다. 다시 태어나게 됐다고 할 정도로 나는 많이 변했다. 그러나 공군 장교도 내가 꿈꾸던 일은 아니었다. 제대 뒤 취직을 하려고 했지만 번번이 실패했고, 나는 내 자신을 되돌아보기 시작했다. 그 동안 나는 한 번도 내 인생을 진지하게 생각하지 않았고, 막연히 성공만 꿈꾸고, 부모님 기대에만 맞춰가며 살아왔다. 나는 순수하게 배우고 공부하는 것을 좋아하며, 내가 정말 하고 싶은 일은 교사라는 것을 깨닫게 되었다. 공군 장교 시절 병사들을 훈육하고 가르치는 일을 무척 즐거워한 것을 생각해보면 너무 늦게 깨달은 교사의 길이었다.

나는 사회적 성공만 바라보며 공부하다가 불행한 시간을 보냈고, 한참 뒤에야 교육의 진짜 목적을 따라 평생 즐겁게 공부하며 살아가기로 결심한 사람이다. 앎 자체와 순수하게 공부하는 것이 즐겁다는 사실을 뒤늦게 깨달은 사람이다. 그러나 세상 모든 사람이 이렇게 살 수는 없을 것이다. 교육으로 안목이 넓어지고 세상의 많은 가치들을 발견하고 살아간다면, 그것이 바로 행복한 삶이며 교육이 지향해야 할 바다. 지금도 우리 사회는 교육의 목적 중에 사회적 기능을 성취하기 위한 수단이라는 외재적인 목적만 추구해서 많은 사람이 불행 속에서 패배감에 젖어 살아가고 있다. 그러나

교육의 내재적인 목적을 통해 다른 많은 가치들을 지향하고, 삶을 즐길 수 있는 자세를 갖게 된다면 그것이 곧 행복한 삶일 것이다.

아는 만큼 보인다는 말을 많이 한다. 나는 비평준화 지역에서 중학교를 다녔는데, 미술도 입시 공부를 위해서 할 정도였다. 그때 많은 지식을 배웠지만 오로지 시험을 위해서 공부했기 때문에 남은 것은 거의 없다. 미술관을 다니며 그림 보는 것을 좋아하는데, 그때 조금이라도 훗날을 염두에 두고 배웠더라면 지금 그림을 보는 시각이 더 풍부해졌을 것이다. 이것은 내가 가르치려고 하는 정치, 경제, 사회, 문화, 법 등을 비롯해서 다른 모든 교과에 해당한다. 나는 시험만을 위해 정치, 경제, 사회, 법 등을 가르치지는 않을 것이다. 사회에서 정말로 행복하고 현명하게 살아갈 수 있게 가르치고 싶다. 그것이 내가 교사가 될 결심을 하게 된 가장 큰 이유다. 이것이 바로 '의미를 지닌 지식'을 가르치는 일이다.

지금도 많은 학생들은 맹목적으로 공부만 하고 있다. 그것은 소중한 시간을 헛되게 쓰는 일이며, 그렇게 배운 지식은 사회에 나가서 제대로 활용할 수도 없다. 지식은 자신의 삶에 비춰 의미가 있어야 하며, 교육은 그 의미를 발견해 나가는 것이다. 그래야만 교육이 소수의 승자가 아니라 누구에게나 가치가 있는 것이 되며, 참된 의미의 '실용적인 것'이 될 수 있다.

우리 사회가 더는 교육의 외재적인 목적만 중요시하지 않고, 행복하게 살아갈 수 있는 '내재적인 목적'과 '의미를 지닌 지식'을 좀더 염두에 두기를 진심으로 바라며, 나 또한 그런 교육을 하는 선생님이 될 것을 다시 한번 다짐해본다.

무엇을 알고
무엇을 모르는지 알기 위해

초등학교부터 고등학교까지 완전한 주입식 교육을 받은 나는 대학도 점수에 맞춰 적당한 과에 무난하게 들어갔다. 스무 살부터는 생활비를 스스로 해결해야 한다는 부모님의 교육 방침에 따라 여러 아르바이트를 하면서 학업을 이어가던 나는 학교에 다니고 있으면서도 늘 '공부하고 싶다'는 생각을 했다. 왜 그런 생각이 들었는지 모른 채 5년 반 만에 늦은 졸업을 했다. 그리고 시작된 학원 강사 생활을 통해 가르치는 것이 얼마나 즐거운 일인지 깨달았다. 물론 엄청난 스트레스로 위장염과 불면증에 시달리면서도 수업 중 내가 전하는 지식이 학생들의 사고 체계로 바로 바로 받아들여진다는 묘한 느낌을 받을 때 그 희열과 성취감은 지금껏 내가 느껴본 어떤 기쁨보다도 큰 것이었다. 그리고 알게 되었다. 학생들을 더 잘 가르치려고 내가 배워야 한다는 것을, 그것이 내가 받고 싶은 교육이며 내가 하고 싶은 공부라는 것임.

다른 수업들하고는 전혀 다르게 이번 교육학 개론 수업은 한편으로는 당황스럽게도 하고 심신을 고달프게 하지만, 수업이 있는 날이면 잠도 못 들 만큼 설레고 다음 주 강의가 기다려지기까지 한다. 이제야 내가 살아 숨 쉬고 있는 것 같다. 이것이 '교육을 받는' 참된 의미라는 생각이 든다. 지적 욕구를 충족시켜 만족을 얻고 그런 충만한 기분을 통해 내가 성장하고 있는 것을 느끼는 것. 이것은 나만 느끼는 만족이 아니라 내가 사회 구성원으로서 제대로 의무를 수행하고 도덕적으로 바람직한 후손을 기를 힘을 만들어내기 위해서도 필요하다. 이렇게 교육의 내재적 목적을 성취하면서 동시에 삶에서 필요한 것들을 구체적으로 배워갈 수 있다고 생각한다.

아는 만큼 보인다고 했나. 제대로 보려면 그만큼 알아야 한다. 하지만 나는 내가 무엇을 알고 무엇을 모르는지 알려고 교육을 받는다. 스스로 배워 사람들을 돕고 그런 사람들이 모여 더 나은 사회를 만들기 위해 교육을 받는 것이다.

이제야 진지한 고민이
시작되었다

내가 교육을 받으려는 가장 큰 이유는 '필요' 때문이다. 교원 자격을 얻기 위해, 아이들에게 올바른 교육을 하기 위해, 교육 현장에서 순간순간 부딪치는 다양한 상황들 속에서 좀더 현명한 판단으로 바르게 교육할 수 있는 사람이 되기 위해, 나는 배운다.

그럼 재수하던 시절은 어땠나? 지금과 별반 차이는 없었다. 그때도 대학에 들어가려고 공부했다. 단순하고 명쾌한 목표가, 그것도 짧은 기간 안에 끝나는 승부였기에, 아무것도 생각하지 않고 오로지 공부에만 몰두할 수 있던 시기였다. 이때 한 공부는 전혀 창의적이지도, 또 의미가 있지도 않았지만 어쨌든 전국모의고사 등수가 점차 올라가면서 공짜로 학원에 다닐 수 있다는 사실에 나는 만족했다.

고등학교 때 나는 왜 교육을 받으려고 했을까? 그때는 내 의지보다 교육을 받아야 한다는 상황을 당연한 것으로 받아들인 나머지 학교 테두리 밖에 있는 아이들과 실업계 학교에 다니는 아이들을 은근히 동정하기도 한 것 같다. 그 아이들을 바라보며 나는 안정되고 '사람들에게 부끄럽지 않은' 테두리 안에 들어올 수 있는 것을 다행이라 여겼다. 이때 나한테 교육은 일종의 특권이었다. 그저 '정상적인' 교육을 받는 상황을 즐겼을 뿐 진심으로 교육을 받고 열중해서 공부를 해야겠다는 의지는 약했다.

그럼 중학교 때는 어땠을까? 이때도 나는 노력한 만큼 점점 오르는 성적이, 주변의 반응이, 그런 나를 자랑스러워하는 부모님의 얼굴이 좋아서 공부에 몰두했다. 오르는 성적이 기뻤고, 공부가 별로 힘들지 않았고, 그렇게 힘들이지 않았는데 부모님한테 자랑스러운 딸내미가 되는 것이 기꺼웠을 뿐이다.

시간을 아무리 거슬러 올라가 봐도, 스스로 왜 교육받으려고 하는지 물어본 적이 없다. 이 글을 쓰며 내게 묻는다. 너는 왜 교육받으려고 하는가? 모르는 것을 알려고? 하지만 이것은 내가 조금만 관심을 기울인다면 책이나 인터넷을 찾아보는 것만으로도 많은 도움을 얻을 수 있을 것이다. '만일 정말로 학교교육이 필요하다면 그 교육은 어떤 모습이어야 할까?' 나는 처음으로 이 물음을 진지하게 고민하기 시작했다. 대학 4년생이 되어서야.

'나는 왜 교육받고자 하는지 모른다. 확실히 잘못된 것 같다'라고 말하는 한 학생의 글을 읽으며 아리아리한 감정을 느낀다. 일종의 슬픔이다. 어릴 때부터 자기답게 성장하고픈 내적 동기와 열정이 있었는데도 그것이 무참하게 뭉개져버렸다. 어쩌다 보니 무엇인가에 떠밀려 지금 대학에 와 앉아 있다. 가장 참담한 일은 삶의 좌표를 잃어버린 것이다. 이런 일이 어디 학생 한두 명의 이야기인가? 과연 현재 우리 사회가 지향하고 있는 교육의 목적은 무엇인가?

비노바 바베*는 교육의 목적이 잡다한 정보와 지식을 전달하는 데 있는 것이 아니라, 사람들이 자신이 필요한 것을 효과적으로 얻을 수 있게 훈련하는 과정에 있다고 말한다. 다시 말해서 자기 성장과 배움을 위해서 홀로 설 수 있는 힘을 기르는 것이 교육의 첫째 목적이라는 것이다. 의존된 노예 상태에서 자립적인 주인으로 거듭나는 것, 참된 자유인이 되는 것이 교육의 목적이다. 여기서 자유인은 건강하게 노동하고, 독립적인 생각을 가지고, 자기 충동을 조절할 수 있는 힘이 있는 사람을 말한다.

교육의 둘째 목적은 사랑과 평화의 힘을 강화하는 것이다. 교육이란 단지 방법이나 기술의 문제가 아니며, 인간에게 새로운 전망을 주는 일이고 또 희망적인 실천을 의미한다. 사랑과 평화는 개인의 문제뿐 아니라 세계의 문제를 해결하는 근본 열쇠다. 이것은 점점 황량해지고 폭력에 오염되어 가는 오늘날의 교육 현실에 암시하는 바가 크다.

셋째, 비노바 바베는 근원적 문제 해결에 이바지할 수 있는 진짜 교육을 위해서 학습과정에서 노동과 지식이 결코 분리되면 안 된다는 점을 강

• 비노바 바베(Vinoba Bhave, 1895~1982)는 간디의 제자이며 동료로서 성자로 존경받는 인도의 사상가다. 지은 책으로 《삶으로 배우고 사랑으로 가르치라》(김성호 옮김, 씨알평화, 2007) 등이 있다.

조한다. 실천하지 않고는 정말로 안다고 말할 수 없으며 실천을 통한 앎이야말로 참된 지식이라는 것이다. 어떤 앎이든 앎에 이르는 지름길은 몸소 행하는 데서 시작될 수 있다고 주장한다. 따라서 문자로 된 지식은 인간을 실제 세계와 격리시키는 장막이며, 생명력을 잃어버린 죽은 지식이 되기 알맞다. 실제 세상과 거리가 먼, 생명력 없는 지식의 축적은 결국 인간을 병들게 한다.

넷째, 올바른 교육은 올바르게 사는 방법을 제시할 수 있어야 한다. 올바른 삶의 원칙은 자연 안에서 발견될 수 있다. 인간은 어떻게 인간다운 존재가 될 수 있는가? 자연과 더불어 조화할 때다. 인간이 비인간화되기 시작하는 것은 인간의 자연성을 무시하거나 자연과 동떨어질 때다. 자연과 단절된 삶을 사는 인간은 결코 행복할 수 없으며 불만으로 가득 차기 마련이다. 인간은 자연의 일부이므로 자연에 내재된 생명 원리를 거스를 경우 올바른 교육을 할 수 없다는 것이다. 참된 교육은 자연과 연관되어 있으며 따라서 생명세계를 드러내는 자연의 생생함을 교육 활동 안으로 끌어들여야 한다는 것을 강조한다.

비노바 바베는 교육이 곧 삶이 되어야 하며 자연스러운 삶의 과정에서 교육을 해야 한다고 강조한다. 인공적이고 조작적인 지식이나 쾌락의 추구가 아니라 자연스러운 삶의 기쁨과 소박한 보람을 회복하게 하는 참된 교육으로 전환할 것을 제안한다. 우리가 잊거나 잃어버린 채 살고 있는 행복을 다시 찾을 수 있는 방법을 가르치는 것이 교육의 사명이라는 것이다.

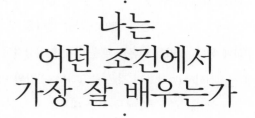

나는
어떤 조건에서
가장 잘 배우는가

'교육의 심리적 기초'를 다루는 시간에 쓴 학생들의 글이다. 이 시간에 는 인간발달과 교육, 인지과정, 학습론, 육체와 정신의 통합적 관계를 다루며 그런 기초 위에서 인간의 성장과 개인의 학습 경험을 심리학 적 관점에서 조망하게 된다. 심리학 이론을 배우기 전에 일상적인 자 기 경험을 심리적 관점에서 되돌아보는 것은 중요하다. 인간의 마음 속에서 일어나는 많은 현상들 중 '학습'은 독특한 위치를 차지하는데, 특히 자기 학습과정에 대한 성찰, 그리고 자신도 모르는 사이에 형성 된 좋거나 잘못된 학습 습관에 관해 새롭게 조명해보는 것은 인간 심 리의 미묘함에 대한 흥미를 일으킬 수 있다. '나는 어떤 조건에서 가장 잘 배우는가?' 이 물음은 학습과 관련된 총체적 얼개인 동기와 의지, 감성, 습관, 환경 등 앎을 가능하게 하는 제반 요소들의 관계, 즉 개인 의 마음과 환경 사이의 관계를 전체적으로 바라보려는 것이다. 심리적 억압, 손상, 왜곡이 초래하는 교육적 문제들을 자각하는 과정이기도 하다.

가만 놔두면
더 잘 할 텐데

학창 시절 선생님들마다 하는 얘기가 있었다.

"너는 자유롭게 스스로 공부하게 놔두면 더 창의적으로 발전할 수 있을 텐데, 오히려 어머님께서 너를 너무 구속하시는 거 같구나."

우리 어머니는 누구나 다 알 정도로 교육열이 대단한 분이었고, 나는 내성적인 성격 탓에 늘 어머니 의견에 무조건 따랐고, 또 그렇게 해야만 했다. 내 의견하고는 상관없이 무조건 과외와 학원을 여러 군데 보내는 어머니가 미웠고, 나는 절대 그런 부모가 되지 말아야겠다고 생각했다. 부모님 구속 없이 자유롭게 공부하고 어머니와 친구처럼 지내는 친구들이 정말 부러웠다.

나를 오랫동안 지켜본 선생님들이나 과외 선생님은 내가 공부 말고도 여러 가지를 많이 알고, 호기심이 많고, 창의적인 아이라고 자주 얘기했다. 나도 새로운 사실을 알아가는 것이 무척 즐거웠지만 부모님은 내가 늘 책상 앞에만 앉아 있기를 바랐다. 나는 학교 수업이 끝나자마자 자가용에 실려 여기 저기 과외를 받으러 다녀야 했고, 가끔 다른 시간이라도 보내면 크게 혼이 났다.

내가 가장 자신 있고 즐기는 과목은 수학과 영어였다. 두 과목만큼은 누구한테도 지기 싫었고, 하나하나 문제를 푸는 것이 무척 즐거웠다. 그러나 선생님들이 더는 과외가 필요 없다고 했는데도 어머니는 계속 두 개 이상 과외를 시켰고, 나한테 수학은 점점 즐길 수 있는 학문이 아니라 억지로 풀어야 하는 '숙제'가 되어버렸다. 과제를 받으면 '이 많은 문제를 다 풀지 않아도 만점은 자신 있는데 왜 이걸 풀어야 하나' 하는 생각에 큰 부담이 됐고, 급기야 대충 풀어 갈 때도 많았다. 그러다 보니 늘 만점이던 성적이 조금씩 떨어지기 시작했다. 워낙 어릴 때부터 하던 습관이 있어서 계속 성적은 좋았지만 예전만큼 가장 잘 하는 과목으로 내세울 수 없게 되었다. 내가 왜 이렇게 됐는지 알고 있었기 때문에 아쉽고 혼란스럽고 고통스러웠다.

사람은 모두 똑같지 않기 때문에 자기한테 맞는 학습 조건이 다를 것이다. 무엇보다 중요한 것은 공부는 자신이 정말 원해서 즐기면서 해야지, 의무나 강압으로 받아들이게 해서는 안 된다는 점이다. 늘 자유로운 환경에서 스스로 공부하기 바랐지만, 그렇지 못한 조건에서 무척 괴로워했다. 앞으로 미래의 부모들은 의무적인 교육을 하지 말고, 아이의 적성과 의견을 받아들여 아이에게 학습 환경을 맞춰주길 바란다.

'나는 개 새끼다'를
외치고 난 뒤

배우는 것은 머리가 아니라 마음으로 하는 것이다. 그래서 나는 자유로운 분위기에서 가장 잘 배우고, 교사에 대한 존경심이 있어야 잘 배운다. 즉 교사와 학생이 서로 인격적으로 존중해야 한다.

그러나 학창 시절을 되돌아보면 학교에서는 학생들이 어떤 조건에서 가장 잘 배우는지 고려하는 것이 아니라 교사들이 어떤 조건에서 가장 편하게 가르칠 수 있는지 고민해 여러 가지 규칙이나 규범을 만들어 학생들을 억압한 것 같다. 학생들이 잘 배울 수 있게 마음을 다잡아주고 어루만져주기보다는 머리카락 길이, 교복 형태, 양말 색깔 등이 마치 학생들이 배우는 자세를 판단하는 기준인 것처럼 그런 일에만 신경을 썼다. 이 기준에 어긋나는 학생은 배우고 싶은 마음이 없다는 듯이 처벌하고, 심지어 인격적인 모욕까지 주기도 했다.

한창 외모에 신경을 쓸 사춘기 때 교복을 줄여 입은 적이 있다. 그때 어떤 교사가 나를 교무실로 부르더니 교무실을 빙빙 돌면서 '나는 개 새끼다'를 외치라고 했다. 그 일이 있은 뒤부터 교사에 대한 신뢰와 존중이 사라지면서 더는 아무것도 배우고 싶지 않았다. 혼자 자유롭게 공부하는 것이 더 편하고 효율적일 것 같았다.

시간이 지나 대학에 와서 자유로운 분위기에서 교수님들과 인격적인 관계를 맺고 배우면서, 가르치고 배울 때 교사와 학생 사이의 존중과 배려가 무척 중요하다는 것을 더욱 절실하게 느끼고 있다.

학교에서 학생들 한 명 한 명을 배려하는 학습 분위기를 만드는 것은 쉬운 일이 아니다. 그러나 가르치는 사람이라면, 선생님으로 불리는 사람이라면 어느 정도 학생을 배려할 줄 아는 따뜻한 마음을 가져야 하지 않을까? 최소한 배우려는 학생의 마음을 닫아버리는 사람은 아니어야 하지 않을까?

왜 배우는지 알고 있을 때
가장 잘 배운다

나는 어떤 조건에서 가장 잘 배우는가? 사춘기에 접어들기 시작한 중학교 1학년 때부터 이 문제를 진지하게 고민했다. 초등학교 때도 담임선생님한테 시험에 대한 중압감을 항의하거나 쪽지 시험 계획을 거둬들일 것을 주장하고, 반 아이들과 함께 왜 분수를 배워야 하는지 따지며 억지를 부린 적이 있다. 왜 이런 과목을 배워야 하고, 선생님들은 왜 가르치려고 하는지 진지하게 질문했지만 고등학교를 졸업할 때까지 끝내 그 답은 찾지 못했다. 대신 대학이라는 목표 말고는 아무것도 생각하지 말라는 조언을 들었다.

이 질문이 다시 시작된 것은 대학에 입학하고 난 뒤였다. 배우고 익히는 일이 인간의 삶에서 자연스러운 일이라는 것을 알게 된 뒤의 느낌은 그 전하고는 전혀 달랐다. 깨닫고 나니 학습과정에서 따라오는 평가와 조잡한 경쟁의 과정들이 덜 무겁게 느껴졌다.

중학교 때 좋아하던 생물 선생님이 동물학자가 되고 싶다고 한 나한테 주신 편지에 이런 내용이 있다.

"네가 충분한 소질이 있고, 관찰 보고서를 쓸 때도 뛰어난 능력을 보여주고 있지만, 나는 네가 생물이 좋다고 생물만 공부하는 것이 아니라 다른 여러 과목도 열심히 공부했으면 한단다. 생물학자가 되려는 너에게 수학이나 화학은 생명과학의 기본 구조를 파악하는 데 도움이 되겠지만, 변호사나 학자가 되려는 사람에게는 수학이 논리적인 사고 체계를 갖추는 데 꼭 필요한 과목이 되는 것이란다. 그러니까 여러 가지 과목들은 사람들이 서로 다른 꿈을 이루는 데 필요한 과정이 되는 것이란다."

선생님이 준 편지들을 늘 갖고 다니면서 외우다시피 했지만 딱 한 구절만은 이해가 가지 않았다. 분명 옳은 말씀이라는 것은 알았지만 그렇게 마음에 와 닿지는 않았다. 그런데 수학이 두렵다는 이유 하나로 문과를 선택하게 되면서 동물학자의 꿈은 완전히 접게 되었다.

교실에 있을 때는 지식을 쌓는 일이 평생 계속되는 과정인 줄 알고 많이 불평했다. 여러 분야에서 구체적인 지식을 집중적으로 배우는 교육 기회가 많지 않다는 것을 그때 알았다면, 그때 쌓은 기초 지식으로 평생을 두고 내 생각을 넓혀가는 것인지 그때 깨달았더라면, 마치 다른 사람들을 위해서 억지로 공부한다는 어이없는 태도는 갖지 않았을 것이다. 내가 필요해서 하는 것이고 또 즐겁게 할 수 있다면, 누군들 배우는 것을 거부하겠는가.

'온순한 강아지'
로 돌아가지 않은 이유

피아노 선생님 앞에서 나는 엉엉 울어버렸다. 피아노가 너무 치기 싫다고, 도저히 더는 못 하겠다고 서럽게 울자, 그제서야 어머니는 마음을 돌렸다. 열두 살 때 일이다. 그러고 나서 피아노 뚜껑을 안 열어본 지 13년이 흘렀다. 초등학교 때 피아노 레슨만 싫어한 것은 아니다. 학교 수업이 끝나기 무섭게 영문법 과외, 글짓기 과외, 한자 과외, 수학 학원 등 약 열 군데의 과외와 학원으로 질질 끌려 다녔다. 나는 교육열이 높기로 유명한 목동에 살고 있었고, 어머니는 치맛바람이 드센 아주머니들과 어울렸다. 초등학교, 중학교 시절에는 공부하기 싫다고 하면 '집에서 나가'라는 어머니 말이 무서워 억지로 학원에 가서 시간을 때웠다. 학년이 올라갈수록 학업 능률과 성취동기는 곤두박이쳤다. 결국 고등학생이 됐을 때 한 순간에 '펑!' 하고 터져버렸고, 내 멋대로 놀고 돌아다니는 문제아로 전락했다. 어머니가 내 앞에서 눈물을 보인 것도, 그런데도 '온순한 강아지'로 다시 돌아가지 않은 것도, 그때가 처음이었다. 결국 대학 입시에서 완전히 실패해 재수를 하는 신세가 되었지만 말이다.

재수생으로 살아갈 무렵 나는 인생의 전환점을 맞게 되었다. 처음으로 '스스로' 공부를 하게 됐고, 다른 사람의 강요에 따르는 것이 아니라 스스로 노력한 끝에 여기까지 올 수 있었다.

그러나 학창 시절을 되돌아보면 나는 주입식 교육의 부적응자고 피해자다. 어릴 때는 어머니한테 칭찬받는 것이 좋아서 공부를 했지만, 시간이 지날수록 그런 외적 동기가 무의미해지면서 공부가 점점 하기 싫어졌고, 결국 숨 막히는 곳에서 견디지 못하고 떨어져 나갔다.

하지만 대학교에서 관심 분야를 직접 선택하고 배우면서 '배움의 참 의미와 재미'를 느끼게 되었고, 학습 동기와 성취도를 높이 끌어올릴 수 있었다. 학습이 '의미 있고 가슴 뛰는 즐거움을 가져다줄 때' 배움의 참된 주체가 될 수 있음을 대학교에 와서야 깨닫게 되었다. 가두지 말고 자유롭게 뛰어놀 수 있게 풀어놨을 때, 나는 가장 효과적으로 배울 수 있고, 자기주도적 학습을 할 수 있다.

내적 동기가 바탕이 된 배움을 통해 의미 있는 피드백이나 성과를 얻으면 학습 의욕은 더욱 커진다. 간단한 예로, 성적은 대학에서 사제지간에 발생하는 피드백이라고 할 수 있는데, 내가 어떤 과목에 흥미를 느끼고 스스로 최선을 다해서 배우고 노력했는데도 결과가 좋지 않다면 의기소침해지고 학습 의욕이 떨어지는 것을 느낀다. 하지만 노력에 맞는 피드백을 받으면 더 긍정적인 자세로 배울 수 있게 된다.

인생은 배움의 연속이다. 나한테 배움은 단순히 지식을 습득하는 것이 아니다. 사람들과 맺는 관계 속에서 자아를 발견하고 서로 소통하는 끊임없는 과정, 이 모든 것들이 평생 배우고 경험해가야 할 것들이다. 잘 배우고 인생을 의미 있게 보내기 위해 내가 할 수 있는 것은, 내 가슴에 뜨거운 열정을 불어넣어 주는 그 무엇을 찾기 위해 끊임없이 노력하는 것이다. 그것을 하나하나 찾아가고 누리면서 인생과 배움의 주체로서 행복을 품을 수 있을 것이다.

스파르타식 학원 교육은
정말 필요했을까

　　　　　　　　나는 초등학교 때부터 학원 여섯 곳을 다니고, 학습지 세 개 이상을 하는, 대한민국 교육열에 찌든 어린이였다. 초등학교에 들어가자마자 속셈, 영어, 무용, 피아노, 웅변, 종이접기 등 여러 분야의 학원을 전전했다. 여러 과목의 책들을 가방에 넣고 손에 들고 시간에 맞춰 학원 이곳저곳을 옮겨 다녔다. 어린 나이에 엄청난 양의 공부에 숨쉴 틈이 없었다. 그러나 부모님은 끝까지 강요하지는 않았다. 내가 너무 힘들어하자 그 뒤부터는 거의 강요하지 않았다. 억지로 하는 공부에서 해방이 되면 좋을 줄 알았는데, 강요가 사라지자 공부를 해야 하는 이유까지 사라져버렸고, 심지어 나중에는 공부하라는 압력을 받는 친구들이 부러워지기까지 했다. 학습 동력을 잃어버린 것이다. 내가 부모님에게 관심을 받지 못한다는 느낌이 든 것 같다.

　그러나 다행인지 불행인지는 몰라도 장래 희망을 미술로 정하면서 공부에 대한 생각이 180도 바뀌기 시작했다. 예술 고등학교를 가려면 성적이 중요한 조건이 된다는 것을 알고 난 뒤부터 물불 가리지 않고 아주 열심히 공부했다. 어떤 목표와 동기가 생기고 나자 비로소 공부의 필요성을 느끼게 된 것이다. 그때 스스로 공부할 수 있는 방법을 터득한 것 같다.

　예술 고등학교에 가려고 다닌 학원은 전 과목을 배우는 곳과 입시 미술 전문 학원이었는데, 두 학원 모두 '스파르타 교육'으로 유명한 곳이었다. 그런 교육을 처음 받아봤기 때문에 무서운 훈계와 주입식 교육 방식은 큰 충격으로 다가왔다. 그때는 그런 스파르타 교육이 나한테 정말 잘 맞는 것 같았다. 이렇게 공부 안 하면 예술 고등학교에 가지 못한다는 협박(?)과 함께 자극이 될 만한 여러 가지 말과 훈계를 들으면서 공부에 대한 열정이 불타올랐다.

내가 잘 하려면 어떤 목표를 설정하는 것은 큰 버팀목이 되기도 하지만, 그것보다 더 중요한 것은 마음가짐과 동기다. 어떤 목표를 달성하려면 험난한 과정을 거쳐야 하는데, 개인의 굳은 의지와 결심이 있다면 이 과정은 비교적 쉽게 진행될 것이다. 이런 입시 과정을 거치며 내가 얻은 가장 큰 교훈은 피할 수 없으면 즐기라는 것이다. 잘 하는 사람은 노력하는 사람을 이길 수 없고, 노력하는 사람은 즐기는 사람을 이길 수 없다는 말처럼 힘든 일을 하든 쉬운 일을 하든 즐기는 마음이 있다면 무엇이든 해낼 수 있을 것이다. 어떤 조건에서 가장 잘 배울 수 있는지 묻는 질문에 나는 '배우는 일을 즐길 수 있는 마음가짐'이라고 대답한다. 이것은 내 꿈을 이루게 하는 지름길이다.

그러나 모든 사람에게 이런 스파르타식 교육이 배움의 즐거움으로 이어질 수 있을지 잘 모르겠다. 스파르타 교육이 조건화된 학습 경향성을 부추기고 목적에 이르게 할 수 있을지는 몰라도 경우에 따라서 개인의 꿈과 의지를 짓밟을 위험도 있다는 사실을 잊어서는 안 된다. 만일 그런 혹독한 스파르타식 교육과정을 거치지 않았다면 과연 지금의 나는 어떻게 달라져 있을까? 그런 험난한 과정이 없었다면 좀더 유연하고 여유로운 사람이 되어 있을까? 아니면 학습 동력을 잃고 방황하고 있을까?

소수를 제외한 학생들 대부분은 자신의 학습 습관을 비교적 객관적이고 솔직하게 파악하고 있었다. 처음에는 타인의 인정, 칭찬, 보상 등 외적 동기에 따라, 나중에는 학습 자체의 즐거움, 즉 내적 동기에 따라 배우게 되었다고 한다. 외적 동기와 내적 동기의 중요성과 한계가 무엇인지도 비교적 뚜렷하게 인식하고 있었다. 특히 여기서 주목하고 싶은 것은 학습의 심리적 조건과 비가시적 조건들, 그리고 '홀로'와 '함께'에 대한 것이다.

어떤 학생들은 비교적 자유로운 인격적 관계 안에서, 어떤 학생들은 스파르타식으로 맹훈련을 받을 때 더 잘 배울 수 있다고 말한다. 또 독서실에서 홀로 조용하게 몰두하며 공부하는 것이 더 좋고 익숙하다는 사람이 있는가 하면 대화와 토론을 하면서 함께 공부하는 것이 즐겁고 거기서 더 많은 것을 배울 수 있다고 말하는 학생들도 있다. 그러나 우리 사회에 널리 퍼져 있는 입시 준비 과정은 나 홀로 학습 습관만 강화시킨 나머지 더 소중한 협력적 학습 기능은 잃어버리고 있다. 인간에게 최적의 학습 조건은 홀로, 그리고 더불어 공부하기, 다시 말해서 개인적 차원의 즐거운 몰입과 공동체적 차원의 다면적 대화와 유연한 교류가 있는 상황이다. 심리적 차원과 사회적 차원이 역동적으로 작용할 때 인간은 더 잘, 더 깊게, 더 올바르게 배울 수 있다.

기존의 주입식 교육에서 '의미 있는 학습'은 체계화된 지식을 더 잘 외우고 받아들이는 일이다. 그러나 아무리 우수한 사람이라 할지라도 오랜 기간 쌓인 체계화된 지식을 모두 섭렵하는 것은 불가능하다. 실제로 인류사에서 보게 되는 원형적 학습은 기존의 경험과 지식을 바탕으로 계속 인간과 세계를 탐구하는 과정이라 할 수 있다. 개별 관심사에 따라 지식이 만들어지는 과정을 탐구하고 동시대에 상용되는 보편적 지식에 접근해갈 뿐이다. 이런 과정을 돕는 지름길이 바로 홀로, 그리고 더불어 공부하는 개방적 학습 공동체다.

공동체 안에서 진행되는 개방적 학습은 개인의 경험과 지식 차원을 넘어서 타인의 경험과 지식과 연결될 때 더 효과적이다. 학습자들은 공적 장에서 개인적 숙고와 고찰, 비판의 과정과 더불어 다른 사람의 생각과 경험, 비판도 공유할 수 있는 풍부한 환경을 제공받는다. 학습자가 다른 사람의 생각과 문화에 개방되어 있지 않으면 빠르게 진화하고 있는 인류의 지식 축적 과정을 따라갈 수 없을 뿐 아니라 새로운 지식을 창조할 수도 없다. 이 경우 문제 해결 능력을 갖기 어렵다. 그런 점에서 개방적 학습은 개인적 차원의 성장뿐만 아니라 전인류적 차원의 성장에도 중요하게 필요한 새로운 학습 방법의 대안이다. 교실을 하나의 개방적 학습 공동체로 만드는 일, 이것은 기존의 닫힌 주입식 교육에서 간과한 교육심리학적 과제다. 피아제Jean Piaget나 프레네는 바로 이렇게 자유로우면서도 창조적 긴장이 넘치는 학습 공동체의 필요성을 강조한 사람들이다.

우리 사회의 교육열,
생산적인가 파괴적인가

'교육의 사회적 기초'를 다루는 시간에 쓴 학생들의 글이다. 이 수업은 인간과 사회, 사회화, 사회 체제와 학교, 교육과 정치, 교육과 문화, 사회변동 등을 배우고 교육 사회학적 안목을 키우는 시간이다. 학생들은 이 시간에 우리 사회의 지나친 교육열에 대해, 그 복합적인 원인과 결과의 심각성에 관해 저마다 깊이 생각해볼 수 있는 기회를 가진다. 순수한 교육열과 왜곡된 교육열의 양적, 질적 차이를 인식하고, 그것이 한 국가나 인류 공동체에 미치는 영향력이 어떤지 환기시키려는 것이다. 순수한 교육열의 생산적 힘을 인정하되, 왜곡된 교육열이 초래하는 파괴적인 힘도 자각해 이것을 근본적으로 고칠 수 있는 방안을 찾아보려는 것이다. 빙산의 일각처럼 보이는 작은 사회 문제도 깊이 파고 들어가 보면 사회적·경제적·정치적 요인들과 복잡하게 연결되어 있다는 사실을 알게 되면서 거시적이고 사회·문화적인 안목을 가질 수 있다. 이런 탐구는 개인적 인식과 사회적 구조 사이의 복잡한 연관성을 발견할 수 있게 해준다. 따라서 인식의 변화가 사회 구조의 변화로 이어지고, 또 사회 구조의 변화가 인식의 변화로 이어지는 미묘한 연결고리도 어렴풋이나마 발견하게 된다.

나는 대한민국의 교육열에
타다 남은 숯 검댕이다

　　　　　　　　나는 초등학교 4학년 때부터 서울의 강남 지역 학생들 못지않은 교육열에 휩쓸려 지냈다. 방과 후 청소가 끝나고 난 뒤에는 경시반에서 고등학교 도형 부분에 해당되는 문제를 풀었고, 하교한 뒤에는 대입 논술 공부를 해야 했다. 중학교에서는 과학 영재반에 들어가 고등학교 과학 교과서에 나오는 실험을 하고, '하이탑' 물리 연습 문제를 풀었다. 풀지 못하면 매를 맞았기 때문에 같이 있던 학생들은 검사할 무렵이 되면 주로 답을 베꼈다. 나는 베끼는 것은 거짓이라고 생각했기 때문에 거짓말을 해야 할 때 느끼는 압박감에 늘 긴장 상태였다.

　　원치 않는 쳇바퀴를 도는 삶이 참 괴로웠다. 선수학습을 하는 것이 늘 당연했고, 자식들 경쟁에서 지기 싫어하는 엄마들 욕심 때문에 우리들이 죽어가고 있다고 느꼈다. 초등학교 5학년 때 이미 고등학교 정석을 두 번 땐 아이도 있었는데 엄마들 사이에서는 이 아이의 엄마가 롤 모델이었다. 한 단계 한 단계를 순차적 과정 없이 뛰어넘는다는 것이 얼마나 큰 고통이며 부담인지 나는 아주 잘 안다. 고등학교에 들어가기 전에 고등학교 교과에 대한 막연한 거부감과 어려움을 느끼며 입학을 피하고 싶었다. 왜곡된 교육열의 원동력이 되는 부모님과 선생님의 기대도 부담이었다.

　　많은 문제를 풀고 외우는 학습이 제대로 된 학습인지 나 자신한테 계속 질문을 던져보았지만, 나 말고는 내 주변 어느 누구도 공감하며 받아줄 수 없는 부분인 것 같았다. 늘 다른 사람보다 잘 해야 하고, 그 상태를 계속 유지하고, 내 의견 없이 순종하며 복종해야만 하는 곳, 그곳이 내가 느껴온 학교의 모습이었으며 그 주변도 마찬가지였다.

'왜?'라는 문제의식을 가지면 반항하는 문제 학생으로 찍히는 학교에서 나는 아무 생각도 없는 사람처럼 조용히 하라는 대로 살았다. 정체성도 찾지 못하고 자신들이 원하는 길을 걷지 못한 채 일률적인 학습의 테두리 안에서 연령대를 뛰어넘어 무작위로 주입시키는 학습은 분명 파괴적이다. 하지만 교육 정책이라는 거부하기 어려운 테두리 안에서 지나치게 비정상적으로 퍼져가는 교육열은 몇몇 사람의 힘으로 해결되는 문제는 분명히 아닌 것 같다.

나는 일반 공립 고등학교를 졸업했다. 고등학교 때 야간 자율학습이 없어져 학교에 남아 공부를 하고 싶어도 네시가 넘으면 학교에서 쫓겨났다. 수능이 없어진다는 얘기에 고등학교 2학년이 될 때까지 국가 정책에 따라 모의고사도 볼 수 없었고, 3학년이 되어서야 처음으로 모의고사를 봤다. 어떤 아이들은 사설 학원에 가서 몰래 모의고사를 봤는데 결국 정책을 어기고 사설 기관에서 수능을 준비한 아이들만 현명한 학생이 되었다. 정책을 믿은 학생들만 바보가 됐다. 이과를 선택한 나는 3학년 때 수학Ⅱ를 처음 배워 한 달 안에 수학Ⅱ 전 과정을 끝낸 뒤 모의고사를 보고 수능을 준비해야 하는 공교육을 받았다.

대학에 들어와 이런 비정상적인 교육의 뿌리를 생각해보게 되었다. 06학번 이후로 전국의 공대에 '공학교육인증ABEEK' 제도가 도입되었다. 이것은 대학 4년 동안 지정된 교양과목 두 개만 들을 수 있으며, 정해진 전공 교과 체계에 맞춰 이수할 수 있는 제도다. 나는 교직을 이수하면서 심리학, 행정학, 사회학 등 인문학 수업을 들을 수 있어 그나마 인문학적인 관점과 비판적 생각을 할 수 있는 기회를 가질 수 있었다. 하지만 이 새로운 체제를 따라야만 하는 공대 후배들은 인문학을 배울 기회도 없다. 후배들에게 도입된 새로운 인증 제도를 바라보며 높은 점수를 받아 경쟁률을 뚫고 들어온 대학이 과연 취업을 위한 교육 기관인가 하는 의문이 든다. 생각할 기회를 박탈당한 채 휩쓸려가게 하는 이상한 교육열, 그것은 분명 폭력적이며 파괴적이다.

방 한 바퀴를 돌리고도 남는 문제집,
그리고 천장까지 닿는 책

　　　　　　　　　　　　수능이 끝나고 난 뒤 그 동안 보던 문제
집을 정리하면서 재미삼아 책들을 쌓아 올려본 적이 있다. 친구들끼리 농
담 반 진담 반으로, 수능 준비하면서 공부한 책들이 벽을 따라 방 한 바퀴
를 돌릴 수 있을 정도로 많더라는 말들을 했는데, 쌓아 올린 책이 정말 천
장까지 닿는 걸 보면서 참 지독하다는 생각을 했다. 학생들은 대부분 이렇
게 지독하게 공부한다. 학원 여러 곳을 다니고, 많은 문제집을 풀면서 초
등학교 때부터 외국어 고등학교 준비를 하고, 중·고등학교 때는 내신 관
리를 하고 수능 준비를 한다. 그리고 대학에 와서도 변함없이 전공 서적,
유인물 등과 씨름하며 방대한 양의 지식을 머릿속에 집어넣으려고 노력한
다.

　초등학교부터 대학교까지 우리 사회 교육은 양적인 측면에만 초점을
맞추고 있다. 그래서 그럴까? 교육의 질적인 측면에 대한 관심은 거의 찾
기 어렵다. 학생들에게 이론적인 지식은 풍부하게 제공되고 있지만, 그것을
생각하고 느낄 수 있는 기회는 좀처럼 제공되지 않는다. 오로지 다음 단계
로 도약하기 위한 '무조건 외우기'가 있을 뿐이다. 이런 반쪽짜리 교육은
교육의 양과 질을 균형적으로 고려하지 못하고 있는 잘못된 교육열에서
비롯된 것이다. 그리고 기형적인 교육열이 빚어낸 부작용들이 파괴적인 모
습으로 나타나고 있다. 영어 발음을 좋게 하려고 아이들에게 설소대 수술
을 시키는 강남 학부모들을 취재한 방송을 보면서 비뚤어진 교육열이 불

러온 충격적인 현실에 경악한 적이 있다.

우리 사회의 교육열이 가진 파괴적인 모습은 학력 인플레이션에서도 잘 알 수 있다. 오늘날에는 교육이 대중화되고, 수준도 높아지고 있기 때문에 학력의 가치가 상대적으로 하락했다. 학력이 아무리 높아도 좋은 직업을 갖기 어려워지는 것이다. 이런 과정에서 어떤 직업에 알맞은 학력 이상을 요구하는 과잉 교육 현상이 나타나게 되었다. 박사학위 소지자가 환경미화원에 지원한다는 신문 기사는 치열한 교육열이 불러온 학력 인플레이션이라는 부작용을 보여주는 단적인 예다.

학생들은 양적, 질적 측면이 모두 충족된 균형 있는 교육을 원한다. 그것뿐만 아니라 자신이 받은 교육의 정도에 맞게 사회적으로 인정받을 권리가 있다. 하지만 지나친 교육열은 이 두 가지 조건마저 불가능하게 만든다. 그런데 이상하게도 우리 사회의 이런 파괴적인 교육열은 좀처럼 나아질 낌새가 보이지 않는다.

내 동생은 중학교 3학년이다. 나와 여섯 살 차이가 나는 동생은 예전 나처럼 '열심히' 공부하고 있다. 내신 공부를 하고, 수행평가 과제를 하느라 주말에도 늘 책상에 앉아 있으며, 외고에 들어가려고 학교 공부 말고 따로 시간을 내 영어 공부를 한다. 6년이 지나는 동안 아무런 변화도 없이 똑같이 지속되고 있는 교육열에, 그리고 그 앞에서 무기력할 수밖에 없는 우리 모습에 씁쓸함을 느낀다. 잘못된 점이 있다는 것을 많이 인정하고 있지만 실제로 그 근본 원인을 제대로 아는 사람들은 없다. 그저 '안 하면 뒤처지는' 냉정한 현실 속에서 학부모와 학생들은 초초함에 시달리고, 파괴적인 교육열만 높아지고 있다.

강박증 환자로 만든
한국의 교육열

고등학교 2학년 여름방학 때 캐나다 밴쿠버로 잠시 어학연수를 갔다. 캐나다에서 부유층이 주로 산다는 지역의 한 백인 가정에서 홈스테이를 했는데, 그 집에는 케이티라는 딸이 있었다. 아홉 살인 케이티는 무척 자랑스럽게 전자 키보드로 아주 간단한 연주를 들려주었다. 자연스럽고 여유롭게 자라는 케이티를 보며 같은 나이에 피아노와 바이올린 레슨, 미술 학원, 무용 학원, 서예 학원, 산수 학원, 영어 회화 학원, 영어 학습지, 수학 학습지, 한문 학습지, 글짓기 그룹 과외 등에 시달리던 일이 떠올랐다.

한국의 높은 교육열은 어느 정도는 긍정적이다. 어린 시절에 배운 것들이 전혀 쓸모없는 것은 아니니까. 안 배운 것보다는 배운 것이 당연히 나으니까. 실제로 나는 조기 교육 덕분에 다양한 예능계 교육을 접해볼 수 있었고, 기초 단계지만 일정 수준의 능력도 갖출 수 있었다. 중·고등학교에서 도움도 됐다. 그러나 문제는 이런 과정이 만들어내는 부정적인 결과다. 우리나라의 과열된 교육열의 가장 무서운 점으로 두 가지를 꼽을 수 있는데, 첫째는 지나친 교육열이 불러오는 과열 경쟁이고, 둘째는 맹목적인 학벌 지향과 출세 지향이다.

이런 사회에서 살다 보니 나는 강박증 환자가 된 것 같다. 교육 심리 수업을 듣고 알았는데, 나는 전형적인 평가 동기의 학생이었다. 학습으로 동기화된 것이 아니라 평가 결과에 목표를 둔 학습을 해왔다. 그것 때문에 나 자신을 심하게 몰아대고 채찍질하면서 달려왔는데, 그렇게 달리면서도 나 말고도 열심히 하는 사람이 너무 많아서 늘 불안하고 힘에 부쳤다. 이 좁은 땅에서 높은 교육열 때문에 상향평준화된 고만고만한 사람들이 너무 많다 보니 필요 없을 정도로 경쟁의식에 불탔다. 유치원 때부터 지금까지 살벌한 경쟁 관계 속에서 살다 보니 무엇을 하든 이겨야 한다는 강박증에 사로잡혀 괴로울 때가 많다.

부모님은 학벌과 출세를 위해 나를 이렇게 교육시켰다. 나는 지금까지 공부가 재미있어서 한 적은 거의 없다. 목적이 학벌과 더 좋은 사회적 위치이다 보니 욕심은 내 능력 이상으로 한없이 높아지기만 했다. 수험생활 몇 년을 거쳐 대학에 왔지만 더 좋은 학벌에 욕심이 나고, 옷과 음식, 결혼 같은 사회생활 전반에 대해서도 더 좋은 것을 향한 집착이 생긴다. 나는 '일류 강박증'에 걸린 것 같다. 만족도 없어지고 능률도 떨어져서 결국 발전도 기대하기 어렵다.

최근 정서 교육에 대한 관심이 생겨나고 있는데, 정말 동감한다. '부모님과 선생님들이 끊임없는 칭찬과 격려를 통해 자신감을 심어주고 배움을 향한 참된 동기를 심어주었더라면 지금의 내 삶이 이렇게 고달프지는 않았을 텐데……' 하는 생각이 요즘 들어 더 많이 든다.

내 생각과
의지가 없는 삶

나는 지나치게 극성스런 어머니 밑에서 자란, 대한민국 교육열이 만들어낸 안타까운 결과물이다. 나 자신을 이렇게 비하하면 안 되는데 어쩌면 내 자존감은 이 정도로 떨어진 건지도 모르겠다.

초등학교 4학년 때부터 미술 학원에서 그림을 그리기 시작해 예원학교 입시를 치렀고, 어린 나이에 합격과 불합격, 성공과 실패라는 것이 무엇인지 알게 됐다. 합격하는 순간 기쁨과 성취감, 그리고 끝없이 치솟는 자만심에 세상 무서울 것이 없었다. 그러나 그것도 잠시, 중학교 1학년은 어쩌다 보니 지나가고 2학년 때부터는 그림 공부에 회의가 들었다. 친구들은 S예고 입시 준비를 하고 있을 때, 나는 언어에 흥미를 느껴 외고에 가려고 영어 공부에 매달렸다. 결국 어머니 성화에 예고 입시를 치르게 됐지만. 시험장에서 그림을 그리면서도 차라리 떨어지길 바랐다. 스스로 실패라는 쓴맛을 봐야 정신을 차릴 것 같았기 때문이다.

그러나 불행인지 다행인지 합격을 했고, 나는 뭐든지 쉽게 얻을 수 있다는 착각에 빠지기 시작했다. 그리고 나도 모르는 사이에 엉뚱한 우월감으로 휘청거렸다. 예고에 가서도 입학하자마자 유학을 가려고 영어 공부에 매달렸다. 하지만 아버지 일이 어려워지면서 계획은 틀어졌다. 그렇게 고등학교를 지나 대학교에 들어왔다. 그때까지 모든 것들이 너무도 쉽게 내 손에 들어왔다. 예술을 하는 사람들 사이에서 이른바 '정 코스'를 밟게 된 것이다. 물론 S대에 들어갔으면 더할 나위 없이 좋았겠지만 어머니는 그런데로 만족했다. 나도 대한민국에서 제대로 살 수 있는 타이틀을 갖게 된 것 같아 안심이 됐다.

그러나 지금 내가 손에 쥐고 있는 모든 것들은 내 것이 아니라는 생각을 떨쳐버릴 수 없다. 이 모든 것이 다 허울뿐이고 참된 삶이 아니라는 생각을 지울 수가 없다. 예고나 외고를 다닌 다른 친구들의 이야기를 들어봐도 나와 많이 다르지 않다는 것이 문제다. 나는 스물네 살이 된 지금까지도 내 자신을 찾으려고 고민하고 괴로워한다. 내 생각과 의지가 없는 삶을 살아오다 보니 내가 원하는 것이 무엇인지도 모르고 산다. 나와 친구들의 경험을 종합해볼 때 우리 사회의 맹목적인 교육열은 그런 점에서 무척 비관적이다. 내가 그 결과물이므로 누구보다도 잘 말할 수 있다.

대치동 아이를
가르쳐보니

작년에 강남으로 이사 온 나는 올해 1월 초등학교 6학년 학부모한테 3개월 동안 중학교 3학년까지 수학 과정을 모두 마쳐 달라는 부탁을 받았다. 불가능하다고 설명하면서 6학년이 중학교 수학을 이해하기는 어려우니 그때 가서 배우는 것이 더 효율적이라는 얘기도 덧붙였다. 그러나 그 학부모는 막무가내였고, 결국 한 달 동안 한 학기 분량을 끝내주는 것으로 합의 아닌 합의를 보게 되었다. 부담이 줄어들기는 했지만 이 진도도 불가능하다는 생각은 변함이 없었다. 하루에 한 단원 이상 진도를 나가면 학생이 얼마나 지치고 힘들어 하는지 부모가 직접 보면 어쩔 수 없이 물러날 거라고 생각했다. 하지만 내 생각은 보기 좋게 빗나갔다. 이 학생은 그 동안 내가 만난 모든 학생들 중에 가장 뛰어났고 내 설명이 가소롭다는 듯이 거침없이 문제를 풀어갔다. 실수 말고는 틀린 답을 쓰는 경우도 거의 없었다.

나중에 들은 그 어머니의 얘기는 더욱 가관이었다. 그룹 과외를 시키고 싶은데 자기 딸이 친구들보다 진도도 너무 늦고 잘 따라가지 못해서 애들이 싫어한다는 것이다. 문제는 여기서 그치지 않았다. 그 학생은 중학교에 입학하기 전부터 미술 학원에서 영어 학원에 이르기까지 학원이란 학원은 모두 다니고 있었다. 당연히 친구들과 어울릴 시간은 전혀 없었다. 전형적인 '대치동 아이'였다.

이 동네로 이사 와서 놀란 점이 또 있다. 아이들이 밖에서 뛰어 노는 풍경을 본 적이 없다. 놀이터는 늘 한산했고, 책가방을 멘 '꼬맹이'들이 학원 주변을 맴돌고 있었다.

　세계적인 한국의 교육열! 인적 자원밖에 건질 것이 없다는 나라에서 이만한 교육도 안 하면 뭘 먹고 살겠느냐는 목소리도 있다. 하지만 훌륭한 인적 자원을 기른다면서 아이들의 생각과 의지와 감정은 온데간데없고, 단지 아이들을 엄마 말 잘 듣는 꼭두각시로 둔갑시키고 있다. '국영수'를 잘하는 것이 아이들의 실력과 인성을 대변하는 것이 아닌데도 불쌍한 학생들은 알량한 점수 1~2점에 자기 목숨마저 내놓게 되었다. 꿈을 펼쳐보지도 못한 채 어린 나이부터 벌써 맹목적인 서열 경쟁에 매달리는 것이다.

　하지만 이것보다 더 큰 문제는 우리나라 교육이 조건부 선택사항이라는 점에 있다. 서울 변두리에 있어 아무것도 내세울 것 없는 초등학교와 중학교를 졸업하고 외국어 고등학교를 거쳐 대학교에 들어간 나는 빈부 격차에 따른, 혹은 사회적 배경이 다른 아이들이 받는 교육의 차이를 뼈저리게 실감하고 있다. 초등학생이 중학교 3학년 과정을 모두 수료해야 그나마 다른 아이들과 수준을 맞출 수 있는 이곳의 교육열과 수업 시간에 다루는 내용을 간신히 따라가는 서울 변두리의 아이들은, 그 차이가 너무 크다. 이런 수준 차이는 아이들의 선천적인 재능 때문이 아니라 엄마의 치맛바람과 이것을 뒷받침해주는 경제력에 있다. 조금이라도 학군 좋은 동네의 학교에 가려고 위장전입까지 하는 나라에서 도대체 아이들에게 가르치려는 것은 무엇일까? 돈 없는 아이들에게는 교육 기회도 안 주고, 가진 사람들은 부를 이용해서 거금을 주고 아이들의 꿈을 박탈하고 짓밟는 이런 교육열! 그것은 거짓 가르침의 또 다른 이름일 뿐이다.

남들도 다 그렇게 하니,
어쩔 수 없다?

　　　　　나한테는 이제 막 열네 살이 된 중학교 1학년짜리 동생이 있는데, 작년부터 부쩍 동생 얼굴 보기가 힘들어졌다. 동생은 학교가 끝나면 영어, 수학 과외와 농구, 검도를 하느라 매일 밤 아홉시나 되어야 집에 들어왔다. 매일같이 불만에 가득 찬 얼굴로 과외 숙제를 하고, 학교 숙제를 하고, 학습지를 하고 자정이 다 돼서야 잠이 들었다. 어머니한테 이제 막 중학교에 들어간 아이에게 너무 많은 것을 시키는 게 아니냐고 묻자 '남들도 다 그렇게 하니까 어쩔 수 없다'는 대답이 돌아왔다.

　물론 높은 교육열을 무조건 파괴적이라고 비판할 수는 없다. 그러나 내 동생만 보더라도 교육열은 이미 위험 수위를 넘었다. 우리나라의 교육열이 파괴적인 이유는 세 가지다.

　첫째, 획일화의 문제다. 오늘날 성행하고 있는 학원과 과외를 비롯한 수많은 사교육들의 '본질'을 살펴보면 모두 똑같다. 가르치는 내용과 방식은 조금씩 다르지만 결국 모두 입시교육이다. 이것은 아이들을 모두 똑같이 만들 뿐이다. 아이들은 저마다 다른 학원에서 각각 다른 방식으로 자신의 생각과 개성을 죽이고 있기 때문이다.

　둘째, 지나친 교육열은 사회적 모순의 '확대 재생산'을 가져온다. 자녀 교육에 엄청난 비용을 투자하는 부모들의 목표는 모두 똑같다. 자녀가 좋은 대학에 들어가고, 사회적으로 성공해서 경제적으로 여유 있고, 남들보다 높은 사회적 지위를 얻기를 바라는 것이다. 그렇게 해서 교육을 많이 받은 아이들이 좋은 대학에 가고, 그 아이들이 사회적으로 성공해서 잘 사는 사회 시스템이 만들어지는 것이다. 결국 교육을 많이 받지 못한 아이들은 낙오될 수밖에 없다. 이렇게 지나친 교육열 때문에 발생한 교육 기회의 불균등은 빈부격차를 비롯한 각종 사회 구조의 악순환을 반복시키게 된다.

셋째, 이런 교육열은 아이들의 인성을 '파괴'한다. 입시 위주 교육에는 아이들의 정서와 욕구가 전혀 반영되어 있지 않다. 이런 교육은 자신의 미래에 대해 많은 꿈과 가능성을 품고 있는 아이들에게 여러 진로를 찾아보고 체험하는 기회를 주지 않고, 오로지 사회에서 요구하는 틀 속에 아이를 넣고 사회적으로 성공할 수 있는 인간으로 찍어내는 데 초점을 두고 있을 뿐이다.

과열된 교육열은 지금보다는 더 다양한 방향으로 균형 있게 발산되어야 한다. 그래야 아이들이 마음과 머리 모두 건강하게 자랄 수 있을 것이다. 그러나 이것은 부모들의 노력만으로는 고치기 어려운 것으로, 정부와 사회의 협조와 도움이 필요하다. 정부는 아이들에게 입시 위주의 교과과정이 아닌 더 다양한 내용의 교육 활동을 제공하고, 형편이 어려운 아이들도 다양한 교육을 받을 수 있게 재정적인 지원을 아끼지 말아야 한다. 그러나 이 모든 것을 넘어서서 이런 문제를 해결하는 시발점이 되는 것은 교육에 대한 우리들의 인식 변화다. '사람은 왜 교육받아야 하는가?'라는 물음에 대해 건전하고 확실한 대답이 서 있어야만 아이들에게 올바른 교육을 시킬 수 있다. 결국 교육철학의 문제고 건강한 인식에 기반을 둔 건전한 학교 제도의 문제다.

이미 위험 수위를 넘어버린 우리 사회의 지나친 교육열을 생각하면 마음이 답답하다. 생산적이고 긍정적인 에너지가 되어야 할 교육열이 어찌 된 일인지 우리 자녀들의 삶과 우리 사회를 총체적으로 병들게 하고 있다. 교육열에 대한 답답한 상념들은 레이첼 카슨의 《침묵의 봄》에 나오는 '내일을 위한 우화'를 떠오르게 한다.

모든 생물체들이 환경과 조화를 이루며 사는 마을에서 어느 날 낯선 병이 이 지역을 뒤덮어버리더니 모든 것이 변하기 시작했다. 모두들 이상한 질병에 걸리더니 시름시름 앓다가 죽고 말았다. 마을 곳곳에 죽음의 그림자가 드리워진 듯했다. 병의 정체를 알 수 없는 마을 의사들은 당황하기 시작하고 원인을 알 수 없는 갑작스러운 죽음이 곳곳에서 보고되었다. 낯선 정적만 감돌고 죽은 듯 고요한 봄이 온 것이다.

우리 사회에 침투한 원인도 분명치 않은 무서운 괴질, 그 교육열에 시들어가는 우리 아이들과 교사들, 그리고 부모님들 얼굴이 떠오른다. 아이들의 해맑은 웃음과 싱그러운 노래를 거두어 가고 청소년들을 자살로 몰고 가는 무서운 재앙, 자식 교육에 '올인'한 부모들의 무너져 가는 삶, 이건 사악한 마술이 아니라 우리 스스로 만들어낸 무서운 현실이다. 무엇을 위해서 함께 살아가야 할 친구들을 짓밟고, 누구를 위해서 마치 공중살포하듯이 전국적으로 일제고사를 실시하는가? 어른들이 저지르는 이런 무모한 행위들 때문에 싱그럽게 자라나야 할 어린이들이 파리하게 시들어가고 있는 것이 아닌가? 얼마나 더 많은 아이들이 공부 때문에 숨죽이며 시들어가야 할까? 이런 야만적 행위를 우리는 언제 그치게 될까? 우후죽순으로 설립되고 있는 자립형 사립고와 국제학교들이 무서운 교육 사막화의 징조가 아니기를! 이런 내 생각이 단순히 개인적인 망상일까? 살인적인 경쟁에서 살아남은 승자들의 증언이 이러하다면 과연 경쟁에서 내팽개쳐진 젊은 이들의 증언은 얼마나 더 참담할지!

최고의 수업,
최악의 수업

'교육과정과 교수학습의 기초'를 배운 시간에 쓴 학생들의 글이다. 교육과정의 목적, 내용, 방법, 평가 등 지속적 · 순환적 과정에 대한 교육학적 인식, 즉 가르치고 배우는 과정에 대한 총체적 이해를 꾀하는 수업이다. 교실에서 진행되는 하나의 '수업'은 사실상 국가 차원, 단위 학교 차원, 교실 차원의 모든 교육과정이 집중될 뿐 아니라 명시적 · 잠재적 교육과정이 진행되는 곳이다. 자신이 겪은 수업을 통해서 교육과정의 복잡성, 즉 그 안에서 진행되는 거시적 · 미시적 요인들과 나아가 교사의 중요성과 그 특성을 이해해보려는 것이 목적이다. 교수학습의 본질은 무엇인가? 누가, 무엇을, 누구에게 가르치려고 하는가? 왜 가르치려고 하는가? 어떻게 가르칠 것인가? 수업을 통해서 얻고 싶은 것은 무엇이며, 평가 기준은 무엇인가? 저마다 겪은 최고의 수업과 최악의 수업을 돌이켜보면서 교육의 질을 높이기 위한 필수적인 요소들을 추적하는 동안, 학생들은 점차 교육과정의 복잡한 연관성을 발견한다. 그리고 무엇보다도 의사소통의 교육적 의미를 스스로 깨닫게 된다. 교사를 지망하는 학생들이므로 자기 경험에 대한 반성적 사고를 통해서 미래의 자기 수업에 대한 밑그림을 구상할 수 있는 그런 시간이기도 하다.

내 생애 최고의
음악 수업

　　내가 경험한 최고의 수업은 고등학교 1~2학년 때 음악 수업이다. 음악 선생님은 첫 시간에 빠른 곡을 틀어주면서 어떤 분위기에 어울리는 곡인지 물어봤다. 그 노래는 광고에 많이 나오고 여기저기서 자주 듣던 노래인데, 황소와 투우의 이미지와 잘 어울렸다. 그런데 선생님은 매운 음식을 먹었을 때와 어울리는 것 같다면서 매운 음식을 먹고 난 뒤의 우스운 행동을 노래에 맞춰 보여줬다. 또 늦잠 잤을 때 허겁지겁 학교 갈 준비를 하는 모습하고도 어울린다고 했는데, 정말 재미있었다.

　　선생님이 준비해 온 여러 음악을 듣고 수업이 끝나면 아이들은 우르르 몰려나가 어떤 곡인지 물어보기도 했다. 교과서에 나온 노래를 듣고 따라 부르는 지루한 음악 시간만 겪다가 이런 음악 수업은 정말 처음이었다. 선생님은 이런 방식으로 2년 내내 수업을 했다.

　　음악은 일상생활과 연관이 깊으며 상황과 자신의 상태와 마음에 따라서 다르게 해석될 수 있다는 것을 노래를 듣고 자유롭게 토론하는 과정에서 배우게 되었다. 이렇게 개방적이고 자유로운 수업 분위기가 적극적이고 능동적인 학습을 할 수 있게 했고, 자유로우면 산만해질 법도 한데 음악 시간은 그 어느 시간보다 아이들의 집중력이 높았다. 또 이렇게 모두 집중한 상태에서 음악을 감상하고 이야기를 나누다 보니 굳이 선생님이 하나하나 설명하지 않아도 더 많은 것을 깨닫게 되었다.

　　음악이 흥미로워서 그 부분을 좀더 많이 알고 싶다고 하면 선생님은 흔

쾌히 더 많은 자료를 보여주었다. 선생님이 뮤지컬 〈캣츠〉를 보여줬을 때 일이다. 아이들은 뮤지컬을 보고 난 뒤 궁금한 내용을 선생님한테 물어봤다. 그러자 선생님은 여러 가지 자료를 준비해 와서 두 시간에 걸쳐 영상을 보고 토론을 하고 질의응답을 하는 시간을 가졌다. 우리는 스스로 수업을 만들어가고 있다는 느낌이 들어 더 열심히 수업에 집중하고 능동적으로 참여할 수 있었다.

매번 선생님은 그날의 날씨나 분위기에 따라 음악을 준비하고, 그 노래를 부른 성악가나 연주자를 설명하고 사진도 보여줬다. 그때마다 열심히 메모해 뒀다가 집에 와서 다시 찾아보고 음악가나 제목을 외웠다. 시험에 나오는 것도 아니고 알아야 한다고 한 사람이 없었는데도 음악이 무척 감동적이고 수업이 재미있어서 잊어버리기 싫었다. 이렇게 쌓은 지식 덕분에 음악을 더욱 즐길 수 있을 뿐만 아니라 다른 사람한테 설명도 할 수 있게 되고, 뮤지컬이나 음악회에 가서도 익숙하게 즐길 수 있었다.

음악에 감정을 이입해 능동적으로 즐기고 배우면 교육받은 내용을 더 깊게 알 수 있었다. 그것은 설명을 들어서 느낄 수도 없는 것이었으며, 경험을 했을 때 아주 강력한 것이 되었고, 더 깊이 공감할 수 있었다.

공포의 도가니였던
영어 수업

중학교 3학년 때 영어 선생님은 학교에서 '마귀'로 불렸다. 선생님이라고 생각하지 못할 만큼 악랄했다. 우선 영어 시간만 되면 성적순대로 자리 배치를 다시 했다. 1등 뒤에 2등, 3등……. 이런 식으로 앉다 보면 1등 짝은 26등, 2등 짝은 27등으로 짝과 거의 20등 차이가 났다. 이렇게 되니 짝과 선의의 경쟁의식이 생기기는커녕 한 사람은 우월감에, 다른 한 사람은 열등감에 사로잡혔다.

또 선생님은 영어 단어나 숙어를 달달 외우게 한 뒤 스펠링을 한 자씩 말하게 시켰는데 조금 긴장해서 속도가 늦거나 말을 더듬을 때는 가차 없이 '다음!'을 외치며 한심하다는 듯 쳐다본 뒤 다음 등수 친구에게 질문을 했다. 이런 악랄한 카리스마에 눌려 입도 벙긋 못 한 우리들은 산더미처럼 주어지는 과제에 시달렸다.

그것뿐만 아니라 영어 시간이 되면 책상 위에 꼭 꺼내 놓아야 하는 준비물이 여덟 가지(영어 사전, 단어장, 교과서, 숙제 노트, 빨간색 펜, 파란색 펜, 노란색 형광 펜, 자)였는데, 이 준비물은 선생님이 한눈에 검사하기 편하게 꼭 정해진 위치에 있어야 했다. 만약 하나라도 빠트린 날에는 책상 위에 무릎을 꿇고 앉아서 얼굴을 천장으로 향한 채 수업을 받아야만 했다. 특히 다 쓴 노트라도 새것과 묶어서 늘 가지고 다니게 했는데, 학기 말에는 노트가 거의 열 권이나 되다 보니 빠뜨리는 친구들이 생겨 매 시간마다 벌을 받는 친구들이 꼭 서너 명은 있었다.

선생님이 정말 '마귀'로 보이는 순간은 마음에 들지 않으면 여자아이라도 사정없이 때릴 때였다. 아니 '팼다'는 표현이 더 정확할 것이다. 사춘기 여학생들이 대개 그렇듯 교복이라는 틀 안에서도 자기 개성을 표현하려고 애를 쓰는 친구들이 우리 반에도 있었다. 마귀는 그런 학생들을 색출(?)한 뒤 긴 당구채로 등, 머리, 다리 등을 사정없이 때렸다. 그 친구들 입에서 '죄송합니다. 다시는 그러지 않겠습니다'라는 말이 신음처럼 들려와도 아랑곳하지 않고 자기 성이 찰 때까지 때리고 또 때렸다. 나는 짝꿍이 무섭게 맞는 모습을 바로 옆에서 지켜보면서 머리부터 발끝까지 모든 세포가 곤두선 것처럼 공포에 질려 한동안 공황 상태에 빠진 적이 있었다.

그러던 어느 날 마귀의 이런 폭행이 결국 화를 불렀다. 옆 반 남학생을 때리다가 그 학생 손의 인대가 늘어났고 화가 난 어머니가 경찰에 신고를 한 것이다. 우리는 언젠가는 이렇게 될 줄 알았다며 속으로 쾌재를 부르며 학교에서 어떤 조치를 할 것이라고 내심 기대를 걸었다. 그러나 그 마귀는 오히려 학교의 도움(?)으로 무혐의 처리되어 더 기세당당하게 수업에 들어왔다. 들리는 후문으로는 마귀가 맡은 반의 영어 점수가 다른 선생님이 맡은 반보다 평균 10점이나 높다는 이유로 아주 유능한 선생님으로 평가되어 무혐의 처리가 된 것이라고 한다.

아무도 우리를 지켜주지 못한다는 허탈과 불신에 사로잡혀 우리는 사건이 난 뒤 더욱 더 잘 길들여진 개처럼 선생님의 비위를 맞추려고 노력했다. 선생님 생일과 스승의 날 선물에 특별히 신경을 많이 썼고, 마귀의 외동딸이 학교 행사 때문에 가끔 학교에 오면 공주마마 모시듯 대접해주었다. 우리는 학교에서 정의를 배운 것이 아니라 강한 자에게는 약하고 약한 자에게는 강해지는 법을 몸으로 직접 체험하며 익힌 것이다.

나는 지금도 이 마귀 선생님을 생각하면 치가 떨린다. 아직도 어디선가 교만하고 음흉한 미소를 띠며 아이들을 가르치는 모습을 상상하면 분하고 화가 난다. 세월이 흐른 만큼 체벌 수위가 많이 낮아졌다고는 하지만 폭력과 사랑의 매는 분명 구분되어야 하며, 선생님의 자질 또한 제도적 차원에서 평가되어야 한다.

한국에서는 낙제생,
뉴질랜드에서는 예술가

나는 해외에서 13년 이상을 살았다. 유치원은 미국, 초등학교는 캐나다에서 3년, 한국에서 3년을 보냈으며, 끔찍한 중학교 생활은 한국에서 마쳤고, 고등학교는 뉴질랜드에서 다닌 뒤 2005년에 다시 지금의 대학에 입학했다.

내가 경험한 수업 중 최악과 최고를 생각해보니 신기하게도 둘 다 미술 수업이다. 최악의 수업은 한국에서 다닌 중학교 미술 수업이고, 최고의 수업은 뉴질랜드에 있을 때 받은 'Painting' 수업이다.

중학교 때 난 미술 때문에 늘 골치가 아팠다. 미술을 못 했기 때문이다. 물론 난 지금도 못 한다는 기준은 그때 선생님의 잣대라고 생각한다. 난 다른 아이들처럼 누구나 한 번쯤은 해본다는 데생을 해본 적도 없고 사람을 비율에 맞춰 그려본 적도 없었다. 내가 그리고 싶은 장면을 그리고 싶은 대로 그리고, 무엇보다도 내 눈에 보이는 대로 그렸다. 그런데 선생님은 기본이 안 되어 있다며 (고등학교 입시에 직접 영향을 미치는) 수행평가 점수를 최악으로 줬다. 아무리 연습을 해도 안 돼 결국은 학원에 다녔다.

하루는 학원 선생님이 엄마한테 전해주라며 종이 한 장을 건넸고, 다음 날 난 선생님이 주는 작품을 들고 집에 갔다. 그렇다. 그 종이에는 5만 원에 작품 하나씩 대신 완성해서 판다는 내용이 있었고, 엄마는 너무 괴로워하는 나를 보고 기꺼이 그렇게 해준 것이다.

"아~ 다른 아이들도 이렇게 해서 냈을 텐데, 바보같이 선생님한테 들을 소리, 못 들을 소리 다 듣고……. 뭐야 이거! 5만 원이면 비싸지도 않은데. 괜찮네~. 가정 시간에 한지로 탁자 만들어 오라는 과제도 이렇게 할 수 있나?"

뉴질랜드의 고등학교에는 대학에서 공부하고 싶은 전공에 맞춰 과목을 선택할 수 있는 제도가 있다. 나는 건축학과를 가고 싶었기 때문에 'Painting'을 선택 과목 중 하나로 공부했다. 그 수업은 주제를 설정해 1년 동안 선생님 지도 아래 나만의 포트폴리오를 완성하는 것이었다. 한국처럼 2주일 만에 데생을 마치고 3주째부터 크로키를 배우게 하는 커리큘럼은 상상할 수 없었다.

난 미국의 한 팝 아티스트의 전시회에 갔다가 그 작품들에서 영감을 받아 그것을 주제로 포트폴리오 제작을 시작했다. 사진처럼 사실적으로 그리는 작업을 시작으로, 사진을 200장 이상 찍어 찢고 붙이기도 했고, 추상적인 유화, 아크릴화, 판화도 해봤으며 서예를 할 때 사용하는 붓으로 먹도 사용해 친구들에게 새로운 재료를 선보이기도 했다. 정말 '별짓'을 다 해보았다. 심지어 다리미로 작품을 지지기도 했으니 말이다.

가장 그리운 것은 수업에서 친구들과 서로 주고받던 수많은 영감들과 인생에 대해 토론하던 과정들이다. 선생님, 친구들과 함께 개성 있는 자아를 만들어갔다. 표현하기 위한 방법을 생각하고, 미술 시간만큼은 나 자신을 더 알아가고 발굴해 나가던 그 수업이 바로 최고의 수업이다. 한국에서 받은 그 어느 수업보다도 몸도 마음도 힘들었지만 자아실현을 해냈고, 그래서 지금의 내가 있다고까지 생각한다.

두 수업은 왜 같은 과목인데도 최고와 최악으로 기억될까? 우리나라 미술 수업은 판화 작업 같았다. 모든 학생들의 작품이 똑같았다. 그러나 난 뉴질랜드에서 고등학교 3학년 때 첫 번째 전시회를 열었고, 친한 친구는 설치미술까지 전시했으며, 난 난생 처음 450달러에 작품을 팔기도 했다.

그리고 한국의 미술 수업은 결과만 가지고 평가를 했기 때문에 원래 미술이 추구해야 하는 목적, 즉 작품이 탄생하기까지 겪는 고뇌와 삶에 대한 반성 등은 온데간데없고 교육의 방향성도 알려주지 못했다.

또 한국 미술 선생님은 참 무미건조했다. 뉴질랜드 미술 선생님은 자신의 인생관과 가치관 등이 모두 녹아 있는 수업을 했지만, 한국 선생님은 '미술을 가르치러 매주 금요일 3~4교시만 들어와서 그냥 훑고 지나가는 사람'일 뿐이었다. 우리나라 선생님은 어떻게 가르칠까 고민하는 것보다 무엇을 얼마나 더 많이 가르칠 수 있을지 고민한 것 같았다.

마지막으로, 두 수업은 가르치고 배우는 목적이 달랐다. 한국은 고등학교 입시를 위한 것이었고 뉴질랜드에서는 내가 하고 싶고 원하는 일을 이루기 위한 것이었다. 이 점은 선생님 탓만 할 수는 없다. 입시 위주 수업이 선생님 잘못만은 아니니까.

다음 학기가 지나면 졸업이다. 참 훌륭한 교수님들도 많이 만났고 소중한 친구들도 만났다. 그러나 왠지 모를 아쉬움이 남는다. 졸업하기 전까지 나를 행복하게(?!) 괴롭혀줄 수 있는 그런 수업을 더 경험하고 싶다.

너무 수준 낮은 질문이라
답변할 가치가 없다?

　　　　　　　　대학에 들어와 '유럽의 역사와 문화'라는 강
의를 들은 적이 있다. 교과서를 그냥 읽어 나가는 수준의 강의 방식에, 수
업 교재도 없고, 강의 노트는 지적 저작물이라 유출될 위험이 있어 올려줄
수 없다고 하니 가뜩이나 추상적이고 어려운 강의 내용이 이해가 안 되는
부분이 많았다. 그래서 몇 번 질문을 했는데 선생님은 잘 들어주지도 않고
답변도 제대로 해주지 않았다.

　그러더니 어느 날 나를 따로 불러서 '학생 질문 수준이 너무 낮아서 답
변할 가치를 못 느꼈다. 수준 이하. 내가 이 학교 출신인데 다른 강사
한테 질문할 때는 질문의 수준을 고민해보고 해라. 학교 망신시키지 말
고……' 하는 식의 폭탄 발언을 했다. 나는 와르르 무너진 자존심 때문에
큰 충격을 받아 강의실을 나오면서 주저앉을 뻔했고 화를 참을 수 없었다.
지금까지 내 수준이 낮다고 생각해본 적이 단 한 번도 없었고, 그 동안 성
적 우수 장학금을 받아왔는데 '수준 이하, 학교 망신'이라는 단어가 비수처
럼 꽂혀서 마음이 너무 아팠다. 내가 정말 초등학생 수준의 질문을 한 것
도 아니고 충분히 모를 수도 있는 수업 내용을 물어본 것이었는데……

　주변 사람들에게 질문 내용과 상황을 자세히 말했더니 다들 경악했다.
이 사건이 문제가 되어 결국 그 선생님이 사과하고 일단락되었지만, 나는
그때부터 선생님한테 질문을 하는 것이 두려웠다. '이런 질문을 해도 되나?
이 질문의 수준은 어떤가? 이런 걸 물어보면 선생님은 나를 어떻게 생각할

까? 선생님이 싫어하지는 않을까?' 하는 걱정이 앞섰다. 또 예전에는 유럽의 역사와 문화가 신기하고 재미있어서 관련 자료를 유심히 봤지만, 그 사건 뒤로는 흥미도 떨어졌다.

내가 경험한 최고의 수업은 지금 참여하고 있는 이 수업이다. 대학에 들어와서 이런 수업을 처음 해본다. 다른 수업에서는 아무 생각 없이 강의실에 들어가 교수님이 설명하는 내용을 꾸역꾸역 받아 적기에 바빴는데, 이 수업은 수업 전에 주어진 텍스트를 읽고 질문 거리를 생각해보고 제시된 주제로 글을 쓰고, 이것을 바탕으로 조별로 둘러앉아 대화와 토론을 한다. 매주 한 번 있는 이 수업을 위해서 나는 많은 생각을 미리 준비해야 한다. 준비한 만큼 능동적으로 참여할 수 있기 때문이다. 수업이 대화와 토론으로 진행되기 때문에 내 생각을 말로 표현해야 하고, 동료들의 피드백이 그 자리에서 바로 나오기 때문에 부족한 부분이 있으면 저마다 탐구하면서 자기 생각을 완성해간다. 이렇게 하려고 나는 어느 때보다도 자주 도서관에 갔다. 그렇게 혼자, 그리고 함께 고민하면서 한 공부는 신기하게도 오래 남는다.

이 수업을 한마디로 표현하자면 바로 'Beating of heart'다. 다른 수업은 듣는 동안 머리만 바쁘게 움직였지만 이번 수업처럼 마음이 움직인 적은 없는 것 같다. 살아 있는 수업 시간, 그리고 진동하는 내 마음. 나는 이런 수업이 좋다.

자기주도적 학습을
이끈 서로 다른 수업

　　　　　　대학교 2학년 때 '지구과학실험'이라는 강의를
들은 적이 있다. 수업은 대강 이런 식이었다. 수업 시간에 선생님이 여러 가
지 자료를 나눠주었다. 어떤 마을의 우물이 오염되어 많은 사람이 죽었는
데, 어디에서 이 우물이 오염되었으며 어떤 경로로 이 마을까지 오염 물질
이 퍼졌는지 지질학적인 추론과 자료 수집을 해서 보고서를 쓰는 것이 우
리가 할 일이었다. 선생님이 나눠준 자료에는 그 마을의 전체 지형과 우물
의 분포, 지층까지 나와 있었다.

　올바른 가설을 스스로 설정하고, 가설을 탐구할 방법을 생각하고, 각종
문헌 등 증거를 수집해 자신의 가설을 입증하는 과정이 매주 과제로 제시
되었다.

　이 강의에서 가장 좋았던 것은 조별 활동이다. 조별로 퇴적물을 채취하
고, 이 퇴적물이 나한테 오기까지 어떤 과정을 거쳤는지 조별로 보고서를
내야 했다. 우리는 전부 전공이 물리, 생물, 화학이어서 처음에는 정말 막막
했다. 하지만 책을 찾아 공부하고, 퇴적물을 일일이 자로 재고, 우리가 배
우지도 않은 구형도를 측정해 그래프에 분포를 표시했다. 그리고 표시한
분포와 책의 자료를 비교해서 퇴적물이 대강 어떤 과정을 통해 침식, 운반
되었는지 추정했다. 구성 광물을 보고 어떤 암석의 침식물인지도 추정했다.
퇴적물을 채취한 곳이 안양천 부근이었기 때문에 안양천의 모습과 주변 지
형을 살펴봐서 이것이 어디에서 침식되어 나온 것인지 생각해보았다.

우리의 가설은 두 가지였다. 안양천 상류에서 몇 킬로미터 떨어진 어떤 지점에서 수 킬로미터를 거쳐 퇴적됐다는 것이 한 가지 가설이었고, 채취 지점에서 비교적 가까운 거리인 2킬로미터 미만의 어떤 지점에서 바로 침식·퇴적됐다는 것이 다른 가설이었다. 여러 가지 증거를 통해 우리는 뒤의 가설이 더 합리적이라는 판단을 내렸다.

재미있는 생각도 할 수 있었다. 퇴적물을 안양천 부근 석수동에서 채취했는데, 석수동에는 백제의 석수가 많이 살았다고 한다. 석수들은 생계를 위해 365일 돌을 쪼았을 것이므로 엄청난 양의 돌가루가 배출되었을 텐데 그 돌가루 중의 일부가 우리가 채취한 이 퇴적물이다!

또 다른 경우도 생각해볼 수 있었다. 공사를 하면서 들어온 외부 퇴적물일 수도 있는 것이다. 그것을 알아보려고 공사를 한 적이 있는지 시청에 문의도 했다. 우리는 많은 자료를 모아 발표를 했는데 선생님은 좋은 질문으로 우리가 더 많은 생각을 할 수 있게 해주었고, 특히 우리의 '석수 가설'을 듣고 무척 즐거워하며 웃었다.

학생들은 대부분 자신은 창의력이 없다고 평가한다. 나도 그런 사람 중의 하나였다. 그러나 이 수업을 들으면서 창의력은 개발될 수 있는 능력이라는 것을 깨달았다. 또 떠오르는 생각을 즐길 수 있었고, 욕심을 내서 공부해 그 생각을 더 심화할 수 있었다. 나는 그 뒤부터 이 선생님의 수업을 계속 따라다니며 들었는데, 수업마다 정말 새로운 것들이 쏟아져 나왔다.

의미 없는 수업은 이번 학기에 듣고 있는 '유전진화학' 강의다. 선생님은 혼자 작은 목소리로 중얼중얼 강의 내용을 읊었다. 처음에는 우리가 원하는 수업이 어떤 것인지 하는 설문지도 돌려서 나름 기대를 했지만, 막상 수업은 설문지와 상관이 없었다. 유전학을 좋아해서 미리 책을 한 권 다 읽은 터라 내용을 다 안다고는 할 수 없지만 중요한 부분이 무엇인지 정도는 알고 있다. 그러나 선생님은 중요한 부분은 하나도 가르쳐주지 않고 글자만 읽으면서 진도만 나간다. 선생님한테 질문을 해도 마찬가지다. 다음 시간에 가르쳐주거나 메일로 보내준다고 한 뒤에는 답변이 없었다. 생물학의 특성상 원래 강의 수업이 많고, 강의가 아주 중요한 전달 방법이라는 것을 안다. 그리고 유의미 수용학습*의 효과도 배웠다. 그러나 이 분의 강의는 그런 수업과 거리가 멀다. 그러면서 수업 시간에는 학생들을 무시하는 것을 보면 그저 자기만족을 위한 강의 같다는 생각이 든다.

이 수업의 또 다른 문제는 선생님과 학생들의 소통이 절대 안 되는 점이다. 여러 의견을 내봐도 선생님은 듣는 둥 마는 둥하고, 즉흥적으로 과제를 내고, 학생들이 의견을 내도 절대로 고집을 꺾지 않는다. 정말 좋은 수업을 하는 선생님이 내주는 과제는 아무리 어렵고 힘들더라도 즐겁게 할 수 있다. 하지만 이런 수업에서 과제까지 많다면, 게다가 아무리 생각해도 그 과제가 별로 도움이 되지 않는 것이라면 반발심만 들게 마련이다. 더 큰 문제는 내년에도 이 분은 학생들의 강의 평가 결과와 관계없이 계속 그런 방식으로 수업을 할 것이라는 점이다.

그럼에도 두 수업에는 공통점이 있다. 스스로 공부를 하는 자기주도적 학습을 이끌었다는 것이다. 그러나 어떻게 이끌었는지는 아주 많이 다르다. 앞의 수업이 선생님의 철저한 연구와 치밀한 준비로 우리가 동기를 부여받고 스스로 탐구하려고 하고 그 과제를 즐기게 했다면, 뒤의 수업은 아예 가르쳐주지 않아 위기감이 들어 시험을 잘 보려고 공부를 하게 되었다

● 오수벨(P. Ausubel)의 유의미 수용학습 이론은 학습자의 기존 인지구조가 유의미한 새로운 학습과 과지에 영향을 미치는 주요 요인이라는 점이다. 여기서 인지구조는 학습자의 의식 내부에 존재하는 조직화된 개념이나 아이디어의 집합체다. 따라서 유의미 수용학습이란 새로운 학습 과제가 학습자의 기존 인지구조와 상호작용을 해 인지구조 안으로 포섭되는 것을 말한다. 오수벨의 포섭 원리는 학습자가 어떻게 자신의 기존 지식을 확장하고 재조직하는지 설명한다.

는 점이다. 교사가 되었을 때 얼마나 철저한 준비와 계획이 필요하며, 학생들이 스스로 공부할 수 있게 동기를 유도하는 것이 얼마나 중요한 일인지 알게 된 계기였다.

아무리 계획을 짜고 연구를 하더라도 수업의 질은 교수자의 개인 특성에 따라 다를 수 있다. 학생을 매혹시키는 카리스마, 소통 능력, 말주변, 유머 감각은 아무리 노력해도 원래 뛰어난 사람만큼 구사하기는 어렵기 때문이다. 그러나 여러 수업을 겪어보니 천성에 관계없이 성실하게 준비를 하고 진심과 열정이 있는 선생님은, 그런 노력이 없는 선생님들하고는 뚜렷이 구분됐다. 아무리 겉으로 드러나는 것이 서투를지라도 '진심은 통하기 마련'이기 때문이다. 유의미한 수업과 유의미하지 않은 수업의 핵심에는 교사의 준비와 진정성, 그리고 학생들을 향한 열정이 숨어 있는 것 같다.

나는
학교 부적응자다

　　　　　　고백한다. 나는 학교 부적응자였고, 학교를 증오했고, 집단주의적이고 보수적인 교육 시스템에 환멸을 느끼며 피해의식을 가지고 있던 사람이다. 심지어 심각하게 자퇴를 고려했고, 검정고시를 칠 생각까지 했다. 하지만 인생은 아이러니하고, 운명의 장난 같다. 이런 내가 결국은 남은 내 인생을 교육자의 길에 걸었으니…….

　시골 초등학교에서 보낸 1~2학년은 내 인생의 전성기라고 할 만큼 평온한 나날이었다. 그러나 초등학교 3학년 때 선생님은 바지를 내리게 하는 벌을 주는 등 학생들에게 수치심을 일으키는 처벌을 일삼았다.

　4학년 때 선생님은 남자 선생님이었는데 아주 잘못된 역사관과 가치관을 우리에게 심어주었다. 그 선생님은 우리나라가 일본의 식민지였기 때문에 철도도 놓였고 경제가 발전했다고 늘 얘기하는, 일본은 우리의 은인이라는 생각이 뼛속까지 박인 사람이었다. 선생님은 일본을 찬양했고, 일제와 미제에 저항하는 젊은이들을 저주했다. 또 한국 사람은 때려야 말을 듣는다는 굴욕적이고 자기비하적인 말도 자주 했다. 나는 아직 어렸지만 그 선생님이 하는 말과 태도에 저항감이 심했고 몹시 불편했다.

　5학년 때 선생님은 미술 시간에 내가 그린 그림을 혹평했다. 미술에 재능이 있다고 믿고 있었는데 그 말에 큰 상처를 받았다. 또 그 선생님은 서로 따귀를 때리는 체벌도 주었다.

　6학년 때 전학을 해서 만난 선생님도 큰 상처를 주었다. 돈을 무척 밝히는 선생님은 대놓고 '어머니 좀 찾아오시라고 해라'고 했다. 엄마한테 얘기했더니 좀 순진하던 엄마는 상품권을 들고 갔다. 그런데 주는 방법도 서툴러(?) 아이들이 보는 데서 선생님한테 줬다고 한다. 그래서 나는 촌지를 주는 방식도 모른다는 비아냥거리는 소리까지 들어야 했다.

내가 정말로 자퇴하고 싶던 시절은 고등학교 때였다. 나는 원래 구속받는 것과 집단생활을 싫어하고 뭐든 마음이 내켜야 하는, 집단과 조직생활에 잘 안 맞는 사람이다. 고등학교 시절의 가장 큰 불행은 1학년 생물 수업 첫 시간에 일어났다. 생물 선생님은 전체주의적이고 일방적이고 폭압적인 수업을 하는 여자였다. 책을 보라고 할 때는 모두 책을 보고, 밑줄을 그으라고 할 때는 정해준 색깔에 맞춰 그어야 했다. 자기가 농담할 때는 모두 웃어야 하고, 설명할 때는 모두 얼굴을 보고 있어야 하고, 필기도 자기가 해준 대로만 해야 했다.

바로 그 첫 번째 생물 시간에 나는 바로 찍혀버렸다. 선생님이 모두 자기를 쳐다보라고 했는데 그러지 않은 것이다. 나를 일으켜 세워 추궁했지만 나는 아무 말도 못 했다. 당연히 그 선생님이 싫어졌고 그래서 농담을 할 때 웃을 수가 없었다. 그러자 왜 너만 웃지 않느냐고 하더니 자기 수업 시간에 나가라는 얘기까지 했다. 나도 정말 나가고 싶었다. 하지만 나가서 갈 데도 없었고, 무엇을 할지도 몰랐다. 두 번째 수업 시간에 어쩔 수 없이 나가지 않고 그냥 있었더니 왜 안 나가냐고 물었다. 내가 아무 말도 못 하자 그럼 자기 수업에 잘 따라오라고 얘기했다.

그 선생님이 상처를 준 일이 또 있다. 어느 날 《태백산맥》을 읽다가 그냥 책상 위에 둔 적이 있는데, 생물 선생님이 책을 보더니 아이들이 모두 보는 앞에서 이런 저속한 말이 쓰인 책을 어떻게 보냐고 하면서 무안을 주었다.

괴로운 고등학교 시절을 어떻게 견뎠는지 모르겠다. 단지 대학에 가려고, 내가 좋아하는 과목을 공부하고 열중하는 느낌이 좋아서 그 시절을 보낼 수 있었다.

최악의 수업은 무엇일까? 열정이 사라진 수업, 권위적이고 종속적인 수업이다. 그렇다면 수업을 생기 있게 하고 최고로 만드는 것은 무엇일까? 스스로 생각하고 문제를 해결하고 배우면서 기쁨과 보람을 느끼는 수업이다. 하지만 우리나라에서 이런 수업을 경험하는 것은 쉽지 않다.

나는 일반사회교육 전공이라서 외국의 다양한 교수 방법을 배울 수 있다. 탐구, 토론, 토의, 역할극을 비롯해 문제 해결, 의사결정, 창의적 사고, 비판적 사고, 더 나아가면 모의법정까지 정말 다양한 교수 방법이 있고, 이 방법을 수업에 도입해 실천하고 있다. 물론 우리나라도 형식적으로는 몇 가지를 도입했지만, 현실적으로 불가능하다. 결국 문제는 교육 환경 개선이다. 나아가서 교육 시스템의 혁명적 전환이 있어야 한다. 새 정부의 교육 정책이 학교에게 자율성을 준다고 하지만, 진정한 자율성이 주어지려면 거기에 따르는 사회 · 정치적인 이데올로기부터 바뀌어야 한다.

정답은 한 개만 있다는 평가의 신화도 깨져야 하며, 교사 중심의 자율적이고 다양하고 종합적인 평가가 되어야 한다. 또 우리 사회에 만연한 이기심들을 버려야 한다. 내 자식이 뒤떨어지는 것을 인정하지 못하는 부모의 이기심을 버리고, 사회가 정말 공정하고 투명해져서 결과에 따를 수 있는 분위기도 조성되어야 한다. 결국 교사에게 많은 권한과 자율이 부여된 교육 환경과 서로 신뢰할 수 있고 공정한 사회 분위기가 조성되어야 할 것이다. 하지만 현실을 생각해보면 아직 갈 길이 너무 멀다. 그렇다고 교사들이 손 놓고 있을 수는 없을 것이다. 교사들도 꾸준히 자기 개발을 하고, 좀더 열정을 갖고 일에 자긍심과 자부심을 느끼며 즐긴다면, 수업 분위기가 조금은 나아지지 않을까.

그 동안 다닌 학교 중에서 그나마 가장 나은 환경이었던 고등학교 때도 나는 결코 만족스러운 수업을 받은 적은 없다. 그 이유는 교사 개개인의 교육적 자질에 관한 문제부터 우리나라 교육 시스템에 이르기까지 너무나 많을 것이다. 하지만 그 이유를 하나만 대라면, 바로 '교사'라고 답할 수 있다. 교사 개개인의 실력도 문제지만, 교사의 열정과 교수 방법 자체가 턱없이 부족하다.

내가 교사가 된다면, 나는 정말 다른 선생님이 될 수 있을까? 나는 내가 부족한 사람이라고 생각하기 때문에 학생들의 심정을 충분히 이해하고, 아이들의 눈높이에서 수업을 하려고 노력할 것이다. 진심으로 열정을 다하고 이해하며 학생들에게 다가가고 싶다. 실력도 물론 필요하겠지만 학생들에 대한 애정과 이해심, 열정이 수업을 생동감 있게 할 것이다. 물론 이렇게 할 수 있는 환경이 조성되려면 교육 시스템의 많은 부분이 개혁되어야 한다. 그리고 교육 문제와 직 · 간접으로 연결되어 있는 사회구조도 개선되어야 한다.

우리 사회가 교사를 믿고, 교사에게 좀더 많은 자율과 권한을 주기를 바란다. 그리고 교사라면 자신의 과업이 무엇인지 정확히 알고 그것에 대해 충실해야 한다. 이것이 내가 학창 시절 교사들에게 느낀 점이다.

학생들의 눈은 참 날카롭다. 그리고 관찰한 내용이 무척 선명하다. 학생들과 대화를 나누다 보니 수업의 질을 결정하는 요인은 대략 세 가지로 정리됐다.

교사 요인

가르치는 일에 정성과 열정이 없고 형식적으로 수업하는 교사. 생각 없이 진도 빼기 급급하고 내내 잡담만 하다가 마지막에 조금 가르치는 교사. 전문 지식이 부족하거나 수업 준비를 거의 하지 않는 교사. 자습서 문제를 베끼는 교사. 지식은 있지만 가르치는 기술이나 방법에 무능한 교사. 학생들의 상황을 고려하지 않고 혼자 수업하는 교사. 구체적인 삶의 경험 없이 무미건조하게 개념만 나열하는 교사. 권위적이고 억압적인 태도를 가진 교사. 성격파탄자나 인격 장애자인 교사. 결론 없이 질문만 해대는 교사. 성적이나 경제적인 이유로 차별하고 편애하는 교사. 정당한 근거 없이 욕하고 체벌하고 모욕을 주는 교사. 교장과 교감에게는 한없이 낮은 자세로 아부하면서도 학생들 앞에서는 떵떵거리며 큰소리치는 교사. 학생들한테 무관심하고 자기 수업에 어떤 의미나 가치를 만들어내지 못하는 교사. 학생들을 자기 실험 대상이나 이용 가치로 생각하는 교사. 학교를 마치 자기 과시를 위한 장소로 여기거나 노골적으로 학교는 자기 부업일 뿐이라고 말하는 교사.

학생 요인

무조건 주입되는 지식에 대한 거부감과 부담감, 배움의 즐거움을 모르고 강제로 배우는 고통을 느끼는 학생들. 휴식과 여백이 없는 피곤하고 단조로운 삶을 사는 학생들. 직접 경험하는 것 없이 무미건조한 개념

수업을 받아야 하고 수업 참여도 할 수 없는 학생들. 공부하는 이유나 목적을 모른 채 내가 누구인지도 생각할 겨를 없이 맹목적으로 공부하는 것에 대한 거부감. 학생들의 자유와 자발성을 인정하지 않는 수업. 목소리 크고 적극적인 소수 학생들만 존중받고, 소극적이고 수줍은 학생들은 소외되거나 자포자기하는 수업. 불공정한 평가에 대한 반발. 교사에 대한 학생의 불신과 무시가 만들어내는 냉소적 태도나 심각한 반항. 성장이 아니라 시험 점수에 얽매인 학습. 토씨 하나 빠트리지 않고 무조건 필기하는 수업.

열정을 가지고 창의적인 수업을 하려는 교사가 있더라도 학생들은 견디지 못한다. 시험에 대한 압박감 때문에. 그냥 진도나 빼주시죠!

교육과정 요인

지나친 학습량과 과제, 문제풀이식 공부. 너무 쉽거나 너무 어려운 내용, 따분한 교과서. 꽉 짜인 시간표, 갇힌 공간, 반복되는 지루한 일상, 억지로 해야 하는 과제. 학생들의 흥미와 관심, 적성을 고려하지 않는 교육과정. 학생들의 구체적 삶과 연관이 없는 비현실적 지식 수업. 실효성이 없는 무용지물의 지식. 학생의 선택권 없이 이미 짜여 있는 시간표대로 하는 대충 대충 건너뛰기식 공부. 기초를 제대로 닦지 않은 채 생각할 기회와 다양한 활동 기회가 없는 단순 암기 위주 수업. 정해진 답을 요구하는 객관식 시험. 상대평가 때문에 발생하는 극한 경쟁. 과정은 무시하고 결과만 중히 여기는 평가 방식. 지적 호기심과 의문을 차단하는 분위기. 진도 맞추기에 급급한 수업. 학생들 간의 인격적 유대나 친밀감이 없는 수업. 교사의 이데올로기를 비판적 사고 과정 없이 주입하는 수업. 교사의 기분에 따라 좌우되는 교육과정. 점수 하나로 사람을 평가하는 분위기.

이것 말고도 학생들은 여러 환경 문제를 거론한다. 예컨대 단조로운 책걸상 배치, 열악한 교실 환경, 지나치게 많은 학생 수, 불필요한 학칙과 규칙에서 받는 심리적 억압, 감시와 통제 시스템, 감옥 같이 답답한 교실 등.

일반적으로 학생들이 생각하는 이상적인 교사상은 두 가지다. 첫째는 카리스마가 있어 아이들의 마음을 사로잡고 강력한 리더십을 발휘하는 교사, 둘째는 세심한 감성과 지성을 일깨워 동기를 유발하고 학습을 촉진하는 교사다. 이 두 종류의 교사상은 자세히 살펴보면 그 성격이 아주 다른 것을 알 수 있다. 일부 학생들이 생각하는 교사의 카리스마는 학생들의 집중을 위해서 때로는 무서운 분위기를 조성하고, 당근과 채찍을 고루 사용하면서 이끌어가는 것이다. 반면 뒤의 교사상은 일체의 공포나 두려움을 걷어내고 경쾌함과 진지함으로 즐겁게 집중할 수 있게 하는 교사다. 여기에는 대화하는 분위기와 인간에 대한 배려와 존중, 그리고 신뢰감이 따른다. 촉진적 교사는 외적 동기 부여보다는 내적 동기 유발을 중요하게 여긴다. 보상 위주의 외적 동기는 보상이 멈추면 동기도 저하되지만, 내적 동기는 학습에 흥미를 느끼게 해 지속적으로 스스로 학습을 할 수 있게 한다.

수업의 질은 주로 교사가 사용하는 언어의 질에 따라 결정된다. 언어는 그 언어를 사용하는 사람의 지식과 경험, 세계관, 가치관을 반영하므로 교육의 질을 결정짓는 잠재적 교육과정의 대부분이 여기서 비롯된다. 교사는 부정적인 언어로 소외감, 공개적 수치심, 모멸감, 열등감(경쟁에서 오는 무력감), 상대적 박탈감을 만들어낼 수도 있지만, 긍정적인 언어로 신뢰감, 안정감, 즐거움, 호기심, 탐구력을 촉진할 수도 있다. 이것은 모두 교사의 '언어와 태도'가 만들어내는 마음의 산물이다.

한편 수업에서 교사들은 학생 못지않게 상처를 받기도 한다. 예측하기 어려운 학생들의 반항적인 태도, 불신 섞인 시선, 교사를 무시하는 언행, 학생들의 수동성이나 무반응에서 오는 고립감, 스스로 권력의 하수인이라는 느낌에서 비롯되는 자괴감 등 교사를 힘들게 하는 것은 모두 다 헤아리기 어려울 지경이다. 상부 권력 때문에 위축된 교사의 자율성, 거기서 비롯된 무력감, 수평적 소통 부재에서 오는 답답함은 많은 교사들이 하소연하는 일반적인 어려움들이다.

학생들 대부분이 원하는 것은 자발적으로 참여하는 수업, 직접 탐구하고 체험하기, 현장 조사, 포트폴리오, 시사적인 내용 다루기 등 자기주도적으로 진행할 수 있는 수업이다. 몇몇 학생들은 수업과 더불어 폐쇄적인 교실 공간의 위험도 지적했다. 학생들이 경험하는 교실 수업은 거의 교사의 독무대다. 그렇기 때문에 아직 사고력과 판단력이 부족한 어린 학생들에게 교사의 영향력은 절대적이다. 한 교사의 인격적 힘이 느껴지는 교실은 얼마나 위대한 공간인가? 그러나 교사가 막강한 권력을 남용하거나 오용할 때 교실은 얼마나 위험한 곳이 될 수 있는가?

학생들 대부분은 수업에서 교사들의 개성과 인간적 향기를 느끼고 싶어 한다. 개성 있는 수업이 학생들에게 왜 그렇게 매력적일까? 그런데도 왜 대부분의 교사들은 개성을 잃고 매너리즘에 빠져 기계적인 수업을 하게 될까? 이런 문제에 제대로 답하려면 교사 개인의 능력을 탓하기에 앞서 학교 조직의 구조적인 문제까지 파고들 필요가 있다.

가장 의미 있는 평가와
가장 황당한 평가

이 장은 '교육 평가의 기초' 시간에 학생들이 쓴 글이다. '교육 평가란 무엇이고 평가의 목적은 무엇인가? 어떻게 교육 활동을 평가할 수 있는가? 교육 평가의 한계는 무엇인가?' 등 교육 평가의 기본적인 특성을 이해하고, 더 인간적인 교육 실천을 위한 다양한 평가 방식을 탐색하는 시간이다. 교육 평가는 교사의 전문성과 도덕성이 가장 크게 필요한 부분이기도 하다. 그리고 교육 목적을 어디에 두느냐에 따라 평가의 내용과 방법은 크게 달라질 것이다. 또 '무엇을 어떻게 평가하느냐'에 따라서 교육 목표 설정이나 내용 설정에 큰 영향을 주기도 한다. 이런 관점에서 최근 교육 평가의 동향을 살피고 학교교육에서 강조되고 있는 과정평가의 정의, 특징, 절차를 살핀다. 이런 공부를 하기 전에 학생들은 자신의 평가 경험을 돌이켜보며 기존의 평가가 지니는 불합리성의 원천, 그 문제점과 한계를 인식하고 나아가 더 총체적이고 다면적인 평가 방식을 모색할 기회를 갖는다. 유의미한 평가란 과연 무엇인지, 누구를 위한, 그리고 무엇을 위한 평가이어야 하는지, 학생들의 글을 통해서 그 의미를 들여다보자.

선생님,
저를 어떻게 보고 계세요?

학교 다니면서 받은 평가 중 가장 황당한 것은 고등학교 2학년 때 받은 총괄평가였다. 총괄평가는 담임선생님이 1년 동안 반 아이들의 학교생활을 종합해 평가하는 것이다. 2학년을 마치던 날, 아이들은 한 명씩 앞으로 나가 선생님이 나눠주는 총괄평가 종이를 받았다. 1년 동안 선생님이 나를 어떻게 보고 계셨는지 정말 궁금한 마음에 잔뜩 기대를 하며 받았는데, A4 종이 한 장에는 네 글자만 덩그러니 씌어 있었다. '편식을 함.'

정말 황당했다. 열여덟 살, 1년 동안의 학급생활, 학습 태도, 성적, 동아리 활동, 자치 활동 등 수많은 학교생활에 대한 결과는 '편식'이라는 한 마디로 끝나 있었다. 알레르기가 심해서 급식을 먹으면서 몇 가지 음식을 골라냈고, 선생님이 이것을 몇 번 지적한 적은 있었다. 황당한 표정으로 종이를 들고 서 있던 나한테 선생님이 말했다.

"얘, 나는 너 급식 때 미역 안 먹고 버리던 것만 생각나더라."

3학년이 돼서 입시를 준비하느라 생활기록부를 점검하던 담임선생님이 깜짝 놀라면서 2학년 때 총괄평가를 서류로 내기에는 무리가 있다며 선생님을 찾아가서 고쳐오라고 했지만, 나는 그러지 않았다. 대학에 떨어지는 한이 있더라도 2학년 때 담임선생님 얼굴을 두 번 다시는 보고 싶지 않았고, 새로운 평가를 부탁하고 싶지도 않았다. 그리고 몇 달 뒤, 지금 내가 다니는 대학은 '편식을 하는' 나를 뽑았다. 정말 웃음 밖에 나오지 않는 기억이지만, 그때 선생님한테 받은 평가 때문에 나는 1년의 학교생활과 노력을 통째로 빼앗긴 느낌이 들었다. 어린 마음에 큰 상처가 됐고, 선생님한테 인간적인 신뢰를 잃었고, 배신감마저 들었다.

교육 이론을 배우지 않아도 학생을 평가할 때는 여러 가지 요소가 복합적으로 고려되어야 한다는 것은 누구나 알고 있는 사실이다. 학습 태도, 생활 태도, 성취도, 학습과정, 아이들과 맺는 관계, 수업과 활동에 대한 참여 등 학생 평가는 수많은 부분으로 나뉜다. 다양하고 세분화된 평가 요소와 기준이 마련되어야만 학생의 상태와 부족한 부분과 뛰어난 부분이 제대로 나타날 것이고, 그런 평가는 나중에 그 학생의 교육을 위한 참고 자료로 쓰일 수 있을 것이다.

그리고 학생들 또한 자신의 학교생활에 맞는 평가를 받는다면 학습과 생활에 더 큰 자극제가 될 것이고, 부족한 부분을 보충하는 참고 지표로 사용할 수 있을 것이다.

무엇보다 학생들에게는 '기대'가 있다. 선생님이 나를 어떻게 보고 있는지, 내 노력은 어떤 평가를 받게 될 것인지, 나는 지금 학교생활을 어떻게 하고 있는지 평가에 대한 믿음과 기대가 있는 것이다. 물론 내가 앞서 이야기한 정확하고 다양한 평가 또한 중요하다. 그러나 교사는 학생들의 이런 기대에 부응해, 학생들을 인격적으로 대하며 사랑하는 마음으로 평가해야 한다. 학생을 향한 교사의 '진심'과 '사랑'을 느끼지 못하는 학생은 없기 때문이다.

나의
첫 번째 시험

부푼 기대를 안고 시작한 초등학교 생활이 여전히 신이 나고 흥분될 무렵 첫 번째 시험을 치르게 되었다. 시험이기는 했지만 학습과 평가를 인식하기 전이어서 집에 엎드려 '일일공부'를 푸는 마음으로 시험을 보았다. 문제 풀이에는 어려움이 없었지만 결과는 빨간 선투성이었다. 답을 찾아 쓰라는 지문에 숨은 그림 찾기인 줄 알고 숨은 그림을 찾듯이 답과 똑같은 번호나 글자를 찾아 온통 비뚤비뚤 선으로 이어놓은 것이다. 커가며 생각할수록 웃음이 나기는 했지만 그때는 정말 아무런 의심 없이 줄긋기를 한 것 같다.

그러나 시험 지문을 이해하는 것을 넘어서 학교교육이 무엇이며 학교생활에서 통용되는 원칙, 선생님의 영향력이 무엇인지 초등학교 1학년생에게 각인시킨 것이 있었다. 그것은 단 하나의 시험 문제였다.

물을 채운 플라스틱 수조에 물체 주머니 안의 물건을 하나하나 넣으면서 사물이 물에 뜨는지 안 뜨는지 배운 뒤 물에 뜨는 물건과 뜨지 않는 물건을 고르는 문제였다. 우리 집에서 쓰는 컵은 플라스틱이라 당연히 나한테 컵은 물에 뜨는 물체였다. 왜 틀렸는지, 우리 집 컵은 분명히 물에 뜬다는 내 이야기를 전혀 귀담아 듣지 않는 선생님한테 감히 한 번 더 그 사실을 설명할 수는 없었다. 내 이야기를 들은 어머니가 대신 담임선생님한테 설명을 했다. 선생님은 학교에서 보는 시험지를 어떻게 이해해야 하는지, 왜 그렇게 채점을 했는지 설명했다. 학교에서 시험을 볼 때는 답안을 어떻게 써야 하는지 열심히 설명하면서 컵이 뜬다는 내 답도 맞다고 인정은 했지만 왜 선생님이 다시 동그라미를 해주시지 않는지 끝내 이해가 되지 않았다.

그러나 그쯤에서 질문을 멈춰야 한다는 것을 배웠고, 구체적이지는 않지만 학교가 유치원과 어떻게 다른지 알 것 같았다. 사례마다 깊이를 달리 해가며 고등학교를 졸업할 때까지 비슷한 종류의 문제 제기에 대해 나 자신을 설득시킬 만큼 충분한 답을 받은 적은 단 한 번도 없었다. 초등학교에서 치른 첫 번째 시험은 생각보다 더 많은 사실을 알려주었다.

고등학교 때까지 평가는 곧 시험을 의미했다. 형성평가, 진단평가, 총괄평가 등 평가는 여러 종류였지만, 시험은 일관되게 대부분 사지선다형 객관식, 일부는 단답식, 아주 일부는 간단한 서술형 문항으로 구성되어 있었다. 평가는 곧 시험이며, 시험은 좋은 결과를 얻기 위해 전략적이며 경제적인 과정을 기획해야 하는 번거로움을 주는 것 이상도 이하도 아니었다. 내 앞길을 영원히 결정지을 것처럼 보인 대학 입학 시험을 준비하기 전까지, 시험은 최소한의 노력으로 최대한의 효과를 내는 것이 최대 미덕인, 시험 종료와 함께 모든 것이 마무리되어 사라지는 이상한 과정이었다.

대학에 들어와 여러 종류의 평가를 받는 동안 측정을 위한 평가라는 범위에서 결정을 내리기 위한 방법의 평가로 범위가 넓어지기는 했다. 그리고 사회생활을 하며 여러 가지 일을 겪으면서 형식을 갖추고 제시되지 않는 일도 일종의 평가라는 것을 알게 되었다.

나한테 시험이나 평가는 결과를 확인할 때 순간의 희열을 느낄 것인가 혹은 실망을 느낄 것인가 선택하기 위해 거쳐야 하는 번거로운 과정이었지만, 그 번거로운 과정은 대부분 정직한 결과로 이어져 학습 태도를 형성하는 데 큰 영향을 미쳤다. 학습 태도는 삶의 태도와 이어졌고, 이런 점에 의미를 두지 않더라도 평가는 대학과 직장을 결정해주었다. 이렇게 다양한 무게와 깊이를 두고 개인과 사회에 영향을 미치는 평가를 개발하고 진행하는 과정에서 보여야 할 태도는 소명과 같다. 인간이 인간을 평가한다는 것이 과연 가능한 일인가? 앞으로 다른 사람을 평가해야 할 자리에 있게 된다면, 과연 그 일을 정당하고 유의미하게 잘 해낼 수 있을까?

상대평가 때문에
뒤바뀐 학점

　　　　　　지금까지 많은 평가를 받아왔지만 아무리 생각해도 의미 있는 평가가 떠오르지 않아 당황스러웠다. 고등학교 때까지 객관식 문제에서 답을 고르거나 단답형 답만 요구하는, 무조건 틀리거나 맞거나 둘 중 하나밖에 없는 이분법적 평가를 받아왔기 때문에 특별히 생각나는 것이 없는 것이다.

　대학교에서 받은 평가도 황당하기는 마찬가지다. 지난 학기에 들은 수업 중 시험을 보고 나서도 어렵다는 생각이 들었고, 또 잘 못 본 것 같아서 아쉬운 과목이 있었다. 또 다른 수업은 담당 교수님도 좋아했고, 수업 내용도 재미있었으며, 시험과 과제에도 최선을 다했다고 생각한 과목이었다. 그런데 학기 말에 받은 학점은 내가 생각한 것과 정반대였다. 앞의 과목은 A+, 뒤의 과목은 B+였다. 처음에는 성적이 바뀐 줄 알았다. 그런데 알고 보니 앞의 과목은 문제가 어려워서 상대적으로 높은 점수를 받은 것이고, 뒤의 과목은 시험을 잘 본 사람이 너무 많아 높은 점수를 못 받은 것이다.

　학기를 마치고 B+를 받은 과목 교수님한테 메일로 성적에 대해 문의를 했는데, A를 줄 수 있는 인원이 다섯 명밖에 남지 않아서 동점자 여덟 명 중에 사이버캠퍼스의 댓글을 많이 단 사람 순으로 점수를 주었다는 답을 들었다. 내가 그 나머지 세 명 중에 하나였는데 어쩔 수 없는 상황이었으니 이해를 하라는 말도 덧붙였다. 좋아한 과목이었기 때문에 후회는 없었지만 그 메일을 받고 나서 무척 씁쓸했다.

학습을 통해서 학습자 개개인이 얼마만큼 성장했으며, 어느 정도 성취를 했는지 주목하지 않고 단지 줄 세우기에만 급급한 상대평가는 문제가 많은 평가 방법이다. 그것뿐만 아니라 상대평가는 지나친 경쟁의식을 자극한다.

대학에 와서 보고 있는 서술형이나 논술형 시험들 중 답안지를 보여주지 않고 점수만 공지하는 과목이 많이 있다. 수강생이 많아서 어쩔 수 없는 경우도 있겠지만, 한 시간 넘게 팔 아프게 써서 낸 글의 어느 부분이 어떻게 부족했고, 어느 부분은 잘 되었는지 설명 한마디 없이 점수를 받는 것은 억울하다. 참된 의미의 평가라면 객관식이든 서술형이든 상대평가든 학습자에게 결과를 이해시키고, 그것을 바탕으로 한걸음 더 나아가게 하는 기회를 제공할 수 있어야 할 것이다.

과정을 중시하는
공정한 평가

중학교 때 음악 수업은 매년 한 번씩 실기평가로 독창 시험을 봤다. 중학교 3학년 때는 기존 방식하고는 좀 다르게 조를 짜서 조별로 뮤지컬 형식의 단막극을 하는 형태의 시험을 보았다. 나는 조별 과제를 하면 적극적으로 참여하고 주로 이끄는 편이었기 때문에 친구와 둘이서 대본, 음악 선정, 의상, 무대 디자인 등 모든 준비를 직접 했다.

실기 시험이 끝나고 그 다음 시간에 선생님은 아이들에게 종이 한 장을 나눠주었는데, 그것은 조 안에서 어떤 개별 참여를 했는지 조사하는 설문이었다. '① 대본을 주로 쓴 사람은? ② 음악을 준비한 사람은? …… 마지막으로 가장 많이 참여했다고 생각하는 사람은?' 이런 식으로 항목별로 가장 많이 참여한 사람 이름을 적어서 냈다. 예상대로 나와 함께 준비한 친구가 만족할 만한 성적을 받을 수 있었다. 이 평가는 학창 시절을 되돌아볼 때 두고두고 기억에 남는다. 내게 유의미한 평가의 기준은 '공정성'과 '과정'을 중시하는 평가이기 때문이다.

평가를 할 때 공정함은 중요하다. 한 학생이 자기 능력만큼 수행을 하고 공정한 평가를 받는 것은 평등이라는 이념을 추구하는 것을 넘어서 성과에 대한 보상이고, 그 학생에 대한 존중이다. 그것은 곧 동기 부여로 이어져서 학습 의욕을 더욱 고취시키기도 하며 정반대일 경우는 의욕을 잃게 만들기도 한다.

그리고 과정에 대한 평가도 잊어서는 안 된다. 평가를 할 때 대부분 결과와 과정이 일치하겠지만 그렇지 않은 경우도 많다. 결과에 대한 평가는 그 과정은 어떻든 간에 주로 인지적 위주의 평가라고 할 수 있는 반면 과정에 대한 평가는 그것을 보완할 수 있는 방법이다. 과정에 대한 평가를 하면 태도, 성실함 같은 정의적 영역을 고려해 평가를 할 수 있기 때문이다.

시험만 없다면
공부가 더 즐거울 텐데

　　　　　　　　　A라는 학생이 있다. A의 수학 점수는 10점이었는데 아주 열심히 노력해서 50점까지 끌어올렸다. 늘 수학 점수가 100점인 B라는 학생은 방심하다가 90점을 받았다. 누가 더 좋은 평가를 받아야 할까? 현재 우리 학교 제도에서는 B가 더 좋은 평가를 받는다. 얼마나 불합리한가? 이런 평가를 공정하다고 말할 수 있을까?

　나는 늘 공부를 하면서 '이놈의 시험만 없으면 공부가 정말 즐거울 텐데!'라고 입버릇처럼 말해 왔다. 이것이 나 혼자뿐이겠는가. 학생들 대부분은 시험이라는 족쇄에 매여 자신이 정말로 원해서 공부하는 건지 아닌지 알 수 없게 되었다.

　고등학교 시절에 있던 일이다. 반에서 2등을 하던 학생이 기말시험 답안지를 낼 때 미처 적지 못한 답을 1등 하는 학생 답안지를 보고 채워 넣은 일이 일어났다. 1등 학생은 답안지를 베낀 아이한테는 얘기하지 않고 다른 사람들한테는 다 알렸다. 상위권 학생 부모들은 그 학생이 5점을 더 맞아 자기 자식에게 해가 된다는 생각에 우르르 학교로 몰려왔다.

　학교에서 하는 평가는 사람다운 면들을 갉아먹는다. 물론 부정행위를 한 친구가 잘 했다는 것은 아니다. 그러나 학생을 그렇게 만든 가장 큰 원인은 끊임없이 경쟁심을 부추기는 평가 방법이다. 어떤 학생은 공부는 못하지만 무척 예의바를 수 있다. 그 부분에 대한 평가와 보상도 있어야 하는 것 아닌가? 공부를 잘 해야지 좋은 평가를 받는다는 고정관념은 너무 뿌리가 깊다. 살다 보면 학습 능력도 중요하지만 그것보다 더 중요한 것들이 많다는 것을 깨닫게 된다.

그리고 무엇보다 학습자 스스로 자신을 평가하는 능력을 길러야 한다. 지금 듣고 있는 교육학 개론 수업에는 자기평가가 있다. 생색내기용 기준이 아니라 무려 30퍼센트의 비중을 차지하는 평가 방식이다. 과연 자기평가가 제대로 될까 의심스럽고, 결국 중간 과제와 기말 평가에 달릴 거라는 생각에 회의적이었다. 하지만 수업을 듣다 보니 학습 태도와 내용에 대해 스스로 평가를 내리게 되었다. '오늘은 좀더 용기를 내서 발표를 해보는 거였는데……', '내가 좀더 집중을 해서 그 내용을 놓치지 말았어야 했는데……' 같은 방식으로 말이다.

교육 현장에서도 이제 평가에 대해 많은 생각들을 해보고 올바른 평가를 해야 한다. 잡초처럼 양분을 빼앗아 교육을 죽이는 것이 아니라 거름이 되는 평가가 되어야 한다. 거름이 될 수 있는 평가 중 하나가 자기평가다. 어릴 때부터 자신을 평가하는 능력을 기른다면 자연스럽게 자신에 대해 냉정하게 평가할 수 있게 되어 평가에 대한 신뢰도도 높아질 것이고, 교육과정 또한 능동적이고 더 효과적으로 될 것이다.

교육학 개론 수업에 대한 내 자기평가는 '실패한 성공'이다. 지금까지 받아오던 평가로 보자면 실패했다고 볼 수 있지만 그것은 다름 아닌 성공이었기 때문이다. '교육이 무엇이더라?' 같은 막연한 물음이 아니라 '정말 교육이 무엇일까'라는 진지한 물음에서 시작한 역동적인 순간의 연속이었다. 내가 학습의 주체라고 느낀 최초의 수업이었다.

'잘못된 작품'으로 만들어버린
선생님의 평가 기준

중학교 2학년 때 미술 시간에 비누로 조각을 한 적이 있다. 무엇을 조각할까 고심하던 끝에 주말에 외갓집에서 본 나무 조각이 멋있어 보여서 그것과 비슷하게 하기로 했다. 나무 조각은 무척 단순했지만 표면을 거칠게 표현해 강력함이 느껴지는 작품이었다. 그래서 일부러 거친 빨래비누로 사람 얼굴 표면을 거칠게 표현하며 최선을 다해 작품을 만들었다. 그러나 내 작품은 점수가 안 좋았다. 선생님은 표면을 매끄럽게 표현해야 한다고 설명해주었다. 하지만 나는 이 기준이 이해가 되지 않았다. 조각을 하기 전에는 자기가 만들고 싶은 것을 하라고 설명해주고는 평가할 때는 왜 매끈한 표면이 중요한 평가 기준이 된 걸까? 내가 고민해서 결정하고 노력한 것이 잘못됐나? 왜 비누로 조각을 하면 다 표면이 매끈해야 되지? 여러 생각이 떠올랐지만 끝내 그때는 의문을 풀지 못했다.

표면을 거칠게 만든 것은 재료의 장점을 한껏 살리지 못한 점이 있을 수 있다고 생각은 하지만, 그 기준 하나로 평가를 내리는 것은 부족하다고 생각한다. 재료와 작품 사이에 완벽한 공식이 있는 것도 아니고, 그때 선생님은 그런 설명까지 해주지는 않았다. 만약 내가 부족하다고 느꼈다면 미술 시간마다 많은 노력과 시간을 투자하는 것을 보고 선생님은 왜 아무 말도 없었는지 궁금하다. 조각을 만드는 과정에 대한 평가와 조언, 지도는 다 사라진 채 마지막에 전혀 예상하지 못한 기준으로 결과물에 대한 평가만 받은 것이다. 애정을 쏟아 열심히 만들었지만 그렇게 평가를 받고 나서는 웬지 그 작품이 가치 없게 느껴졌다. 마치 '잘못된 작품' 같았다. 평가를 받을 때 그 작품을 만든 '나'라는 존재가 사라진 것이다. 내가 그 작품을 만든 의도, 표현하고 싶었던 것, 노력, 과정 등은 모두 사라지고, 선생님이 생각한 비누 조각에 맞지 않는 작품일 뿐이었던 것이다. 학습은 내가 주체가 되어야 한다. 그러나 그 평가는 학습의 주체가 내가 되기 힘들게 하는 평가였다.

시험 성적이 과목에 대한 이해도를 100퍼센트 반영하지 않을 수도 있지만, 나한테 성적은 중요하다. 실력, 학교생활, 성실도 등은 거의 대부분 시험으로 평가를 받았기 때문이다. 이론의 원리를 더 깊이 생각하는 것보다는 꼼꼼히 교과서의 의미 없는 내용까지 외우는 것이 시험 성적을 잘 받는데 더 유리했다. 그러다 보니 내가 학습의 주체라는 것을 잊고 시험 범위보다 더 많이 공부하면 큰 손해를 보는 것 같은 착각도 하게 됐다. 대학교에 들어와서 공부를 하다 보니 그것이 얼마나 어리석은 공부였는지 느끼게 되었지만, 그때는 그것이 거의 모든 학생들한테는 당연했다. 성적은 모든 것의 기준이었으니까.

대학교에서는 좀 다른 평가를 받으면서 내 실력과 공부하는 과정을 검증받고, 시험이나 과제를 통해 미처 생각하지 못한 새로운 관점에서 생각할 수 있게 됐다.

전공 수업인 생명과학실험은 실험 결과보다는 왜 그 결과가 나왔는지 충분히 생각하고 기술하는 것에 초점을 맞춰 평가했다. 각 실험의 교수님들 모두 실험 결과는 사실대로 적고 실험 원리와 결과, 오류에서 생기는 궁금증을 바탕으로 분석하고 탐구하는 것이 중요하다고 강조했고, 평가도 같은 방식으로 했다.

보고서를 쓰려면 도서관에 가서 자료를 찾고 생각해보고 주말이 돼서야 써야 했지만, 그 과정이 아주 재미있었다. 만약 결과 위주로만 평가를 했다면 이런 식의 즐거움은 느낄 수 없었을 것이다. 1학년 때 수강한 화학실험은 실험 결과만 평가에 반영했기 때문에 조들끼리 실험 결과를 맞춰보는데만 신경을 썼다. 실험을 깊이 생각하는 게 아니라 이론을 눈으로 관찰해본 것에 지나지 않았다.

평가 결과는 또 다른 평가를 하기 위해 활용될 수도 있고, 비교가 될 수도 있다. 그러나 학생은 평가를 받는 과정에서 성적표에 찍히는 숫자보다 더 많은 것을 느낀다. 내가 그 과목을 제대로 수행하고 있는지, 부족한 점은 없는지 되돌아보고, 정말 열심히 공부를 했을 경우에는 선생님한테 인정을 받고 싶어한다. 공부가 평가를 위한 수단으로 전락하는 경우가 있는데, 평가 방식도 그 원인 중 하나라고 할 수 있다. 앞서 말했듯이 평가가 '줄 세우기를 위한 것'이라면 그 평가를 통해서 차별받고 좌절감을 느끼고 싶은 사람은 없을 것이다. 즉 좋은 평가를 받기 위해서 노력하게 되고, 그 평가의 기준이 적절하지 못하면 공부의 방향 또한 올바르게 확립되지 않을 가능성이 높기 때문에 평가는 아주 중요하다.

오늘날 교육 평가 문제에서 시급히 해결해야 할 과제는 과도한 지식의 양, 과밀학급, 피상적인 평가, 그것 때문에 학생들이 느끼는 정신적 무기력, 그리고 이것들의 악순환이다. 악순환 속에서 우리는 누구를 위한, 무엇을 위한 평가인지 망각한 듯하다.

일반적으로 생각하듯이 유의미한 평가는 학습자가 제대로 배우고 그것을 통해서 인격이 성장했는지 검토하는 것이다. 너무 많은 양의 지식을 짧은 시간에 주입할 때 거기서 참된 지식을 얻기는 어렵다. 학습자들이 학습 과정에 유의미하게 참여하려면 여러 가지 방식으로 개별적인 활동 기회나 탐구 기회를 제공받아야 한다. 또 학습자가 진정성을 가지고 탐구할 수 있게 새로운 의욕, 열정, 여유 등 창조적 힘을 불러일으켜야 한다. 이런 추동력은 활기찬 정신의 표현으로, 학습하면 할수록 더욱 강화되고 심화되기 마련이다. 그런 과정이 미리 해결된 뒤에나 학습에 대한 평가의 근거를 얻을 수 있는 것이 아닐까?

그러나 오늘날 이런 과정적 학습 추동력을 중요하게 여기는 교사나 그것에 매력을 느끼는 학생들을 만나기는 쉽지 않다. 학생들은 지나치게 많은 양의 지식 주입과 암기 방식으로 진행되는 시험 부담에 시달리고 있어 올바른 학습 경험을 하지 못한다. 학생들은 평가에 유리한 방식으로 자기 능력을 하향 조정하며 높은 성적을 받는 데 적합한 형태로 에너지를 낭비한다. 따라서 점점 활력을 잃게 되고 무기력에 빠지게 된다. 강의실에서 만나는 많은 대학생들은 그런 현실을 자주 호소했다. 한 학생의 이야기를 들어보자. 과연 누구를 위한, 무엇을 위한 평가인가?

첫 강의에 출석했을 때는 다른 강의하고 너무도 다른 커리큘럼에 놀라기도 하고 좋아하기도 하고, 한편으로는 답답하기도 했습니다. 학점에 신경을 쓰다 보니 더 정확하고 뚜렷한 평가 항목을 원한 것입니다. 그래서 저는 이제까지 수업을 즐겨 본 적이 단 한 번도 없습니다. 슬프지만. 이 수업에 참석하면서 수업이 아닌 놀이라고 느낀 적이 많았고, 더 솔직히 말하면 그래서 때로 무의미하다고 느낀 적도 있었습니다. 다른 수업처럼 열심히 필기를 하거나 시험 범위에 신경을 곤두세우거나 하지 않았기 때문에 저한테는 느슨한 수업으로 느껴지기도 해 시간이 갈수록 나태해지고 수업 참여도도 낮아졌습니다. 하지만 수업이 중반에 이르고, 교수님이 보여주신 몇몇 영상 자료를 보면서 제가 눈물을 흘리고 분개하는 모습을 발견했습니다. 그리고 소그룹으로 나눠서 대화를 하면서 선후배들에게 조금씩 마음을 열게 되었습니다. 서로 경험담을 듣고 같이 문제를 논의하고 비판하고 해결책을 모색하고……. 머릿속으로만 생각하던 그런 수업을 제가 하고 있던 것입니다.

수업을 들으면서 행복하고 슬프고 화나고……. 제 솔직한 감정과 사고에 충실할 수 있던 그 수업 시간이 지금도 생각납니다. 그런 수업이 제 인생에 비록 단 한 번이었다고 해도 저는 이것을 가장 중요하고 감사한 기억으로 간직할 것입니다. 다만 이런 수업을 다른 친구들도 들을 수 있었으면 하는 아쉬움이 남습니다. 제가 교사가 될지 아니면 또 다른 길을 택할지 아직 확신할 수 없지만, 이 수업에서 경험한 모든 것들을 다른 사람들에게도 나누어줄 수 있는 사람이 되고 싶습니다.

내가 만난
교장 선생님,
그리고 장학사

이 장은 '교육 행정의 기초' 수업에서 학생들이 쓴 글이다. 행정과 경영 개념의 이해, 교육 조직, 장학 행정 등 교육 활동을 할 수 있게 하는 모든 지원 시스템을 이해하는 것이 목적이다. 학교 사회와 한 국가의 교육 행정 시스템의 원리와 장학 행정의 성격, 기능, 리더십 등의 문제를 다룬다. 학생들이 직접 만난 학교 행정가들의 모습 속에서 우리 교육 현실의 단면을 더 가깝게 읽어내고, 그것을 깊이 생각할 기회를 가져보려는 것이다. 이런 작업을 통해서 학생들은 학교의 질적 향상에 교육 리더십이 지니는 중요성을 깨닫고 민주적이고 합리적인 경영의 가능성에 관해 탐구하게 된다. 또한 이런 글을 통해서 어린 학생들의 눈이 어른들이 생각하는 것보다 훨씬 예리하고 무섭다는 사실을 깨닫기도 한다. 물론 인간의 기억은 오류가 많고 정확한 것이 아닐 수도 있지만 말이다.

친근한 교장 선생님,
귀찮은 장학사

초등학교 때는 교장 선생님을 조회와 학교 행사 때만 볼 수 있어서 나와 무관한 사람으로 생각했다. 교장 선생님 말씀은 너무 지루해서 집중해서 듣지도 않았다. 그런데 3학년 때 담임선생님이 조회 시간에 교장 선생님이 한 얘기를 일기로 써 오라고 해서 주의 깊게 듣기 시작했다. 이때 교장 선생님은 첫 단추를 잘 채워야 한다는 얘기를 했고, 나는 엄마한테 그 뜻을 물어 새 학기의 마음가짐을 일기에 적은 적이 있다. 그 뒤로 교장 선생님의 훈화를 들어보려고 노력했지만 늘 비슷하거나 내 상황하고는 동떨어진 내용이 많이 그렇게 되지는 않았다. 조회 시간은 운동장에 나가서 '똑바로 서 있는 시간'이 되었고, 중학교 때도 마찬가지였다.

중·고등학교 때는 '학교장'이 교사들의 진급 시스템의 가장 상위 단계라는 것을 알았다. 나는 사립 중·고등학교를 다녔는데 거기서는 학생부장, 교무부장, 교감, 교장 순서로 진급했다. 즉 교장이 퇴임을 하면 학생부장, 교무부장, 교감이 각각 위 단계로 진급을 할 뿐이었다. 이렇게 진급을 하는 데는 거의 예외가 없어 보였다. 마치 교장이라는 자리는 퇴임하기 전에 누구나 한 번은 해봐야 하는 것으로 생각했고, 자질이 없어 보여도 순서가 되면 어쩔 수 없이 오르는 자리로 보였다. 심지어 고등학교 교장이 퇴임했을 때 같은 재단의 중학교 교장이 갑자기 고등학교 교장으로 임명된 적도 있었다. 고등학교에 제대로 적응할 수 있을지 의문이 들었는데, 실제로 그 교장 선생님은 상황에 민첩하게 대응하지 못했고, 중학교처럼 학생들을 운동장으로 다 불러내 조회를 하기도 했다.

중·고등학교 때 학교장은 다양했다. 중학교 2~3학년 때 만난 교장 선생님은 너무 권위적이었다. 조회 때 훈화는 마치 군대 사령관 말투처럼 명령하는 어투였으며, 늘 순서를 매겨가며 학생들의 의무를 얘기했다. 훈화는 늘 비슷한 내용이라 지루했고, 어조 때문에 거부감마저 들었다. 이때 교장 선생님은 조회 시간 말고는 볼 수가 없었다.

고등학교 1학년 때 교장 선생님은 친근한 분이었다. 수학여행을 갈 때 학생들과 기차를 같이 타고 가면서 얘기도 나누고 노래도 같이 하는 분이었다. 그것뿐만 아니라 가끔 자신감, 태도 같은 주제로 수업을 하기도 했다. 이렇게 교장 선생님과 직접 커뮤니케이션을 하니까 학교장과 학생의 관계가 수직적이 아니라 수평적으로 느껴졌다.

고등학교 2~3학년 때 교장 선생님은 민주적인 분이었다. 학생들 의견이 사리에 맞으면 적극 받아들였고, 직접 행동으로 보여주었다. 예를 들어 급식의 위생과 밥의 양에 관한 문제가 제기됐을 때 바로 그 의견을 받아서 직접 급식실에 나와 확인을 하고 학생들과 얘기를 나누고 만족도나 또 다른 불편 사항을 들어보고 나중에 반영을 했다.

학교 급식은 급식 업체가 운영했는데, 중·고등학교 6년 동안 이 업체 급식을 먹었다. 처음 급식이 생겼을 때 급식 업체를 선정하는 과정에서 문제가 있었는지 담임선생님은 우리 반은 모두 도시락을 싸 오라고 했다. 그 뒤 이 업체의 급식에서 벌레가 나오는 등 위생 문제가 발생해 학생들이 적극 항의했지만 의견은 거의 반영되지 않았다. 그러나 이 교장 선생님은 학생들 목소리에 귀를 기울이고, 우리 의견이 반영되고 있다는 것을 직접 행동으로 보여줘서 학생의 주장이 학교에 영향을 미칠 수 있다는 것을 느낄 수 있었다. 학교교육을 받는 주체이고 학교에서 인원이 가장 많은 것도 학생이지만, 학창 시절에는 학생의 의견이 학교에 반영되는 일은 거의 없었기 때문에 이 교장 선생님의 모습은 새로웠으며, 우리 의견이 반영되는 것이 신기하기도 했다.

한편 장학사는 '너무 귀찮은 존재'였다. 환경미화 날은 새 학기를 맞이해 반을 꾸미고 깨끗이 청소해서 한 학기 동안 좋은 환경에서 학생들이 수업을 들을 수 있게 한다는 의미가 있었지만, 단순히 장학사가 오기 때문에 며칠 동안 대청소를 해야 하는 것은 정말 무의미했다. 심지어 장학사가 온 날에는 갑자기 시간표가 바뀌어 다른 과목을 배우거나 다른 진도를 나가는 일이 있었다. 그리고 가끔 컴퓨터, 빔 프로젝터 등 새로운 학습 도구를 사용해 수업을 한 적도 있었는데, 이런 것은 대부분 별로 도움이 되지 않았고 오히려 불편했다. 학생들을 위한 수업이라기보다는 그냥 장학사들에게 보여주려고 억지로 포장한 수업이었던 것이다. 장학사는 교육 기관과 협력하고 도움을 주려고 방문하는데 학생들은 그 순간에 그 반대의 것을 경험하기도 하는 것이다.

요구르트와 귤 봉지를 들고
나타난 백발의 노신사

내가 경험한 교장 선생님은 대부분 한여름 땡볕에 전교생을 일렬로 세워놓고 아이들이 일사병으로 하나둘 쓰러질 때도 자신의 '본분'을 잊지 않고 일장 연설을 하던 분들 뿐이다. 하지만 다행히도 훌륭한 교장 선생님을 만난 적이 딱 한 번 있다. 바로 중학교 때 교장 선생님이다.

중학교에 들어온 지 얼마 안 된 어느 날, 조회 시간에 담임선생님은 오늘 점심시간에는 나가지 말고 꼭 자기 자리에서 밥을 먹으라고 신신당부했다. 드디어 점심시간! 아이들은 어떤 일이 생길지 몰라 어리둥절해 하면서도 다들 자기 자리를 지키고 있었다. 바로 그때 교실 앞문이 열리면서 미소 띤 백발의 노신사가 들어왔다. 양손에 요구르트와 귤을 한 봉지씩 들고서. 당황하며 우왕좌왕하던 것도 잠시, 곧 교장 선생님의 농담과 호탕한 웃음소리를 들은 우리는 어느 새 자연스럽게 백발의 선생님과 이야기를 나누며 점심을 먹었다.

밥을 먹고 나서 교장 선생님이 가져온 간식을 먹어치운 뒤 교장 선생님의 강의에 귀를 기울였다. 강의 내용이 정확하게 생각나지는 않지만 주로 인성교육 얘기가 많았던 것 같다. 어떤 날은 위대한 인물의 일대기를, 또 어떤 날은 논어의 한 구절을. 그렇게 우리는 짧은 점심시간을 통해서 삶의 지혜를 배웠다.

교장 선생님은 강의를 마친 뒤에는 늘 아이들이 자유롭게 말할 수 있는 시간을 줬는데, 거창한 요구가 아니고 학교생활에서 궁금하던 것이나 고쳐줬으면 하는 사소한 의견을 말할 때도 선생님은 진심으로 귀 기울여 듣고 메모를 했을 뿐만 아니라 실현 가능한 의견은 현실에 적극 반영해주었다. 이렇게 학교장과 직접 소통할 수 있는 기회는 주인의식과 함께 존중을 받고 있다는 느낌을 줘 우리의 가치를 스스로 깨달을 수 있게 도와주었다.

그러나 아쉽게도 우리는 교장 선생님과 1년 동안 단 세 번만 점심을 할 수 있었다. 모든 학생들과 만나는 것이 원칙이라서 자주 만날 수가 없었다. 게다가 더욱 안타까운 것은 교장 선생님의 정년퇴임이 1년밖에 남지 않아서 2학년이 된 뒤에는 더는 만날 수가 없었다는 점이다. 물론 새로 부임한 교장 선생님하고는 이런 만남이 전혀 없었다.

비록 그때는 교장 선생님과 점심 먹는 게 왜 좋으냐는 방송국 기자의 질문에 맛있는 간식을 먹을 수 있어 좋다고 대답하는 순진한 학생이었지만, 지금 생각해보면 그렇게 교장 선생님과 만나는 경험은 횟수를 떠나 학교와 스승에 대한 믿음, 더 나아가 나 자신에 대한 믿음을 키울 수 있는 아주 소중한 시간이었다.

다른 교장 선생님들도 참된 교육자로서 학생들의 말에 귀 기울이고 개개인을 존중할 수 있는 방법을 고민하고 연구했다면 내 학창 시절 또한 아름답고 생기 있지 않았을까? 그러나 '지금 알게 된 것을 그때도 알았더라면……'이라고 후회하는 것보다 지금이라도 알게 된 것에 감사하며 앞으로 참된 교육을 위해 교육자가 할 일이 무엇인지 진지하게 고민하는 것이 더 생산적인 일이라고 생각한다.

장학사가
오는 날

　　　장학사가 오는 날은 아주 분주했고, 수업은 보통 때하고는 달랐다. 심지어 예행연습까지 했다. 장학사가 학교를 참관하고 평가하는 것은 아주 형식적이었고, 교사한테는 부담이 되는 행사였다. 학생들은 장학이 무엇을 의미하는지 모른 채 '장학사 오는 날'은 '청소하는 날', '수업 연습 하는 날', '수업 안 하는 날' 정도로 여겼던 것 같다.

　　장학은 교사가 수업을 좀더 효과적으로 수행할 수 있고, 수업의 개선 방향과 대안을 찾고, 학생들의 학업 성취를 향상시킬 수 있게 하는 교육 활동이다. 취지는 좋은데 현장에서 제 구실을 충분히 못 하고 있다는 것이 장학의 가장 큰 문제점이다.

　　장학은 교사를 평가하면서도 교사가 수업을 잘 할 수 있게 지원하는, 서로 다른 목표를 가지고 있어서 현장에서 원활히 수행하기가 곤란할 수도 있다. 특히 현재의 장학은 교육의 주체인 학생하고는 가장 거리가 있는 교육 활동이다. 학생이나 학부모는 장학 활동에서 제외되어 있으며, 교사도 형식적으로 한 번 보여주는 활동으로 여기고 마는 경우가 많다. 그러나 아무리 형식적인 존재라고 해도 장학과 관련 있는 제도를 아예 폐지해 버린다면 교육 현장은 점점 더 돌이킬 수 없는 길로 흘러갈 것이다.

　　그래서 임상장학에 주목할 필요가 있다. 물론 수업 외의 일반장학도 고려해야 하지만, 교육 현장에 더 밀착해 진행되는 임상장학이 제대로 활용만 된다면 그 효과는 아주 클 것이다. 장학의 가장 중요한 목적인 수업 개선을 위해서라도 교사의 수업 활동을 지속적으로 관찰하고 평가하는 임상 장학은 현 시점에서 가장 필요하다. 수업을 관찰하는 것이 교사들한테는 부담이 될 수도 있다. 그러나 초임 교사나 이미 매너리즘에 빠져버린 교사들에게 임상장학은 큰 도움이 될 것이다. 특히 장학 담당자가 수업 전 해당 교사와 협의를 거쳐 교사가 장학 활동에서 소외되지 않게 하고, 관찰로 진행되는 평가 과정으로 충분한 피드백을 할 수 있게 하기 때문에 꼭 필요한 장학 시스템이라고 생각한다.

또 수업을 관찰한 뒤 교사가 스스로 대안을 찾게 하는 점도 기존의 장학하고는 차이가 있다. 그러나 비판 없이 사실적으로 분석 결과를 제시하는 방식에는 문제가 있다. 장학 담당자가 객관적인 관점에서 교사의 수업 내용과 방식을 비판한다면 교사가 좀더 발전할 수 있는 계기가 될 것이다.

그리고 장학의 모든 과정이 학부모와 학생들에게도 투명하게 공개되어야 하는 것은 아주 중요하다. 한국의 공교육은 필요 이상 닫힌 구조로 교사나 학교 조직 중심으로 돌아간다. 그러다 보니 오히려 주체가 되어야 할 학생들은 배제한 채 학교와 교사의 편의나 처지 중심으로 교육을 하고, 결과적으로 주객전도의 현상이 발생하고 있다.

초등학교 4학년인 사촌 동생은 요즘 고민이 많다. 선생님이 학원을 어디 다니느냐고 묻는가 하면, 배우지도 않은 내용을 시시때때로 시험으로 평가하기 때문이다. 영어를 제대로 알려주지도 않고 무턱대고 영어 시험을 보는가 하면, 공깃돌 놀이까지 시험을 본다고 하니 어린 시절을 매일매일 시험의 터널에서 허우적거리며 보내는 셈이다. 사촌 동생은 가정 형편이 좋지 않아 학원에는 갈 수 없다. 이미 출발선부터 다른 데 정규 교육과정에서 그 격차를 더욱 넓혀주는 꼴이 되니 이 문제를 어디서부터 손을 대야 할지 막막해진다.

교사는 학생들에게 가장 중요한 시기에 큰 영향을 미칠 수 있으므로 장학으로 교사의 수업 내용, 수업 방식을 더 바람직한 방향으로 나아갈 수 있게 해야 할 것이다. 임상장학을 통해 교사가 주도적으로 수업을 평가하고, 자기 장학을 스스로 할 수 있는 단계까지 갈 수 있도록 제도 개선, 장학 담당자의 양성과 장학 활동의 투명한 공개가 필요하다. 형식적인 장학에 그칠 것이 아니라 교사에게 실제로 도움이 되고, 학생들의 교육에 긍정적 영향을 미칠 수 있는 장학이 되어야 한다. '장학사 오는 날'이 더는 학교 행사가 있는 날로 남아서는 안 될 것이다.

독재자와
참된 지도자의 차이

교생실습(이 책에서는 교생실습으로 통일한다 ― 편집자 주)을 하면서 여러 가지를 느꼈지만 그 중에서도 가장 기억에 남는 것은 교감 선생님과 일반 선생님들 사이의 갈등이었다. 전혀 예상하지 못한 일이라 더욱 충격적이었다. 교직사회의 의사결정이 이런 식으로 진행되고 있다는 것을 믿을 수가 없었다.

내가 생각하던 교직원 회의는 민주적인 절차에 따라 활발히 의견을 나누는 시간이었는데, 이 학교의 교직원 회의는 말만 회의일 뿐 일방적으로 의견을 전달하는 시간이었다. 건의도 없고, 결정은 무조건 교감 선생님만 할 수 있었다. 한 번은 한 선생님이 용기를 내 건의를 한 적이 있었지만, 회의가 끝나자마자 그 선생님은 교감 선생님한테 불려갔다. 교감 선생님은 그 자리에서 그러면 자기 체면이 뭐가 되냐는 식의 얘기를 했다. 회의 시간에 의견을 내놓는 것은 당연하다. 오히려 비공식적으로 하는 것이 더 이상하고 예의에 어긋나는 일이 아닐까?

이런 일을 보고 들으면서 선생님들 사이에서 교감 선생님에 대한 불만이 끊이지 않는다는 것을 알 수 있었다. 하지만 누구도 정면으로 나서지는 않았다. 자기 자리를 지키려고 자기 목소리를 숨길 수밖에 없는 것일까?

실습을 하는 내내 이런 광경을 직접 보면서 교육행정 수업 시간에 배운 이론과 현실은 아주 다르다는 것을 느꼈다. 학교 행정가에게 의사결정은 짧은 시간 안에 효율적이고 반성적인 계획을 세워야 하는 압박으로 다가

온다. 이런 스트레스를 줄이고 더 나은 의사결정을 하려면 많은 사람들이 과정에 참여해 문제를 해결해야 한다. 집단적인 의사결정 과정에서 결정은 개인 간 그리고 개인과 집단 간의 역동적인 과정의 산물이다.

독재자와 참된 지도자의 차이가 무엇이냐고 묻는다면, 이렇게 대답할 것이다. 독재는 독단적으로 일을 결정하고 반대 세력을 무시하고 무슨 수를 쓰든지 밀고 나가는 것이라면, 올바른 지도력은 그 집단의 목표나 올바른 가치를 위해 일을 결정하며, 반대 의견에도 귀를 기울일 줄 알고, 자신이 옳다고 생각하는 가치를 상대방이 이해할 수 있게 설득해 사람들이 자발적으로 자신을 믿고 따르게 하는 것이다. 자신이 잘못 생각한 점은 인정하고 상대방이 하는 제안을 받아들일 수 있는 자세도 필요하다. 그럼 결국 구성원들도 지도자를 이해하게 될 것이다. 그리고 그 지도자는 존경이나 동일시의 대상으로서 구성원에게 영향을 미치는 지도력을 가지게 된다. 이것은 조직 구성원들이 과업을 수행하는 데 필요한 규범이나 가치 등을 조직 문화 차원에서 내면화해가는 영향력이라고 할 수 있을 것이다.

교감 선생님과 다른 선생님들 사이의 갈등은 내가 실습을 마치고 나서도 계속 있었을 것이다. 교감 선생님처럼 지도자의 위치에 있는 사람들에게 필요한 것은 일을 매끄럽게 잘 처리하는 능력이 아니라 구성원들이 진심으로 지도자를 믿고 따를 수 있게 만드는 힘이다. 그렇게 하려면 지도자 자신이 변해야 한다. 올바른 비전과 목표, 교육철학을 바탕으로, 그 가치에 따라 구성원들과 집단에 대한 인간적인 사랑과 학교를 향한 아름다운 봉사, 학교는 물론 사회를 향한 정의로운 실천이 뒷받침되어야 할 것이다. 이런 지도자가 절실하게 필요한 현장을 보았다.

교사를 무력화시키는
보스 교장 선생님

잠시 대안학교에서 기간제 교사로 일한 적이 있는데, 그때 교장 선생님은 머리는 나쁜데 엄청 의욕적이라 부하 직원들을 피곤하게 만드는 '보스 스타일'이었다. 행정적인 일부터 각종 잡무까지 아주 많은 일을 교장 선생님이 맡았기 때문에 교사들이 일이 많아서 고생하는 것을 당연하다고 여겼다. 그런데 자기가 얼마나 쓸데없는 일을 많이 만들어 행정적으로 효율성을 떨어뜨리는지는 전혀 알지 못했다.

예를 들어 교사들의 수업 연구는 교육의 질을 결정하는 것인데 수업에는 관심이 없고 오직 행사 참가에만 열을 올렸다. 교사들이 수업 준비를 이유로 행사에 참가하는 것을 거부하면 '대학 졸업하고 다 가르쳐본 내용인데 따로 수업 준비가 왜 필요하냐? 기본 실력이 안 되어 있는 것이냐?' 하는 식으로 교사들을 나무랐다. 그런 상황에서 수업 준비를 한다고 학교에 남는 것은 스스로 실력이 없다는 것을 인정하는 꼴이므로 아무도 이의를 제기하지 못했다.

선생님들은 출퇴근이 네 시간이나 걸리는 악조건에서도 집에 가서 혼자 수업 준비를 해야 했고, 그러다 보니 자연히 수업 내용은 부실해졌고, 아이들 평가 결과가 안 좋을까봐 평가 수준마저 하향시키는 결과를 가져왔다.

또한 교사의 위치에 있다 보면 공적인 옳음과 자기 자신의 이익 사이에서 갈등하게 되는데, 이 교장 선생님은 이런 점을 교묘하게 이용했다. 오후 늦게 교사회의가 있거나 무슨 행사가 있으면 예고도 없이 참석을 권유하고, 거부하면 자기 이익만 챙기는 '나일론' 교사가 되는 것처럼 억압적인 분위기를 조장했다. 교사에게도 사생활이 있고 가정이 있는데 교사의 휴식과 충전은 전혀 고려되지 않고, 도덕이나 사명감의 잣대를 들이대며 희생을 강요했다. 결국 이런 일을 계속 겪다 보면 자기 가정을 지키는 것이 잘못이 아닌데도 마치 이기적인 행동인 것처럼 비치게 되고 스스로 나쁜 교사라고 생각하게 만들어 옳지 못한 상황에서도 선뜻 자기주장을 펼치지 못하는 경우도 생겼다.

이런 상황에서 현실의 문제를 인식한다고 해도 이것을 해결할 수 없는 상태에 지속적으로 놓이게 되면서 일개 교사는 침묵하게 되고 무기력해진다. 대화를 통해 함께 만들어가는 것이 아니라 위에서 지시하는 것을 그대로 하면 되는 로봇이 된 기분이 들게 된다. 결국 머리 아프게 생각하는 것보다는 주어진 상황에서 피곤하지 않고 가장 효율적으로 하는 것, 즉 침묵을 선택하게 되는 것이다.

모든 교사들이 아이들 때문에 가르치는 보람을 느끼며 계속 일을 한다고 하지만 이런 교육 행정의 문제는 결국 아이들에게 악영향을 끼치게 된다. 교사가 생각하지 않는데 아이들에게 어떻게 생각하는 방법을 가르칠 수 있을 것인가? 죽은 게 아니라 죽은 체하는 것이고 침묵하지만 그 속은 곪아가고 있어 결국 아이들에게 살아 있는 교육을 하기 힘들어진다. 교사는 아이들에게 교과 내용만 가르치는 것이 아니라 교사 자신을 통해 가르치기 때문이다. 비디오를 통해 교육행정의 관료화 때문에 교직을 떠난 분들이나 침묵하는 교사들의 모습을 보면서 내가 너무 이상적인 교사상을 가지고 있나 하는 생각을 하게 되었고, 그렇게 어렵게 교사가 돼서 결국 저런 회의와 실패의 삶을 살려고 내가 이러고 있나 자괴감마저 들었다.

그러나 시스템과 시설만 탓하며 비관하고 있을 수만은 없다. 아이들과 학부모들이 원하는 교사상이 변하고 있다. 물론 이것이 교육적으로 옳지 않을 수도 있다. 그러나 교사도 변화와 경쟁의 한가운데 있는 것은 사실이다. '우리의 일그러진 교실'에 대해 해답을 줄 수 있는 것도 선생님들 밖에 없다. 요즘 새롭게 떠오르는 명문 학교의 비결은 시스템도 시설도 학부모도 학생도 아니라고 한다. 그것은 바로 선생님들과 교장이 협력해서 만들어내는 학교 리더십이라고 한다. 어떤 경우에도 교육 행정가들과 교사들은 희망을 이야기할 수 있어야 한다. 용기를 내서 가르치고 현실을 직면해야 한다. 그런 그늘이 있어야만 거기서 우리 아이들이 미래를 꿈꿀 수 있기 때문이다.

학교교육 행정 시스템의 중요성은 아무리 강조해도 지나치지 않다. 시스템이 잘 되어 있으면 학교 조직 안에 어떤 문제가 발생했을 때 원만하게 해결할 수 있다. 그런 시스템이 제대로 작동하는 데 필수적인 요건이 바로 의사소통과 의사결정 능력이다. 학교 현장의 의사결정 능력은 21세기의 학교 개혁 중 가장 중요한 과제로 꼽히고 있다.

학교 현장의 변화는 학교교육의 주체들인 교사, 학생, 교직원, 교장, 학부모들이 함께 정책과 프로그램을 깊이 생각하고 의견을 수렴하면서 의사결정 과정에 참여해 가능한 것이다. 이런 행위는 구성원들이 소속감과 책임감을 느끼게 하고 창조적 변화를 할 수 있게 하는 원동력이 된다.

그러나 극소수의 학교를 제외하고는 이런 의사결정 방법이 제대로 작동되지 않고 있는 것 같다. 구태의연하고 보수적인 사고방식과 관료적인 교직 문화, 권위적 리더십에 대한 불쾌감과 불신감은 교직사회를 경직시키는 요인이 되고 있다. 아직도 대부분의 학교에서는 교사와 교직원들이 전문성이 있는데도 상부의 권력에 따라 제대로 의사결정 과정에 참여하지 못하는 실정이다. 따라서 상급자의 단독 결정이나 형식적인 의사결정 과정에 따라 건성으로 학교가 경영되고 있고, 빠르고 쉬운 효율성을 근거로 상급자의 권력이나 체면 때문에 밀어붙이기식 결정을 하고 있다.

기존의 관료적인 교육 조직은 교육과정, 교육 방법, 교육 수요자의 학교 선택권 등에서 경직성을 보이고 폐쇄적인 특징이 있지만, 미래 지향적인 새로운 교육 조직은 융통성과 개방성, 그리고 상호의존성을 특징으로 한다. 따라서 학교를 변화시키려면 지도력에 대한 새로운 인식과 능력이 필요하다.

기술적이고 형식적인 권위가 아니라 전문성과 도덕성을 갖춘 유연한 지도력을 지닌 지도자들의 특징은, 비전이 있고 상대방을 고무시키는 힘이 있으며 지적으로 자극을 주고 개인을 배려할 줄 안다는 것이다. 구성원들의 다양한 능력을 인정하고 배려하며 구성원들에게 더 확대된 재량권을 부여하고 중요한 의사결정에 참여하도록 독려한다. 이런 지도자는 교육의 질 관리 문제를 문화적 차원으로 파악함으로써 궁극적으로 건강한 학교 문화를 창조하는 사람이다.

상담에 관한
긍정적 경험과 부정적 경험

'생활지도와 상담의 기초' 시간에 쓴 학생들의 글을 모았다. 생활지도는 인간의 삶 전체와 관련된 폭넓은 문제로서 그 핵심이 되는 상담 활동은 개인이 직면하게 되는 삶의 태도와 가치, 갈등 상황을 다룬다. 한 인간의 성장 과정에서 개인의 일상적 삶은 어떤 의미와 가치를 지니는가? 학생들의 일상생활이 건강하지 못하거나 균형이 깨질 때 왜 자아실현과 지식교육은 함께 무너질 수밖에 없는가? 그 동안 학생들의 생활교육은 지식교육에 치어 상대적으로 폄하되어 온 것이 사실이다. 스스로 자기 삶을 가꾸어갈 줄 아는 능력은 자기통제 능력, 자기주도성, 자기존중심, 자기효능감과 긴밀하게 연관되어 있고, 가치관과 소질, 개성, 진로 그리고 자아실현에 영향을 미친다. 생활지도는 시간과 공간 관리 능력, 감정 조절과 집중 능력, 대화 능력, 의사결정 능력, 진로 탐색과 진로교육, 취미생활 등 삶의 다양한 측면과 관련된 영역을 지도하는 것이다. 오늘날 그 어디서도 인간적인 돌봄을 받지 못해 형편없이 무너져버린 학생들의 일상생활, 이제 진지하게 고민하지 않으면 안 될 때다. 상황은 우리가 생각하는 것보다 더욱 심각하다.

몸이 아픈 게 아니라
마음이 아픈 거 같은데?

1998년 겨울, 중학교 2학년인 나는 성적과 등수에 집착이 컸다. 1등을 못 하면 큰일이 날 것만 같았고, 그래서 2등 하는 아이를 심하게 견제했다. 시험 기간 거의 한 달 전부터는 잠을 세 시간도 안 자고 1분도 쉴 틈 없이 밥을 먹고 화장실에 가고 양치질을 하면서도 책을 달고 다녔고, 길을 걸을 때도 교과서 내용 생각뿐이었다. 그때 그 좋던 시력도 잃었고 어린 나이부터 만성피로도 생기고, 아무튼 피곤과 스트레스에 절어서 산송장처럼 다녔다(열네 살 어린 애가 왜 그렇게까지 해야 했을까? 그때 일을 떠올리니까 정말 마음이 아프다). 틀림없이 다른 친구들이 보면 내가 좀 유난스러워 보였을 것이다. 아직도 생각나는 건 스스로 '학교는 공부하러 오는 곳'이라는 정의까지 내린 일이다. 사고방식과 생활이 그랬으니 당연히 친구들한테 관심이 있을 리 없었고, 친구들도 매일 공부만 하고 1등만 독차지하는 나를 시기도 하고 못마땅해 했다.

문제가 심각해진 건 2학기 기말고사 전쯤이었다. 나는 '왕따'였다. 아니 '은따'였다. 친구들이 대놓고 해를 끼치지는 않았지만 은근히 피해서 마땅히 같이 다닐 친구가 없었다. 친구한테 '저 년은 맨 앞에 앉아서 공부만 한다'는 욕까지 전해 듣고 큰 상처를 받았다.

은따가 되고 그런 욕까지 먹으니 공부에 집중을 할 수가 없었다. 친구들이 공부하고 있는 내 뒤에서 욕을 하고 미워할 거라고 생각했다. 기말고사는 점점 다가오고 부담은 큰데 공부는 제대로 할 수가 없고…… 이대로 가다가는 공부는 하나도 못 하고 전교에서 꼴등을 할 거라는 근거 없는 믿음이 생기기도 했고, 이해할 수 없는 복합적인 감정과 불안 때문에 마음을 제어할 수가 없었다. 우울증도 생겨서 시도 때도 없이 눈물이 흘렀고 불안해서 어떤 일도 할 수 없었다. 증세는 점점 심해졌고, 감기까지 걸려서 몸도 아팠다. 가족, 담임선생님, 친구들도 내 상태를 다 알게 됐다.

그러던 어느 날 담임선생님과 교무실에서 상담을 했다.

"내가 3학년에 공부 잘 하는 애 소개해줄까?"

"네가 공부 하나도 안 하고 시험 봐도 중간 이상은 해. 꼴찌를 네가 왜 하니?"

선생님은 이런 얘기밖에 해주지 않았지만, 정말 힘이 되어준 분은 따로 있었다. 바로 양호선생님이었다.

감기 때문에 1교시쯤에 양호실에 갔다. 양호선생님과 마주 앉아서 아픈 곳을 설명했다. 선생님은 조용히 내 눈을 바라봤다.

"몸이 아픈 게 아니라 마음이 아픈 거 같은데?"

그 말을 듣자 선생님이 괴로운 심정을 이해해준다는 안도감이 들면서 울컥 눈물이 났다. 그때 나는 감기에 걸려서 몸이 아프기도 했지만 우울증과 불안증 때문에 몸이 아프다는 핑계로 현실 도피를 하고 싶은 마음도 있었기 때문이다. 그 물음이 내게는 마치 '선생님이 먼저 마음을 열었다'는 '신호'처럼 느껴졌다.

선생님은 정말 편안하게 대해주었고, 덕분에 나는 속 시원하게 모든 걸 털어놓을 수 있었다. 선생님은 내 생각의 오류들을 논리적으로 지적해주고 진심으로 다독여주었다. 그렇게 점심시간까지 몇 시간에 걸쳐 정말 길고도 오랫동안 상담을 했다. 그날 상담으로 심각한 수준이던 내 문제가 말끔하게 해결되지는 않았지만 정말 큰 힘이 된 것은 분명했다. 만약 그때 양호선생님을 만나지 못했다면 나는 정말 미쳐버렸을 수도 있었을 것이다.

선생님은 모를 것이다. 십년이 지났고 앞으로 몇 십 년이 지나도 선생님을 잊을 수 없다는 것을……. 선생님이 보여주는 '10'만큼의 관심이 받아들이는 아이들한테는 놀랍게도 만 배 이상으로 불어날 수 있다는 것도 그때 깨달았다. 그 뒤에도 내 인생에는 늘 상담이 따라다녔다. 고등학교, 재수 시절, 대학에서도 상담을 받았다.

왜 상담은 긍정적인 힘이 있는가? 상담은 그것 자체로 본다면 내 속에서 나를 끄집어내어 나와 내 상황을 객관적으로 볼 수 있게 한다. 학생들은 대부분 크고 작은 문제에 부딪치게 되었을 때 상황이 힘들다기보다는 상황을 왜곡되게 인식해서 여러 가지의 '인지적인 오류'를 만들기 쉽고 그것 때문에 더 괴로운 경우가 많은데, 상담 교사를 통해 그런 생각들을 바로잡을 수 있다. 내 경우를 예로 들면, 내가 공부하면 친구들이 뒤에서 욕하고 미워할 거라고 믿은 건 독심술이라고 할 수 있고, 다른 가능성은 아예 배제하고 주변 사람들의 마음을 자기 멋대로 해석하고 그게 맞다고 믿어버리는 인지적 오류라고 할 수 있다. 학생은 자신의 인지적 오류를 깨닫게 되면 어느 정도 마음의 안정을 찾을 수 있다. 이럴 경우 그 중개자 구실을 하는 상담 교사가 중요하다.

상담은 사소하든 심각하든 고통 받는 학생들을 위한 '마지막 탈출구'다. 상담을 원하는 학생은 자기가 감당할 수 없는 어려운 사정이 있을 것이다. 이런 학생들에게 가장 필요하고 절실한 것은 당장 그 문제를 해결하는 것보다 그 문제를 이야기하고 도움을 줄 수 있는 대상과 소통하는 것이다. 결국 상담은 가장 큰 위기의 순간에서 '터닝 포인트'가 될 수 있다. 나는 이 것을 뼈저리게 느껴왔고, 상담 덕분에 지금의 내가 있을 수 있게 되었다고 믿는다.

물론 어떤 사람은 상담이 기대에 미치지 못해서 실망을 했거나 그것 때문에 더 좌절했거나 심지어 모욕을 당했을 수도 있다. 하지만 그런 경우보다는 긍정적인 면이 더 크고, 개인적으로 상담을 통해서 늘 많은 도움을 얻었다. 상담은 학교 현장에서 필수고 앞으로 더욱 활성화되어야 한다고 생각한다.

선생님의
힘은 위대하다

우리에게 상담은 대부분 '성적을 얘기하는 면담 시간'일 뿐이다. 그래서 자기 위치를 확인하고 부족한 부분을 지적 받는 상담 시간은 부담이 되고 편하지 않다. 그러나 고등학교 2학년 때 받은 상담은 절망보다는 희망을 심어주었으며, 이것은 반 전체를 바꾸는 효과를 가져왔다.

고등학교 2학년 때 담임선생님은 남자였다. 대학교 입시가 얼마 남지 않았기 때문에 학업, 진로, 대학 입시에 대한 내용이 상담의 거의 전부를 차지했다. 그러나 이때 한 상담이 가장 생각나는 것은 선생님의 신뢰 때문이었다. 다른 선생님들처럼 그냥 내 위치를 보여주고 조금 더 열심히 해야겠다고 얘기하는 것으로 끝날 수 있었지만 선생님은 늘 힘이 되는 얘기를 해주었다.

"점수가 조금 아쉬운데 내 생각에는 조금만 열심히 노력하면, 이 정도까지는 충분히 올릴 수 있다고 생각해. 선생님이 늘 지켜보고 있을 거야. 잘할 수 있을 거야. 마음 속으로 응원하고 있는 거 알지?"

따라서 고등학교 2학년 때는 상담이 끝나고 나면 내 위치를 알고 더 열심히 해야겠다는 생각이 드는 동시에 선생님이 애정을 가지고 지켜보고 있으니까 더 노력해야겠다는 생각이 들고 자신감도 생겼다.

선생님은 수업 시간에 엄격하기로 유명한 분이었다. '수업 시간에 졸거나 떠들지 않는다, 지각을 하지 않는다, 자습 시간에 다른 학생들의 공부를 방해하지 않는다' 같은 규칙을 정해놓고 규칙이 지켜지지 않으면 정당한 벌을 주었다. 매를 들거나 큰 소리로 화를 내지는 않았지만 뒤에서 5분 정도 서 있기, 밖에서 놀다가 자습 시간에 늦게 들어왔으면 복도를 1반에서 10 반까지 다녀오기 등을 시켰다.

우리 반은 다른 반들과 거의 똑같은 위치에서 시작했지만 시간이 갈수록 학습 태도, 분위기, 학급 평균까지 모든 면에서 점점 심하게 차이가 났다. 2학기 들어서는 학급 평균이 다른 반보다 무려 10점이나 높아져서 시샘을 사기도 했다. 학급 평균은 가시적인 것뿐이고 학급 분위기가 아주 좋아서 다른 과목 선생님들한테도 칭찬을 많이 받았다. 그럴수록 학급 분위기는 더욱 더 좋아져서 수업 시간은 점점 더 즐거워졌다.

담임선생님은 늘 교실이 깨끗하도록 신경을 썼고, 아침과 점심시간에 선생님 전용 책상에 앉아서 신문 등을 보면서 자습을 지도했다. 다른 반에도 이런 시스템이 생겼지만 반 격차는 점점 더 벌어졌다. 그 이유는 시스템의 문제만은 아니었다고 생각한다. 바로 상담이 좋은 구실을 했다.

선생님이 상담 시간에 보여준 격려와 신뢰, 애정은 반 아이들에게 큰 영향을 끼쳤다. 그해에 나는 정말 신기하게도 포기하려고 한 과목까지 모두 상상할 수 없을 정도로 점수가 많이 올랐다. 3학년에 올라가서도 우리는 모두 선생님과 한 상담이 그리웠다. 우리 반에는 이른바 문제아 학생도 없었다. 모든 학생들에게 애정을 담아 한 얘기가 반 전체를 바꾸고, 모든 학생들이 재미있고 열심히 학교생활을 할 수 있게 한 것이다.

그러니까
그냥 들어주세요

교생실습을 나갔을 때 상담 때문에 무척 걱정이 됐다. '내가 학생들의 내면에 다가갈 수 있을까?' 다른 교생들이 일찌감치 상담을 시작했을 때 나는 시작도 못 하고 있었다. 친해진 학생들이 '선생님, 다른 반은 상담하던데 우리는 안 해요?'라고 물었지만, 난 하지 못했다. 1주차에는 학생들과 좀더 친해진 뒤에, 2주차에는 수업 때문에 바쁘니까 나중에. 그렇게 상담을 하루하루 미뤘다. 더는 미룰 수 없게 된 3주차가 되어서야 상담을 시작했다. 3주차 월요일 1교시가 끝나고 1번 학생과 상담을 하기로 약속을 했다.

상담을 하기로 한 전 날인 일요일 밤, 나는 정말 잠을 자지 못했다. 인터넷으로 검색해보고, 상담에 관련된 글도 찾아 읽었다. 대체 내가 무슨 말을 해야 할까? 교생이고 내가 맡은 학생들이 고등학교 2학년생이니까 학습상담을 해야겠다는 생각이 들어 학생들에게 줄 계획표 양식부터 만들었다. 혹시 할 말이 없을까봐 내 계획표도 가져가기로 했다. 그걸 보면서 얘기를 하면 좀더 쉽게 할 수 있지 않을까?

드디어 1교시가 끝나고 1번 학생이 찾아왔다. 약간 서먹해 하는 그 아이를 보면서 내가 한없이 작아지는 느낌이었다. 난 간신히 입을 뗐다.

"네가 ○○구나. 학교생활 재밌니? 뭐가 되고 싶니?"

학생이 씩 웃으면서 대답했다.

"그냥 그래요. 저는 천문학자가 되고 싶어요."

"그렇구나. 천문학자가 되고 싶구나. (천문학자 비전 없는 직업인데.) 넌 잘 할 수 있을 거야."

더는 할 말이 없어서 가지고 있던 사탕 하나를 주었다.

"고맙습니다."

그러자 종이 쳤다.

"오늘 이야기해서 즐거웠어. 다음에 또 얘기하자. (다음에 또 할 수 있을까?)"

학생을 교실로 들여보내고 나는 막막해졌다. 다음 학생을 또 상담할 자신이 없어졌다. 이게 바로 상담일까? 예전에 내가 받은 상담들이 떠올랐다. 그 상담들도 마찬가지였다. 번호 순서대로 불려가 집안 사정을 얘기하고, 공부를 어떻게 하는지, 성적이 어떤지 쉬는 시간 10분 동안 간단히 '진술'한 것이 다다. 선생님은 생활기록부와 성적표를 앞에 펴놓고 있었기 때문에 그것을 꼭 내 입으로 확인할 필요는 없었을 것 같은데도, 꼭 그런 질문만 했다. 고등학교 때는 상담 시간이 더 길었는데, 상담은 대부분 성적에 관한 것이었다. 그것도 상담이라고 보기는 어렵다. 선생님이 가지고 있는 내 성적과 등수를 함께 보는 일이 다였다. 성적이 좋아서 선생님이 별 얘기는 안 했지만, 성적표를 선생님과 같이 보고 있다는 사실만으로도 간이 오그라들었다. 성적 상담은 그런 기억뿐이다. 내가 고집도 세고 붙임성이 좋지 않은 아이였기 때문에 상담자인 선생님도 나한테 할 얘기가 별로 없었을 것 같다. 결국 상담이 아니라 확인 '진술'이었다. 그리고 분위기도 문제였다. 나를 꿰뚫고 있다는 느낌을 주는 선생님의 표정과 눈빛. 정말 내 자신이 작아지는 순간이었다.

교생 선생님과 한 상담도 떠올랐다. 그러나 담임보다는 좀더 편했을 그 상담마저도 그다지 생각나지 않는다. 번호 순서대로 불려가서 상투적인 이야기를 듣고, 맛있는 간식을 받았을 뿐이다.

그랬기 때문에 1번 학생을 보내고 교생실에 앉은 나는 정말 복잡한 기분이었다. 내가 받아온 상담을 되풀이하고 있다는 생각에 앞으로 할 상담들이 막막하기만 했다. 그러고 보니 그 동안 내가 받은 상담이 이해가 갔다. 그때 상담을 받으면서 '왜 이런 것만 물어볼까, 나한테 관심이 없는 걸까?'라는 생각을 했다. 그러나 내가 상담자 처지에 서보니, 마음이 통하는 발전적인 상담이 얼마나 어려운 일인지, 왜 그때 선생님이 그렇게 무심한 상담을 했는지 이제 알 것 같았다. 선생님도 나처럼 참 '뻘쭘' 했겠지. 그렇다면 이것은 별 문제가 아닌 것일까? 단지 내가 아직 어리고 교생이라 현실을 잘 몰라 혼자 열정적인 상담을 기대한 것일 뿐이며, 누구나 상담은 이렇게 할 수밖에 없는 것일까? 아이가 적극적이지 않으니까 나는 할 일을 다 했을 뿐이다. 과연 그런 걸까?

또 한 가지 문제가 있었다. 학생들의 이야기가 나한테 너무 빨랐던 것이다. 학생의 꿈이 어떻게 될지 혼자 진단을 내리고 있었다. 그리고 학생의 외모나 분위기를 보면서 자꾸만 평가하고 있었다. '천문학은 이과에서도 여자가 할 만한 것이 못 된다. 밥 벌어 먹기 힘들다. 수학을 잘 해야 하는데 그 아이는 그런 것도 아니다. 아직 어려서 그렇지, 곧 포기하겠지. 그렇지만 지금은 응원해줘야 하나…….' 그런 생각들이 이미 머릿속을 차지하고 있었다. 지금까지 내가 겪은 담임선생님들도 마찬가지였던 것 같다.

담임선생님은 과연 학생들을 얼마나 알고 있을까? 4월이니까 이제 막 상담이 끝나가던 시기였다. 아직 반 아이들이 서먹한 내게 선생님은 놀랍게도 아이들에 관해 여러 얘기를 들려주었다. 예를 들어 선생님과 거의 교류가 없는 아이가 있었는데 선생님은 그 아이의 부모님은 어떤 분인지, 환경이 어떤지, 특성, 원하는 것, 경험, 선생님이 판단한 점까지 얘기해주었다.

담임이 된 지 한 달 반 밖에 안 됐는데 선생님은 벌써 아이들을 파악하고 있었다. 그러니까 상담이 그렇게 짧아도 괜찮은 것이겠지. 20년의 교사 생활, 만난 학생이 몇 천 명이 넘는 상황에서 '딱 보면 딱'인 경지에 이른 것이다. 다른 반 아이라 할지라도, 상담을 거의 안 할지라도, 그냥 자료 한 번 보고 말 한 번 걸었을 때 나오는 대답 하나에 그 아이를 완전히 파악한다. 그러니까 4월만 되면 학생들에 대해서는 전문가가 되어버리는 것이다. 그러니 더 이야기를 할 것이 있을까? 굳이 학생들과 깊은 이야기를 하지 않더라도 아이를 알 수 있다.

분명 선생님은 정말 좋은 분이고, 학생들을 사랑하는 분이라는 것은 잘 알고 있다(담임선생님은 고1 때 내 담임선생님이기도 하다). 그래도 그 짧은 상담을 통해 학생들을 이 정도로 파악하고 판단하는 것이 과연 좋은 것일까? 한편으로는 이것이 바로 말로만 듣던 교사의 '타성'이 아닐까? 학생이 무슨 소리를 해도 이미 담임이 알고 판단하고, 학생의 말에 좀처럼 잘 넘어가지 않는 능구렁이 같은 교사의 통찰력(?). 그래서 학생들이 나이 든 선생님을 싫어하는 것이 아닐까? 어떻게 얘기를 해도 선생님이 넘어가지 않는 여우라면 학생들은 그 부분에서 상처를 받을 수 있다. 상대방이 나를 꿰뚫고 있다는 느낌은 아이들도 쉽게 알 수 있기 때문이다. 담임선생님을 비판하는 것은 아니다. 우리 담임선생님은 분명 사랑이 많은 좋은 분이었다. 그러나 학생은 나한테 이렇게 말했다. "우리 선생님은 사랑이 없는 것 같아요." 타성은 학생들한테 교사의 진실을 가리고, 도리어 상처를 주는 것이 아닐까?

어쨌든 나도 그랬다는 것이 문제 아닌가. 분명 난 그 아이를 좋아한다. 하지만 순간적으로 스치는 판단들을 막을 수는 없었다. 그런데도 전혀 모른 척 학생에게 해주는 격려가 가식적이었다. 참 혼란스러웠다. 덧붙여 내가식을 그 아이도 이미 눈치 채고 있을 것이라는 생각에 소스라쳤다.

어떻게 해야 할까. 그렇다고 상담을 포기할 수는 없었다. 일단 이런 마음으로 일 대 일 상담은 안 되겠다는 생각이 들었다. 그래서 그 다음 쉬는 시간에 교실에 갔다. 그리고 붙여놓은 교생 상담 시간표를 떼어내고 텅 빈 상담 시간표를 붙여놓았다.

"상담할 수 있는 빈 시간을 적어놓을 테니까, 혼자 오고 싶은 사람은 혼자 오고, 친구들과 같이 오고 싶으면 같이 와도 좋아. 원하는 시간에 이름을 적어놓으렴. 그리고 그때, 함께 사랑방(교생실)으로 놀러오렴."

그러자 3교시 뒤 쉬는 시간에는 아무도 찾아오지 않았다. 학생들이 아예 오지 않을까봐 걱정이 되었다. 그러나 그날 점심시간에 두 아이가 찾아왔다. 한 명은 처음부터 친근하게 굴던 아이고, 한 명은 아주 얌전한 아이였다. '아, 이 둘이 친구구나!' 둘 다 말이 없었다. 그래서 나부터 솔직하기로 마음을 먹었다.

"선생님은 어른이지만 그래도 너희들이랑 같이 있으니까 쑥스럽다. 너희 보기에도 그러니?"

학생들이 씩 웃었다.

"선생님이 어떻게 말을 시작해야 할지 몰라서 준비한 거 하나 보여줄게. 너희도 보면서 떠오르는 거 있으면 그때그때 말하렴."

나는 학습 상담을 대비해 만든 내 생활 계획표를 보여주었다. 그리고 내가 지금 하고 있는 공부 이야기를 하기 시작했다. 지금 어떻게 지내고 있는지, 임용고사를 준비하고 있고, 이번 주에 자격증 시험을 준비하는데 어떻게 공부하고 있고, 공부를 해야 하는데 실습 끝나고 집에 가면 바로 잠이 들어서 고민이라든지, 그래서 이번 주 내 계획표는 어떻게 짰다는 건지…….

내가 고등학교 때 겪은 일이 아니라 지금 내 이야기를 했다. 그러니까 학생들이 웃으면서 듣기 시작했다. 공부하기 싫다고 하니까 무척 좋아했다. 그런데 신기한 것은 아이들이 그러면서 자기 이야기를 꺼내기 시작했다는 것이다. 가장 먼저 한 이야기가 바로 "어! 저도 그래요"였다. 그러면서 학생들은 자기 이야기를 슬슬 풀어놓았다. 그러자 옆 친구가 거들며 자기 이야기를 시작했다. 내가 더 해야 할 말은 없었다. 웃긴 이야기가 나오면 웃었고, 그저 잘 듣고 있었다. 고민에 대해 옆 친구가 얘기하고, 나도 내 생각을 얘기하면 되고, 그러다 보면 학생이 스스로 답을 내버렸다. 아이들은 자기가 하는 질문에 대해 이미 답을 가지고 있었다. 없더라도 이야기하면서 해결책을 같이 찾아갔다. 나는 서서히 대화가 되는 느낌이 들었다. 그리고 마음도 통하는 느낌이었다. 아이들은 돌아가지 않고 점심시간이 끝나도록 떠들다 갔다.

점심시간 뒤 쉬는 시간에는 아무도 안 왔지만, 방과 후에 또 다른 학생들이 왔다. 이번에도 두 명이었다. 이 아이들에게도 먼저 솔직하게 이야기를 해야 할까. 그러나 이번 학생들은 좀더 적극적이었다. 먼저 얘기를 꺼냈다. 공부에서 손을 놓은 지 오래 돼서 어디서부터 시작할지 모른다고 했다. 나는 또 막막해졌다. 나는 이른바 명문대생이고, 그 아이들은 공부를 하려고 하는데 어떻게 해야 할지 모른다는 친구들이다. 내가 말하는 것들이 공허한 위로나 격려가 될까 걱정이 됐다. 그래서 말하지 않고 가만히 들었다. 그런데 신기한 일이 일어났다. 아이들이 서로 상담자가 되었기 때문이다. 아이들은 자연스러운 분위기 속에서 자신과 처지가 비슷한 친구의 이야기를 들으며 동질감을 느끼는 것 같았다. 내가 뭐라고 주도적으로 말할 필요가 없었다. 나보다도 비슷한 고민을 하고 있는 또래가 내놓은 해결책이 상담 학생에게 가장 효과적인 해결책이 될 수 있다는 것을 알게 되었다. 정말 학생들은 멋진 상담자였고, 귀한 사람들이었다. 난 그냥 듣고, 수다 떨듯이 이야기를 하고, 웃으면서 그렇게 두 번째 상담이 끝났다.

#1

학생1 제가 공부할 때 집중이 잘 될 때마다 친구가 자꾸 찾아오는데 저는 거절할 수 없다는 게 문제에요.

학생2 맞아요! 저도 그래요. 중학교 때는 친구가 더 중요한 것 같아서 놀았거든요. 그런데 친구들은 다 상고에 가고, 저는 인문계 왔는데 공부도 안 하고 더 노니까 걱정이에요.

상담자 그렇구나. 그런데 거절하기도 좀 어렵잖아. 어떻게 해야 할까?

학생들 글쎄요. 근데 괜히 그러면 미안하잖아요. 거짓말을 해야 하나요?

상담자 함께 가 버릇하니까 친구도 습관처럼 너를 부르는 경우가 많아. 거짓말을 하면 한계가 있어. 너는 공부하고 싶잖아. 그렇다면 차라리 솔직하게 말하는 것이 좋아. 내가 이 부분 공부해야 하고, 지금 집중이 잘 돼서 그러니까 미안하지만 나중에 가자고 하면 친구는 상처받지 않을 거야.

(중략)

학생1 1학년 때 같은 반이었던 제 친구는 다른 애들이 저보고 매점 같이 가자고 하면 걔가 나서서 공부하는 애 건드리지 말라고 말해줬어요.

상담자 좋은 친구구나.

학생1 네, 저한테 제일 좋은 친구에요. …… 아! 우리 같이 짤래? 만약에 누가 어디 가자고 하면 우리 서로 얘기해주는 거야, 어때?

상담자 와! 그것도 좋은 생각이다. 서로 돕는 거네~!

학생2 맞아, 그러면 서로 안 미안하고 좋을 것 같아.

#2

학생1 또 집중을 방해하는 것이 있어요. 그분이 막 오셨는데(집중이 잘 되는 상태를 이렇게 표현함) 갑자기 친구가 와서 되게 걱정하는 표정으로 '너 아직도 여기 공부하고 있으면 어떻게 해~'라고 말해요. 제가 다른 애들보다 진도가 느린 거 알고 걱정해주는 건 좋은데, 그렇게 말하면 갑자기 집중이 안 되고 걱정 되요.

학생2 (크게 공감하며) 맞아요! 다른 애들은 정석 보는데 저는 뉴리더 보고 있으면 그것도 느리니까 열등감 생겨요. 그러면 공부가 더 안 돼요.

상담자 (막막해져서) 그렇구나. 그 친구가 그렇게 말 안 했으면 더 좋았을 걸. 어떻게 해야 하나. 선생님 잘 모르겠다.

학생1 글쎄요. (갑자기 이것저것 얘기한다) ……(중략)…… 질문해볼까…….

학생2 질문?

상담자 아! 그거 좋은 생각이다. 질문하는 거야!

학생2 ?

상담자 만약 친구가 또 와서 그런 이야기를 하면 그때 공부하고 있던 부분을 한 번 질문해봐. 그러면 그 아이한테도 좋고, 감정 상하지도 않고, 공부 흐름이 끊기지도 않고, 너도 더 공부할 수 있지 않을까?

학생1 그거 좋은 생각이다! 그거 제가 생각한 거예요!

그렇게 이야기를 하면서 학생들과 친해지자 점점 많은 학생들이 찾아오기 시작했다. 나는 점점 내가 잘못 생각하고 있었다는 것을 알게 되었다. 내가 생각한 상담의 어려움. 그러니까 '대면의 뻘쭘'과 '학생을 판단하면서 든 죄책감', 이것은 모두 내가 말을 하고 내가 해결책을 줘야 한다는 생각 때문에 생긴 건 아닐까? 내가 정답이 아니고, 완전한 사람이 아니라는 것을 알면서 말이다.

상담을 할 때 중요한 것은 내가 답을 주는 것도, 학생들을 감동시키는 말을 하는 것도 아닌 것 같다. 상담은 그냥 듣는 것이다. 그냥 아이들의 삶을 듣고 공감하는 것이다. 혹시 고민이 있다면, 그래서 해결책을 바란다면 그것도 걱정할 필요가 없다. 고민에 대한 답은 친구가 줄 수도 있고, 자기가 이미 알고 있을 수도 있다. 중요한 것은 진심으로 듣고 공감하면서 해결책을 학생 스스로 끌어내도록 도와주는 것, 그 이상도 그 이하도 아니라는 생각이 들었다.

그러고 보니 또 깨달은 것이 있다. 학생들한테 쉬는 시간에 오라고 했지만 아이들은 절대 쉬는 시간에 오지 않았다. 시간이 많은 점심시간과 방과 후에만 모여서 왔다. 정말 할 말이 많은 학생들이었다. 쉬는 시간으로는 너무 짧은 것이다. 점점 마음이 통하면서 나는 모든 점심시간과 방과 후를 학생들과 함께 해도 전혀 힘들지 않게 되었다. 점점 상담에 대한 부담감은 사라졌다. 상담이 아니라 그냥 대화를 하는 것이다. 단지 함께 수다 떠는 친구가 아니라 학생들을 사랑하는 조금 나이 많은 친구였다는 것이 다를 뿐, 정말 나도 즐겁게 이야기할 수 있었다.

그렇게 정신없이 교생 셋째 주를 보내고, 마침내 넷째 주가 되었다. 1번 학생이 쉬는 시간에 불쑥 찾아왔다.

"저 전에는 얘기 못 했지만 고민이 있어요."

그 아이는 첫 상담할 때 말하던 모습하고는 달랐다. 아이는 정말 자기 이야기를 하고 있었다.

"저는 똑똑하게 생겨서 친구들이 공부 잘 하는 줄 알아요. 그렇지만 전 아니에요. 그래서 걱정이 많아요."

나는 웃을 수밖에 없었다. 정말 똘똘하게 생긴 친구였다. 그리고 나도 그런 경험이 있었다.

"하긴 ○○는 참 예쁘게 똘똘하게 생겼어~."

짧은 시간이지만 얘기를 들어주고, 내 얘기도 했다. 아이는 환한 표정으로 돌아갔다. 나도 그때처럼 복잡한 기분이 아니었다. 그리고 정말 즐거웠다. 그렇게 마지막 주까지 보냈다. 정말 그때만큼 다른 사람의 삶과 고민, 즐거움에 둘러싸여 산 적이 없는 것 같다. 그리고 많이 배웠다. 오히려 아이들이 상담자였고, 나는 상담을 받은 나이 많은 학생이었다.

교생 기간, 특히 상담을 통해 교직이 얼마나 어려운 일인지, 그리고 상담자로서 어떤 사람이 되어야 하는지 깨달았다. 정말 더 겸손해지고, 낮아지고, 더 열린 마음과 귀를 가져야 한다는 것을 느낀다. 초보 상담자로서 아직 많은 숙제가 남아 있다.

학생들과 헤어지는 날, 1번 학생이 작은 봉투를 주었다. 봉투에는 아이가 직접 만든 꽃 모양 책갈피와 별 모양 책갈피(나는 꽃을 좋아하고, 그 아이는 별을 좋아한다), 그리고 편지가 들어 있었다. 편지에는 여러 이야기가 있었는데, 그 중 하나가 기억에 남는다.

'선생님, 선생님과 이야기를 해서 좋았어요. 그런데요, 제가 선생님께 드리고 싶은 이야기가 있어요. 선생님이 선생님 되시면 아이들 이야기를 들어주세요. 학생들은 선생님한테 진짜 자기 이야기는 안 해요. 그냥 성적 이야기만 하게 되요. 그러니까 그냥 들어주세요. 학생들은 이야기를 들어줄 선생님을 원하거든요. 제가 버릇 없었나요? 그렇지만 선생님이 정말 좋은 선생님이 되셨으면 하는 마음에서 드리는 거니까 기분 나빠하지 마세요. 선생님은 늘 웃으시고 제 이야기 들어주셔서 참 좋았어요. 선생님은 정말 학생들이 좋아하는 선생님이 되실 거예요. 꼭 인용고시(임용고사) 합격하세요!'

그 뒤부터 선생님과
개인적인 얘기는 하지 않았다

　　　　　　　　　　　　나는 최악의 상담에 대한 두 가지 기억이 있다. 하나는 가까운 친구의 경험이고 하나는 내 경험이다. 둘 다 고등학교 때 있던 일이다.

　우리 학교에 한 아이가 전학을 왔다. 공부도 잘 하고 선생님한테도 잘 보였는지 선생님들이 많이 예뻐했다. 어느 날 두발 단속을 하는데 그 아이는 약간 컬이 들어간 머리였는데도 선생님한테 혼나지 않았다. 그 아이가 남들에게 피해를 주는 모난 성격은 아니었지만, 그런 특혜가 다른 학생들한테는 좋지 않게 보인 것 같다. 조금은 어처구니가 없지만 어느 날 아침 그 아이 책상에 협박 편지가 있었고, 그 아이는 부모님한테 알렸다. 그러자 부모님이 화가 나서 학교에 찾아왔고, 선생님은 내 친구한테 그 아이에 대해서 물어보았다. 평소에 선생님을 좋아한 친구는 솔직하게 반에서 있던 일을 얘기했고, 선생님은 갑자기 '그 편지를 네가 썼냐?'고 다그쳤다. 친구가 어이가 없어서 왜 그렇게 생각하느냐고 물었더니, 선생님은 네가 한 이야기가 전부 편지에 있는 내용이기 때문이라고 했다. 한순간 친구는 말을 못 했고 너무 억울하고 분해서 울면서 교실에 들어왔다. 그러고 나서 엄마와 통화를 했다. 얼마 안 있어 친구의 엄마와 언니가 학교에 왔고 학교는 또 한 번 소란에 휩싸였다. 친구의 엄마는 화가 나서 짐을 싸서 학교를 나오라고 했고, 친구는 울면서 학교를 나갔다.

　처음에 그 친구가 선생님에게 찾아간 것은 부모님의 이혼 문제로 혼란스러워서 상담하러 간 거였는데, 오히려 선생님은 전혀 상관없는 일에 친구를 끌어들인 셈이었다. 친구가 믿고 좋아하던 그 선생님은 오히려 문제를 쉽게 해결하려고 아무 상관없는 학생을 근거 없이 지목했고, 그 일로 내 친구에게는 평생 잊을 수 없는 상처를 안겨주었다.

또 하나는 내가 기숙사에 있을 때 일이다. 기숙사에서 나는 약간의 탈선(?)을 한 적이 있는데 그 일이 선생님 귀에 들어가 밤에 선생님한테 불려갔다. 선생님은 왜 그랬는지 이유나 정황을 묻기보다는 처벌에 대해서만 얘기했다. 그때 우리는 학교에서 힘든 시간을 보내고 있었고 그렇게라도 답답한 상황을 해소해보고 싶었다. 우리가 그런 행동을 한 것은 그럴 만한 이유가 있었을 텐데 그것을 들어주거나 해결해주기보다는 그저 소문을 막기 위해, 학부모들의 항의를 막기 위해 우리를 협박한 선생님이 참 원망스러웠다. 그리고 상처도 받았다. 선생님이 그 일을 무마하는 대신 자신을 도와주어야 한다는 조건을 내세웠기 때문이다. 도와준다는 것은 반 친구들한테 스파이나 다름없는 짓을 하라는 것이었고, 친구와 나는 징계를 피하려고 선생님과 옳지 않은 거래를 했다.

우리 학교가 특별했던 것일까? 학생 한 명 한 명의 감정을 소중히 여기기보다는 진급이나 윗사람에게 잘 보이고 책망을 피하기 위해서, 되도록 복잡한 상황을 만들지 않고 쉽게 일 처리를 해야 한다는 식으로 우리를 다루는 모습에서 난 선생님들에 대한 존경심을 잃었다. 또 인간성과 내가 선생님이 되려고 한 것에 대해서 회의가 들었다. 그 상황에서 부모님을 제외하면 선생님은 나와 가장 가까운 어른으로 의지할 수 있는 존재여야 마땅하지만, 오히려 나를 압박하고 괴롭히는 존재가 되어버린 것이다.

그 뒤로 난 선생님을 따로 만나지 않았다. 물론 선생님과 약속한 것들도 지키지 않았다. 그리고 친구도 선생님의 사과를 받아들이기는 했지만 다시는 선생님한테 개인적인 얘기를 하지 않았다. 공적인 일이 아니고서는 선생님을 찾지도 않았다.

학교는 학생들의 배움과 인격을 성장시키는 곳이라고 하는데, 요즘 내가 느끼는 학교는 그렇지 못하다. 학생은 곧 '돈'이고 학교는 선생님들에게 자신의 직업을 유지시켜주는 장소일 뿐인가? 학교에서 학생은 과연 무엇인가?

네 잘못이 아니라고
말해주는 선생님이 있었다면

중·고등학교 시절 친구 관계에 자신이 없던 나는 공부만 했고 성적도 좋아서 선생님들한테 칭찬을 많이 받았다. 그래서 친구들한테 시샘을 많이 받았고, 오랫동안 왕따를 당했다. 그 시절에는 왕따라는 말도 없었는데 고등학교를 졸업하고 몇 년 뒤부터 왕따 문화가 정말 일반화되었다.

따돌림을 당할 때 처음에는 억울하고 분한 마음이 들었고, 나중에는 내가 정말 나쁜 아이라는 착각이 들어서 다른 사람들뿐만 아니라 나도 믿지 못하게 되었다. 그때 내 얘기를 들어주고 '네 잘못이 아니야'라고 말해주는 사람이 있었다면 정말 좋았을 것 같다는 생각이 지금도 든다.

대학에 들어와서 나름대로 대인관계의 어려움을 극복하려고 노력했지만 한동안 피해망상에 시달렸다. 이런 이유로 심리학에 관심을 가지게 되었고 상담의 중요성을 알게 되었다.

청소년기는 자아 정체성이 형성되는 시기인데 사고나 인식의 틀이 불안정한 상태라 도와주고 이끌어주는 상담자가 필요하다. 부모가 됐든, 교사가 됐든, 친구가 됐든 말이다. 국가청소년위원회에서 일할 때 청소년 대상 성범죄 판결문에 실린 피해 청소년들의 진술 내용에서 엄청난 사건 때문에 아이들이 평생 트라우마를 안고 살게 되는 것을 많이 봤다. 그런데 안타까운 것은 이 아이들의 고통을 위로할 수 있는 일차 상담자인 부모가 잘못된 상담을 하고 있다는 점이었다. 아이가 이런 상황에 놓였을 때 네 잘못이 아니라고 해주고 모든 얘기를 허심탄회하게 털어놓을 수 있게 해줘야 하는데 보통의 부모들은 '죽을 때까지 가슴에 묻고 살자', '네가 어떻게 하고 다니기에 이런 일이 일어나는 거니?', '다른 데 가서 얘기하지 마'라는 식으로 모든 일을 가슴에 묻으라고 강요하고 있었다.

이번 대구 초등학교 집단 성폭행 사건의 경우에도 제대로 된 상담이 되지 않는다면 가해자 아이들이 자신이 피해자라는 왜곡된 성 관념을 갖고 평생 살 수도 있을 것이다. 아동·청소년 성폭력은 아이들의 인생까지 바꿀 수 있는 큰 문제다. 불안, 강박증, 무기력, 우울, 공포, 분노, 적개심 등 정서적인 문제에다 신체, 대인관계 등까지 부정적인 영향을 미친다. 폭행 사실을 인정하지 않거나 없던 것으로 여기는 등 고통스런 기억을 없애려는 증상을 보이기도 한다. 폭력을 당하고도 아무 일 없던 것처럼 놀거나 완전히 다른 사람처럼 행동하기도 하고, 기억 상실로 이어질 수도 있다. 심지어 판단력이 흐려져 '나도 공범이 아닐까' 같은 왜곡된 생각을 하는 경우도 있다.

특히 학교, 가족 등 주변 사람들한테 폭력을 당하면 신뢰가 무너져 대인관계에 심각한 문제가 생긴다. 한 사람에게 느낀 공포가 확대되면서 '사람' 자체가 공포의 원인이 되기 때문이다. 주변 학생들도 피해를 입기는 마찬가지다. 간접 경험도 충격이기 때문이다. 사건 뒤 모든 환경이 안전하다고 느끼면 충격이 사라지지만 계속 위험을 걱정하게 되면 그 후유증에서 벗어나지 못한다. 성폭력이 잘못된 것이라는 인식을 심어주지 않으면 '아 이렇게 해도 괜찮구나, 그냥 넘어가는구나'라는 생각을 갖게 해 제2의 가해자를 만들게 되고, 피해를 당해도 적극적으로 대처하지 않게 된다.

성인들은 대개 전문 분야가 아닌 일상의 문제에서는 자기가 답을 가지고 있다. 그런 경우에는 상담자가 적절한 질문을 던져주며 피상담자가 그

답을 찾아갈 수 있게 유도하는 것이 좋다. 그러나 청소년의 경우 상담자의 구실은 여기서 그치지 않는다. 피상담자의 이야기를 들어주는 것은 물론이고 이것을 인정해주고 현재 아이의 상태에서 어떤 방향으로 이끌어줘야 할지 교육적으로 생각해봐야 한다. 학교에서 하는 상담은 특정 기간에 학생을 불러서 이것저것 취조하는 분위기라 제대로 된 상담이 되지 않는다. 깊이 있는 상담이 되려면 학부모의 솔직한 답변이 필요한데, 상담이 필요한 부분에서 학부모는 그 내용을 은폐하고 위장하는 경우가 많았다.

내가 근무하던 대안학교에서 시험 기간 중에 학생들이 교무실을 뚫고 들어와 컴퓨터를 사용한 것이 CCTV에 찍힌 사건이 일어났다. 시험 문제 유출을 염려하던 선생님들 예상하고 다르게 그 아이들은 컴퓨터 게임을 하러 교무실에 몰래 들어온 것이었다. 시험 기간이라 컴퓨터실 이용이 제한되어 있어 교무실까지 들어와 게임을 하려고 한 것이다. 아이들 대부분 우리 반이라 이 아이들을 어떻게 체벌할 것인지 담임인 내가 의견을 내야 해서 먼저 학부모들한테 연락을 했다.

상담을 하면서 사건을 주동한 아이가 실제 컴퓨터 게임 중독이었고, 아버지가 이것을 못마땅하게 여겨 컴퓨터를 박살낸 사건이 있었고, 그 뒤 아이는 자살 소동까지 벌인 적이 있다는 것을 알게 됐다. 학부모는 아이에게 불리할까봐 입학 전에 그런 얘기를 전혀 하지 않았다. 이 아이는 체벌이 아닌 상담과 치료가 필요한 아이였다. 그때 생활지도와 상담에 자신이 없던 나는, 무조건 컴퓨터 사용을 제한하기보다 차츰 컴퓨터 사용 시간을 줄이고 나머지 시간에는 함께 성경을 쓰고 읽으면서 얘기를 나누는 것으로 한 달 간의 유예 기간을 가지기로 했다. 이 기간에 나는 아이에게 하고 싶은 말을 할 수 있었고, 선생님이 계속 자신을 지켜본다는 믿음을 가지게 된 덕분인지 아이 또한 그 시간을 기대하고 조금씩 변해갔다.

현실에서 아이들은 상처를 치유하고 자유로워지기보다는 아무렇지 않은 척 자신을 숨기는 것을 먼저 배우고 또 그렇게 하기를 요구받는다. 그것이 2차 상처를 받지 않는 방법이라는 것을 본능적으로 알게 된 것이다. 우리 또한 청소년기에 그런 경험을 했지만, 갈수록 그런 경향은 심화되고 있는 것 같다.

아이들을 정말 사랑한다는 것은 사랑을 몸소 실천하는 교사가 되는 것일 텐데, 그렇게 되려면 상담하는 법을 배워야 한다. 또 교사가 왜곡된 가치관과 상처에서 자유로워야 한다.

내가 만난 학생들은 소수를 제외하고 학교 상담에 관해서 부정적인 경험을 더 많이 털어놨다. 이것은 내게 조금은 충격적이었다. 그 아이들에게 '상담'은 실제로 어색한 단어였을 뿐만 아니라 상담을 성적에 대한 칭찬이나 비난, 학교 선택을 위한 조언 정도로 기억하고 있었다. 이것은 상담의 본래 의미인 '교사와 함께 대화하며 구체적인 삶의 기술을 배우고 익히는 교육 경험'이 결여되어 있다는 뜻으로 해석할 수도 있다. 학생들의 기억 속에 상담실은 학생부장 선생님에게 혼이 나거나 징계를 받는 장소였고, 상담은 두렵거나 부담스러운 일로 남아 있었다. 오직 상담실로 불려가지 않는 것이 최선이라고 생각했다는 것이다. 문제아로 불리는 학생들만 자주 상담실을 드나들었는데, 그 아이들이 그곳에서 어떤 일을 겪었는지는 별로 아는 바가 없다고 했다.

왜 이런 일이 생기는 것일까? 상담은 '서로 대화를 나누며 삶의 문제들을 함께 풀어가는 행위'다. 그런데 학교에서는 이런 자연스러운 일이 낯설고 두려운 일이 되었다. 어떤 사람은 교사의 업무가 많기 때문에 학생들과 여유 있게 대화를 나눌 시간이 없다고도 말한다. 또 어떤 사람은 요즘 학생들은 이전하고는 달리 교사를 우습게 알기 때문에 더는 교사에게 어떤 조언도 구하지 않는다고 말한다. 또 요즘 아이들 문제는 너무도 심각한 상태라서 정신과 수준의 접근이 필요한데 자신은 그런 능력을 갖추지 못했기에 어쩔 수 없다고 말하기도 한다.

어찌 됐든 모두 쫓기듯 숨 가쁘게 살아가고 있는 학교에서 교사와 학생이 인간적인 유대를 가지고 진심으로 걱정하면서 필요한 정보를 아낌없이 주고받으며 따뜻한 마음을 나눈다는 것이 어디 쉬운 일이겠는가?

그런데도 몇몇 학생들은 여전히 아찔한 구원의 손길이던 상담에 대해

또렷이 기억하고 있었다. 그만큼 정서적으로나 지적으로 성장기에 있는 학생들에게 한 번의 상담은 결정적인 구실을 하는 것이다. 문제는 양이 아니라 질이다.

그렇다면 이것이 어떻게 가능할까? 어떻게 해야 교사와 학생이 진정으로 마음을 열 수 있을까? 어쩌면 학생들은 자기 자신도 잘 모르는 속마음을 몸짓이나 표정으로, 툭툭 내뱉는 거친 언어로, 마치 어떤 암호처럼 이야기하고 있는지도 모른다. 그런데 어른들은 아이들의 언어를 해독하지 못한다. 아이들에게 상처를 주고 있는 혹독한 현실에 대해서, 아이들을 눈물짓게 하는 슬픈 현실에 대해서, 아이들의 방황에 대해서 교사들은 아이들의 암호를 읽어내지 못하는 것 같다.

모든 대화는 어느 한편의 일방적인 노력으로 되지는 않는다. 그러나 서로 존중하고 신뢰하고 깊이 바라보면서 공감이 되고 공명이 된다. 이해 못할 것도 없다. 여기에 무슨 이론이 필요한 것도 아니다. 다만 서로 다가가고 싶은 순수한 마음만으로도 충분하다. 교사라고 해서 학생이 놓인 모든 상황에 개입할 수 있는 것도 아니고 모든 일에 해결책이나 대안을 제시할수도 없다. 때로는 침묵으로, 때로는 한마디의 위로하는 말로, 때로는 손을 잡아주면서 아이들의 마음을 보듬을 수 있을 것이다. 아이들이 닥친 냉혹한 현실 속에 함께 있겠다고 무언의 약속을 할 수 있으면 되는 것이다. 우리에게 정작 필요한 것은 해결책을 제시해야 한다는 강박관념에서 자유로워지는 것일지 모른다. 이때 비로소 교사와 학생은 그냥 친구가 될 수 있고, 거기서 아이들은 잃어버린 삶의 둥지를 되찾게 될 것이다.

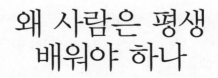

왜 사람은 평생
배워야 하나

이 장은 '평생교육의 기초'를 배우는 시간에 학생들이 쓴 글이다. 평생교육이란, 교육이라는 단어 앞에 '평생'이라는 접두어를 붙임으로써 기존의 파편화되고 왜곡된 교육 개념을 다시 원형으로, 본질로 회귀시키려고 하는 것이다. 데이브[R.H. Dave]는 "오래된 생각의 새로운 의미 발견"이라고 말하면서 평생교육이 교육 본질로 회귀하는 것과 관련된 교육적 이상임을 강조한 바 있다(이해경 외,《교육학의 이해 — 평생학습자를 위한》, 학지사, 2007).

평생교육이나 평생학습은 더는 학교교육이나 사회교육의 동의어가 아니라 이 모든 것을 총체적으로 포괄하는, 생애 전 주기에 걸친 교육과 학습으로 이해된다. 다시 말해서 학습은 배우는 사람이 주체가 되는 활동으로, 평생을 거쳐 저마다 필요와 관심에 따라 시간과 공간의 제약을 넘나들며 자유롭게 배우며 성장할 수 있다는 뜻이다. 요람에서 무덤까지 이어지는 배움, 이것은 학교교육이 끝난 뒤 지역사회나 직장에서도 계속되며 사실상 죽는 그 순간까지도 계속되는 과정이다. 누구나 어디서나 언제나 각자 관심에 따라, 각자 속도에 따라 선택적으로 배울 수 있다. 여기서는 교육의 의무보다는 학습의 권리가 강조된다. 또 교육의 내용보다는 학습하는 방법을 배우는 것이 더 중요한 과제가 된다. 그렇다면 왜 사람은 평생 배워야 할까? 만일 배움을 멈춘다면 어떤 일이 일어날까? 이 물음에 대한 학생들의 생각을 들어보자.

선생님은 이미
평생학습자였다

　　　　　　　나는 수녀회에서 설립한 사립 중·고등학교에 다녔
다. 가톨릭 재단에서 운영을 해 호화스러운 사립학교 이미지하고는 정반대
인 곳이고, 여느 학교와 똑같이 입시 위주 교육을 한 곳이지만 '체벌 없는
학교'로 유명했다.

　고등학교 1학년 첫 불어 시간. 불어 선생님은 손수 여러 가지 물건을 그
린 그림들을 갖고 들어왔다. 아이들의 호기심을 자극하는 그 그림들로 불
어 단어를 알려주고, 인사 방법을 가르쳐주었다. 같은 외국어인데도 불어
시간과 영어 시간은 너무 달랐다. 불어 시간에는 테이프에 녹음된 원어민
발음이나 상송을 듣고 유럽의 여러 나라를 여행한 선생님의 경험을 들으
며 상황별로 필요한 불어 회화를 배운 반면, 영어 시간은 교과서 지문을
한 줄 한 줄 해석하고 어쩌다 나오는 영시는 대충 읽어보고 넘어가는 식이
었다.

　나는 고등학교 1학년 때 처음 나라 밖에 대한 호기심이 생겼다. 불어 선
생님은 불어를 똑 부러지게 가르쳐주는 것은 물론 지긋지긋한 일상 너머
에 더 넓은 세상이 있다는 것을 알려주었다.

　그리고 같은 내용을 놓고도 강조점이 달랐다. 음악 선생님은 베토벤의
작품 이름과 작품 번호를 연결하는 문제를 냈지만, 불어 선생님은 베토벤
같은 유명한 음악가의 이름 정도는 정확하게 쓸 줄 알아야 한다고 가르쳐
주었다.

불어 선생님은 '어쩔 수 없는 현실'을 탓하며 '죽은 지식'을 밀어 넣는 선생님들하고는 달랐다. 불어 선생님은 2~3학년 담임이기도 했다. 물론 그 시절에는 그게 좋은 일인 줄 잘 몰랐다. 결혼 적령기를 훨씬 넘긴 것 같은데 결혼도 안 한 선생님은 온통 아이들 생각만 하는 것 같았다. 아이들은 그런 선생님이 '대단하다'고 생각하면서도 한편으로는 '지긋지긋해' 하기도 했다.

세월이 흘러 고등학교를 졸업하고 대학에 들어갔고 직장생활을 했다. 좋은 대학, 좋은 직장에 들어간 게 모두 내가 열심히 한 덕분에 주어진 감사한 결과라고 생각했지만, 지금 돌아보면 모두 선생님의 영향 덕분이었다. 고등학교 시절, 겁 많고 적당히 만족하려는 내게 선생님은 좀더 높이 뛰어보자고, 그러면 더 많은 기회가 펼쳐진다고 부추겼다. 선생님이 곁에서 그러지 않았다면, 나는 되도록 눈에 띄지 않으면서 있는 듯 없는 듯 침묵하는 다수가 되었을 것이다.

그런 선생님한테 시련이 찾아왔다. 학급당 인원이 줄어들고 수업 시간이 늘고 불어에 대한 수요가 줄어들자 불어 담당 교사들이 일본어와 중국어로 과목을 바꿔야 하는 상황이 온 것이다. 선생님은 그때 처음 교단을 떠나야겠다고 생각했단다. 그러나 결국 선생님은 힘든 길을 택했다. 교육대학원에 진학해 중국어를 배우기 시작한 것이다. 선생님은 학교를 휴직하고 교환학생에 지원했고, 대학원을 무사히 마친 뒤에는 방송대학 중문과 수업까지 들었다. 교육대학원 5학기 다닌 것으로 아이들을 가르쳐서는 안 된다고 판단한 것이다.

선생님이 방송대학에 다닐 때 만난 적이 있다. 선생님은 공부가 정말 재미있다며, 방송대학 교재도 온라인 강의도 아주 훌륭하다고 했다. 거의 매일 중국 방송을 보고, 주말에는 중국 학생한테 개인교습도 받고 있었다.

선생님은 처음에 중국어를 맡아 달라는 얘기를 들었을 때는 절망스러웠지만 지금은 그게 기회고 행운이었다고 얘기했다.

며칠 전 스승의 날을 앞두고 선생님을 찾아갔다. 교육대학원과 방송대학에서 중국어를 공부했으니 '정통'을 중히 여기는 우리 학계 분위기상 선생님은 '별종'에 가까운데도 현재 한 대학의 학부와 교육대학원에서 강의를 맡고 있었다. 그러는 중에도 선생님의 중국어 공부는 계속되고 있었다. 그런데 중국어만 공부하는 게 아니었다.

"얼마 전 아이들 중간고사 기간에 도서관에서 중국 가옥 구조에 관한 책을 잔뜩 찾아 읽었는데 얼마나 행복했는지 몰라. 나한테 이렇게 공부할 시간이 있고, 또 공부할 것이 있다는 게 새삼 행복하더구나. 중국을 몇 번이나 여행하면서 좀 답답했거든. 중국의 가옥이며 정원이 참 아름다운데 그게 우리와 어떻게 다르고, 어떤 기법이 숨어 있는지 누가 말해주는 사람이 있어야지. 그러다 한 가이드한테 '차경'에 관한 설명을 듣고는 무릎을 쳤잖아. 중국 졸정원에 가보면 정원에서 한참 떨어진 곳에 높은 탑이 있는데, 그게 연못에 비치거든. 멀리 있는 경치를 빌려와 정원의 일부가 되게 하는 중국 사람들의 지혜가 놀랍지 않니?"

나도 몇 번 중국을 여행했지만 '우리와 비슷하네', '우리와 다르네' 정도의 감상 수준을 벗어나지 못했다. '아는 만큼 보인다'는 말이 맞다. 그리고 내가 아는 우리 선생님의 생활은 '아는 만큼 보인다'를 실천하는 삶이다. 더 나아가 선생님은 '아는 만큼 보인다, 가르치는 한 공부를 멈춰서는 안 된다'고 생각한다.

고등학교 때 선생님은 교무실에서는 좀 외로워 보였다. 여자 선생님들끼리 양호실에 모여 수다를 떨 때 선생님은 교실을 한 번 더 들러보거나 학생들과 상담을 했다. 점심시간에는 학교 곁에 있는 수녀원에 가서 외국인 수녀님과 담소를 나누는 것으로 영어 회화 감각을 유지했다. 시험 기간에도 시험 감독이 끝나기 무섭게 대학 도서관으로 달려가니 그럴 수밖에. 수다가 길어지니 선생님은 교무실에서 다른 선생님들과 돈독하지 못하다는 얘기도 털어놓았다. 나는 주저 없이 웃으며 말했다.

"선생님은 워낙에 바쁘시잖아요."

"그치? 그런데 나는 왜 그렇게 바쁠까? 나는 학교 다닐 때도 늘 그렇게 바빴던 것 같아."

"선생님은 계속 공부하시니까요. 선생님은 아직 공부를 끝내지 않았고, 어디까지 끝내야 한다는 한계를 짓지도 않으셨잖아요."

선생님은 아무 얘기도 안 하고 웃었다.

"나는 자기가 배우지 않고는 가르칠 수 없다고 생각해. 가르치는 한 배움을 멈춰선 안 되는 거 아니니?"

선생님은 내게 교과서 밖 세상을 처음 알려준 분이고, 공부에는 정해진 한계나 시기가 없음을 알려준 분이기도 하다.

아는 만큼 보이는 게 당연하고, 아는 한에서 생각하기에 사람은 편파적일 수밖에 없다. 판단의 근거를 넓혀 편파성을 줄이려면 평생 공부하는 수밖에 없다. 지식을 달달 외우는 것만이 공부가 아니라 알려고 하는 것, 생각하려고 하는 것 자체가 공부의 시작이고, 평생 공부하기로 마음먹는 것 자체가 자신의 부족함을 인정하는 것이다. 그렇게 한다면 섣불리 내가 맞다고, 내가 생각하는 게 정답이라고 우기는 오류는 피할 수 있을 것이다. 내가 아는 가장 똑똑한 사람인 선생님은, 내가 아는 가장 당당한 사람이면서 동시에 겸손한 사람이다. 선생님이 그럴 수 있는 건 평생학습의 중요성을 알고 있기 때문이다.

얘기가 통하는
외할아버지

현재의 내 모습은 거의 모두 교육의 힘이라고 할 수 있을 정도로 배움은 나를 성장하게 하고 변화시키는 강력한 힘이다. 인간은 불완전한 존재로 학습은 당연히 필요하며, 특히 급변하는 사회에서는 더욱 중요하다. 인간은 한 시대와 사회를 사는 동물로서 그 시대상과 사회상을 학습하지 않으면 안 된다. 기술이 발달하면서 '놀라운 신제품'은 이제 '필수품'이 되어 가고 있으며, 사람들은 소비자로서 현명한 선택과 판단을 하기 위해, 그리고 제품을 쓸 수 있는 능력을 갖추기 위해 학습이 필요하다.

직업 정신을 발휘하는 것 또한 사회의 변화와 무관하지 않고 기술도 계속 발전하므로, 직업 영역에서도 지속적인 학습이 필요하다. 직업을 잘 수행하려면 전문성을 갖추어야 하는데, 이것은 전문 지식뿐만 아니라 그 직업을 통해서 사회에 미칠 파장과 사람들과 나누는 상호작용 등이 포함되기 때문이다.

또 의학의 발전으로 평균수명이 늘어나면서 직업을 가질 수 있는 기간은 점점 길어진다. 나이가 들어서도 이전하고는 다른 직업과 다른 방식으로 살게 될 수도 있는데, 이것은 지속적인 학습을 통해서 가능하다.

그러나 이렇게 사회의 변화에 맞추는 데만 지속적인 학습이 필요할까? 만약 학습이 살아남기 위해서 지식을 배우는 것만을 의미한다면 평생 배우는 것은 지루한 일이 될 수도 있다. 그러나 인간은 학습만으로도 즐거움을 느낄 수 있으며, 오히려 학습을 할 때 배우고 싶은 열망이 생기게 된다. 즉 학습 자체가 인간에게는 배움의 목적이 될 수 있으며, 즐거움의 대상이 될 수 있다. 인간은 불완전한 존재라 계속 배우기를 원한다. 고민이 있거나 어떤 문제를 해결해야 할 때 깊이 생각을 해보기도 하고, 어른들한테 조언을 구해보기도 하고, 책을 읽으면서 답을 얻어내려고 한다. 또 새로운 사실을 알게 되었을 때 희열을 느끼기도 한다. 즉 학습은 그 자체로 가치가 있으며 누구나 '즐길 수 있는 대상'이 될 수 있는 것이다.

그러나 이렇게 학습을 즐기는 것은 누구나 가능한 일이지만, 이것이 변질되거나 학습의 주체로서 구실을 제대로 수행하지 못했을 경우에 평생학습은 필수가 아니라 단지 필요의 대상이 될 수도 있다. 앞서 언급했듯이 평생학습은 급변하는 사회 속에서 반드시 필요하다. 시대에 뒤처지지 않는다는 것을 보여주는 데 그치지 않고 자신이 주체가 되어서 필요한 것을 즐겁게 학습할 때 평생학습이 가능할 것이며, 구식이 되어버린 생각과 지식까지도 빛이 나게 할 수 있을 것이다.

일흔여섯 살인 외할아버지는 운전과 영어도 할 줄 아시고, 컴퓨터로 특허를 위한 발명품 도안도 그리시고, 휴대전화 문자도 주고받으신다. 나는 외할아버지와 대화하는 시간을 무척 좋아한다. 외할아버지는 옛날 생각에 젖어 있는 분이 아니라, 오히려 옛날 생각들로 지혜를 만드는 분이기 때문이다.

외할아버지는 우리를 만날 때마다 새로운 화제를 말씀하시는데, 할아버지의 인생에서 나온 지혜와 경험은 문제를 바라보는 시각을 더 깊고 넓게 해준다. 외할아버지는 늘 일방적으로 말씀하는 것이 아니라 내 얘기를 먼저 들으신 뒤, 낯설고 새로운 관점이어도 적극 받아들이고 격려해주신다. 만약 할아버지가 옛날 생각에만 머물러 계시고, 현재의 것들을 받아들이지 않고 배우지도 않는 분이라면 재미있는 대화는 할 수 없었을 것이다.

대학교에 입학했을 때 할아버지가 《공부의 즐거움》이라는 책을 선물로 주셨다. 공부가 얼마나 즐겁고 흥미로운 것인지 할아버지와 얘기를 나눈 적이 있다. 할아버지는 학습, 배움의 즐거움을 아는 분이다.

앞서 말했듯이 기술과 직업이 급변하며 수명이 연장되고 있는 지금, 경험에서 나온 가치관과 인생관, 통찰력은 큰 가치가 될 수 있을 것이다. 또 이것이 화석화되는 것이 아니라 새로운 시대의 상황과 어울린다면 더 생생한 지식이 될 수 있다. 현대사회에서 학습의 즐거움을 아는 지속적인 학습은 사회적 동물인 인간한테 필수 요인이며, 경험이라는 값진 지식을 더욱 가치 있는 것으로 만들 수 있다. 나도 평생 즐겁게 학습하며 나이가 든 뒤에도 손자, 손녀들과 지혜와 지식을 나눌 수 있는 멋진 어른이 되고 싶다.

예순 넘은 어르신과
중국어를 배우다

　　　　　　　　　몇 년 전 중국어 학원에 다닌 적이 있는데, 새벽반이
다 보니 학생보다 직장인이 더 많았다. 그때 예순 살이 넘은 어르신 한 분
도 같이 듣고 있었는데, 어느 날 그 분이 중국어를 배우게 된 이유를 얘기
해주었다.

　어르신은 돈을 버느라 젊은 시절 부모와 교류가 거의 없었는데, 능력껏
돈을 벌고 난 뒤 어느 날 문득 돌아보니 아버지는 돌아가시고 여든 살 넘
은 노모는 치매에 걸려 같이 살고 싶어도 살 수 없었다고 한다. 그 어르신
은 자기 노모처럼 되지 않으려고 이 나이에도 중국어를 배우러 나온다고
했다. 더불어 대학생인 나한테 살아보니 돈을 버는 것보다 '가르치는 일이
가장 가치 있더라. 그러니 무슨 일을 하더라도 남에게 자기 지식을 나누어
줄 수 있는 여유를 갖고 살라'고 조언해주었다.

　그렇게 중국어를 배우고 6개월 간 중국 연수를 가게 되었다. 호텔을 운
영하는 부유한 조선족 가정에서 하숙을 하게 됐는데, 부모 모두 대학을 나
왔는데도 집에는 그 흔한 신문, 잡지, 책 한 권이 없었다. 그분들은 내가 왜
굳이 중국까지 건너와서 고생을 해가며 다른 나라 언어를 배워야 하는지,
매일 새벽에 일어나 늦게까지 읽고 쓰고 말하기를 반복하는지 이해하지 못
했다. 오히려 왜 그렇게 조급하게 사냐고, 한국 사람들은 다 그렇게 사냐
고 반문했다. 그 사람들이 하는 일은 더 맛있는 것을 먹고, 더 비싼 것을
입고, 더 좋은 것을 타고, 더 많은 돈을 벌기 위한 것이 다였다.

이 두 가지 일은 20대 중반을 넘어서는 과정에서 동시에 겪은 일이다. 그 전까지 배우는 것은 돈을 벌기 위한 수단이고, 살아가는 것은 그 돈을 쓰는 과정이라는 생각을 하고 있었다. 하지만 시간이 흐르고 돈을 벌다 보니 삶에서 가장 중요한 것은 '자아존중감self-esteem'이었다. 자신이 존중받고 인정받고 있다는 느낌은, 삶을 주도하고 그것 때문에 만족감을 느끼며 행복하게 살 수 있는 삶의 원동력이 된다. 하지만 이 자아존중감은 어느 날 갑자기 얻어지는 것이 아니다. 내가 나 자신을 제대로 알 수 있을 때 비로소 느끼게 되는 것이다. 그러므로 나를 잘 알려면 평생 끊임없이 나에 대해 공부해야 한다. 그래야 남을 존중할 수 있고 사람들이 나를 존중해줄 수 있다.

원래 하고 싶은 일은 따로 있지만 그것을 마음 깊은 곳에 미뤄두고 다른 공부를 해야 하는 것은 괴로운 일이다. 하지만 궁극적 삶의 목표를 성취하기 위해서, 지금 이 순간은 내가 하고 싶은 일을 하기 위한 하나의 과정이라 생각한다. 학사-석사-박사가 목적이 아니라 평생 보고 듣는 것으로 더 온전한 나를 만들기 위해 끊임없이 공부해야 하는 것이다. 나도 다른 사람과 비교되는 삶을 살았더라면 이 자리에 있지 못했을 것이다. 적당한 직장을 찾아 적당한 일을 하다 적당히 돈을 벌고 적당한 나이에 결혼을 하고 아이를 낳았을 것이다. 인간이 평생 계속 배워야 하는 이유는 나를 더 잘 알고, 그렇게 쌓인 지적 능력을 다른 사람과 사회를 위해 쓰기 위한 것이라고 생각한다.

하지만 지금의 학생들은 초등학교 입학 전부터 입시에 찌들어 자신이 뭘 원하는지 생각할 시간이 없다. 단지 돈을 많이 벌 직업을 가지려고 교육을 받는다는 것이 자연스럽다. 그 학생들한테 교육은 연봉을 올리고 스카우트를 받기 위한 과정에 지나지 않는다. 그런 학생들은 노후는 물질적으로 풍요롭겠지만 과연 삶과 자연에 대해 어떤 가치를 두며 살게 될지 걱정이다. 나는 부모에게 충분한 사랑을 받지 못하는 아이들과 정부 보조로 학원에 다니는 아이들을 가르치고 싶다.

교육의 사전적 의미는 인간의 가치를 높이는 행위나 과정이라고 한다. 하지만 여러 가지 중요한 가치 중 우리의 교육은 물질적 가치에만 치중되어 있다. 주관적 의미의 교육은 여러 가지 교육과정을 통해 내가 가진 것을 나눌 수 있는 사람이 되는 것이다. 단순히 나만의 가치를 높이려는 이기적인 생각이 물질만능주의 사회를 만든 것이다. 내 것을 온전히 남에게 나눌 수 있는 사람이 참된 교육을 받은 사람이다. 그렇게 하려면 나를 알고 또 남을 알려고 끊임없이 노력해야 한다. 인간으로 태어난 이상 나만을 위한 지식은 필요 없다. 아무리 대단한 지식이라도 활용되지 않으면 그것은 곧 없는 지식, 죽은 지식과 마찬가지다. 나이가 들면서 좁아지는 생각의 폭을 조금이나마 넓힐 수 있도록 끊임없이 배움으로써 내 가치를 발견하고 발달시키는 것, 그것이 인간이 평생학습을 해야 하는 이유다.

시험이 끝난 뒤에도
삶은 계속된다

프랑스로 어학연수를 다녀온 친구를 만나 1년 동안 무엇이 가장 좋았는지 물어봤다. 그러자 어디서나 손쉽게 들을 수 있는 철학·인문학 강좌라는 대답이 나왔다. 그리고 그 강좌에서 본 할머니 이야기를 해줬다. 한국으로 치면 시청 같은 곳에서 개설한 철학 강좌에 늘 참석하던 할머니가 있었다고 한다. 그 할머니는 자기 옷 중에서 가장 좋은 옷을 골라 입고 와서 빛나는 눈빛으로 수업을 듣고 수업이 끝난 뒤에는 촉촉이 젖은 눈가를 닦았다고 한다. 그 할머니의 배움에 대한 열정은 아마도 삶을 향한 열망과 같은 것이 아니었을까?

한국의 교육 현실에서 학습은 마치 고등학교 3학년까지만 해야 하는 것으로 규정되는 것 같다. 우리가 아이들에게 가르치는 것이 바로 그것이기 때문이다. 대학을 목표 지점으로 달리라고 가르치고 그 경기만이 인생에서 가장 중요한 일인 것처럼 얘기한다. 시험이 끝난 뒤의 삶은 아무도 얘기하지 않는다. 시험이 끝난 뒤에도 삶은 계속되고, 그 삶은 고통과 좌절의 연속인데, 그것을 무엇으로 버텨내고 견뎌내야 하는지 아무도 배우지 않는다. 그래서 우리는 길을 잃고 방향도 모른 채 고속열차를 타고 끊임없이 달리는 인생을 산다.

인생은 결국 완성되지 않을 답안을 향해 걸어가는 것이라는 점에서 나는 평생학습의 필요성을 얘기하고 싶다. 우리가 인생을 끝내지 않고 계속 사는 이유는 '저마다 원하는 방향대로 행복해지고 싶어서'일 것이다.

그리고 우리는 사는 동안 끊임없이 변한다. 삶은 변화의 과정 전체를 이야기하는 것이다. 변화는 늘 새로움을 동반하고 우리는 그 새로움을 외면할 수 없다. 새로움에 적응하고 익숙해질 때 다시 우리의 인생을 변화의 방향으로 이끌 새로움을 만나게 된다. 이때 우리는 배움을 통해 새로움을 받아들일 수 있고, 또 다시 배움을 통해 새로운 무엇과 만날 수도 있게 된다. 삶은 변화의 과정이며 동시에 배움의 과정이 되어야 한다.

배움을 통해 우리는 살아 있음을 느낄 수 있다. 남들이 하고 있는 일을 하고 있는 것만으로, 혹은 돈을 벌고 있는 것만으로, 아침에 눈을 뜨는 것만으로 살아 있다고 얘기할 수 있을까? 자신의 생을 치열하게 고민하고 자존감을 느끼지 않는다면 그것은 살고 있다고 말할 수 없다. 뉴욕에서 노숙자들과 빈민층을 위한 인문학 강좌인 클레멘트 코스가 열렸을 때 어느 누구도 그 강좌에 동의하지 않았다. 그 사람들의 삶은 고상한 인문학 강좌하고는 동떨어진 것이라고 생각했기 때문이다. 당장 먹을 것과 집이 없는 사람들에게 필요한 것은 그런 종류의 배움은 아니라고 여겼지만 그 코스를 거친 수많은 사람들은 자신에게 필요한 것은 음식이나 집이 아니라 바로 삶에 대한 희망이라고 이야기했다. 그 사람들은 배움을 통해 희망을 보았고 다시 자신의 삶을 살아가기 시작했다.

그러나 살아가는 일이 쉽지 않은 것처럼 평생 지속적으로 배움을 향해 열려 있는 것도 쉽지 않다. 그 끝을 알 수 없어 두렵고, 두려움과 불안은 우리가 용기를 내 삶의 새로움과 변화를 향해 걷는 것을 막아선다. '두려움과 배움은 함께 춤출 수 없다.' 자신이 원하는 방향으로 행복하게 살고 싶은 사람은 두려움을 내려두고 삶을 배움의 과정으로 받아들이고 살아가야 한다.

평생학습과 지속적 자기 성장은 지금 우리 사회가 마주친 화두다. 개인의 성장은 지역사회와 국가, 인류사회의 성장·발전과 직결되므로 앞으로 이런 논의는 계속될 것이다. 평화, 환경, 다문화 등은 인류사회의 현재 그리고 미래에 더욱 절실해진 평생교육의 과제가 되고 있다.

그 동안 지식교육에 치중한 학교교육에서 이런 삶의 문제들은 도외시되었을 뿐 아니라 일상생활의 소중함도 폄하된 것이 사실이다. 현상학과 해석학의 견해를 지지하는 교육자들은 교육이 오래 전부터 인간의 일상적이고 상식적인 삶의 세계를 존중하고 여기에 깊은 관심을 기울여야 한다고 충고해왔다. 그런데도 학교교육에서는 문자화된 지식교육에만 열을 올리고 있다. 탈맥락화된 문자 지식은 인간의 일상적 삶의 맥락과 간극이 생기게 되고, 학생들은 배움에 흥미와 의미를 갖기 어렵다.

평생교육에서는 형식화된 교육보다 학습자의 일상생활 속으로 침투된 지식이나 학습자의 구체적인 삶의 문제를 해결할 수 있는 지식을 강조한다. 그래서 학습자의 인격적 성장과 삶의 질에 직접 영향을 미치는 주체적·자기 변혁적 학습이 강조된다. 평생학습은 자기주도적 학습을 지지하며 학습자와 교사가 동등한 처지에서 서로 문제를 제기할 수 있고 각각 견해를 펼 수 있다. 수평적이면서도 열려 있는 개방적 학습과정은 문제를 공유하고 함께 새로운 통찰력을 얻어감으로써 지식의 확장을 넘어서 자기 성장의 새로운 동력이 된다.

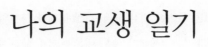

나의 교생 일기

교사를 지망하는 학생들이 4주간 교생실습을 하고 나서 쓴 글들이다. 실습 기간에 학교 수업은 따로 없다. 실습을 마치고 나면 예비교사들은 대부분 어린 학생들에 대한 애정, 교육 현실에 대한 문제의식과 통찰력이 훌쩍 성장한다. 또 교실에서 배운 이론Theory과 학교 현장이라는 실제Practice 사이의 간극이 크다는 사실도 발견한다. 수업을 직접 참관하고 또 시연할 기회가 생기기 때문에 이전에 학생 처지에서 '저 선생 왜 저래?' 하며 까칠하게 비판만 하던 학생도 교사의 처지에 서보고 나서는 아주 많이 달라진 태도를 보인다. 그리고 럭비공처럼 어디로 튈지 모르는 아이들을 데리고 수업을 진행한다는 것이 얼마나 어려운 것인지 직접 몸으로 체험하게 된다. 이런 저런 경험을 하는 동안 자신이 정말 교직에 적합한지 아닌지 좀더 구체적으로 가늠하게 되는 것이다.

여기에는 4주의 경험을 통해서 얻게 된 아이들만의 발견, 생각, 느낌, 각오, 실망, 현실 비판이 실려 있다. 짧은 기간 낯선 외부인의 시선으로, 학생들 속에 깊숙이 들어가 체험해본 내부인의 시선으로, 학교 현실과 학생들의 모습, 교사들의 일상, 학교장, 학교 조직의 성격과 문화를 직접 목격한 내용들이다. 과연 학생들의 눈에 비친 학교 현실은 어땠을까? 이제 갓 깨어난 햇병아리의 눈으로 학교라는 세상을 보았다. 때로는 우리를 화나게 하고 슬프게 하고, 때로는 울게도 하고 웃게도 하는 그 솔직한 눈, 그 아이들의 눈에 비친 우리들의 자화상을 들여다보자.

오해가 이해로
바뀐 교생실습

교생을 하기 전에 나는 교사나 교생에 대한 큰 기대가 없었다. 학창 시절 만난 교생 선생님에 관한 기억은 아주 단편적이다. 교생 선생님들은 하나같이 상냥하고 학생들에게 잘 해주는 것처럼 보였고, 헤어질 때는 내가 서럽게 울어주기까지 했는데, 끝나고 나면 다시 얼굴 볼 일도 없었다. 교생 선생님을 만나려고 친구들과 대학교까지 찾아갔는데 선생님은 나타나지 않았다. 실습 기간에 교실에 마련된 책상에 앉아 거울을 보며 기름종이로 얼굴을 찍어 내고 있던 여자 선생님의 모습, 중학생인 나한테 '나 몇 살처럼 보여?'라고 장난스럽게 물어본 뒤 내가 정직하게 대답하자 실망하던 모습이 생각난다. 아무래도 어린 시절은 이상하고 강한 기억만 남으니까. 그때 나는 그런 모습으로 비치는 선생님은 되지 말자고 다짐했다.

아이들에 대해서도 마찬가지였다. 나는 낯선 사람한테 먼저 친하게 구는 성격이 아니다. 상대방이 먼저 다가오는 것을 바라고, 만약 다가오지 않는다면 모르는 척 지내는 편이다. 상대가 나보다 어린 사람이라고 해도 다르지 않았다.

나는 그저 '응, 응' 하는 선생님이 되자고 다짐했다. 그리고 우리는 헤어질 때 눈물 흘릴 일은 없을 거라고 생각했다. 나도 좋은 선생님이 못 될 테고, 학생들과 그다지 친하게 지내지 않을 테니까.

그런 마음으로 실습이 시작됐고, 그저 학생들을 모아놓고 가르치는 것이 교사라고 '오해하던' 상태에서 예비교사로 한 달을 살게 되었다. 첫 날 출근하면서 가장 걱정한 것은 수십 명이나 되는 교생들 틈바구니에서 견뎌내야 한다는 사실과 막상 같이 밥 먹을 사람도 없다는 사실이었다.

두 얼굴의 교장 선생님과 부장 선생님

부장 선생님은 일 처리를 잘 해주고, 우리 편의도 잘 봐주는 분이다. 하지만 나는 실습도 하기 전에 부장 선생님한테 실망을 했다. 교생 신청 기간에 부장 선생님 전화를 받은 적이 있다. 선생님은 나만 자기 소개서가 빠졌다며 '아, 그럼 ○○○ 학생만 결재를 못 받는데 어떻게 해요!'라고 빽 소리를 질렀다. 선생님의 바쁜 일과를 지금은 이해하지만 그때는 유쾌하지 않았다. 상대에 대한 배려는 찾아볼 수 없었기 때문이다.

교장 선생님은 실습 처음에 여러 가지 좋은 말씀을 해줬지만, 실습이 끝나고 교생들과 내린 결론은 이 분이 '말만 번드르르한 사람'이라는 것이다. 교장 선생님은 늘 자기가 먼저 인사를 한다며 모두 먼저 인사부터 하자고 했고, 칠판을 등지고 옆에서 써야 왼쪽 앞의 학생까지 눈에 들어올 수 있다며 분필 잡는 법도 알려주고, 자신이 지도한 학생이 이과에서 수능 수석을 했을 때 같이 찍은 기념사진까지 보여줬다.

하지만 우리는 교장 선생님이 먼저 인사하는 모습도, 자신이 얘기한 만큼 겸손한 모습도 본 적이 없다. 게다가 실습이 끝날 때는, 교생들을 위해 중학교에 다목적실을 만들어줬는데 그곳에 신발장이 부족하다는 얘기를 강조해서 우리를 어안이 벙벙하게 만들었다. 그렇게 해서 학교에 새 물품을 들여오는 것이 학교의 발전이고 교장 선생님이 할 일일 수는 있지만, 그래도 교생을 '봉'으로 생각하는 것은 아직도 이해할 수가 없다.

많이 격려해준 선생님들

실습을 나간 학교는 모교라서 은사님들을 많이 만나게 되었다. 나는 선생님들이 나를 기억 못 할 거라고 생각해서 처음에는 먼저 찾아뵙지 않았다. 그러다 중학교 때 친하게 지낸 S선생님한테 찾아가 인사를 했더니 '너 왜 이제 와!' 하는 반가운 호통을 들었다. 다른 선생님들도 나를 금방 알아보셔서 깜짝 놀랐다.

내가 맡게 된 우리 반의 담임선생님은 자기 반에 별로 관심이 없어 보였다. 그리고 교생이 무엇을 하든지 신경을 안 썼다. '종례하십시오, 아침 자율학습 시간에 지도하십시오'라는 말도 안 했다. 우리 반은 학생들이 '우리 반은 한 번도 조용하다는 말을 들어본 적이 없어요'라고 말할 정도로 시끄럽고 활발한 반이었다. 교생들끼리 담임선생님이 관심을 갖지 않아서 그런 것 같다고 짐작했는데, 우리 추측은 보기 좋게 빗나갔다.

선생님은 학생들을 혼낼 때는 아주 엄했지만, 그 밖에는 아이들을 자유롭게 풀어주며 '힘의 줄다리기'를 하고 있었다. 우리 반 아이들은 정말 개성이 강했다. 선생님은 '많이 눌러서' 이 정도라면서, 이렇게 활발하고 뒤끝 없고 개성 강한 아이들은 처음 맡아본다고 얘기해주었다.

선생님이 마음만 먹으면 아이들을 힘으로 제압해 얌전한 학생들로 만들 수 있었을 것이고, 그러는 편이 가르치고 지도하는 데 편했을지도 모른다. 하지만 선생님의 배려로 아이들은 나쁜 길로 빠지지는 않되 마음껏 개성을 키워가는 것 같았다. 나는 이 점이 아주 마음에 들었다.

선생님은 교생들한테도 마찬가지였다. 우리가 마음대로 하도록 내버려두었지만 잘못이 있거나 마음에 걸리는 점이 있으면 허심탄회하게 얘기해주었고, 우리 의견에도 적극 귀 기울여주었다.

S선생님은 나를 지나치게 아껴주는 것이 '문제'였다. 실습 일지나 지도안

도 다른 교생보다 먼저 내고 더 잘 쓰기를 바랐고, 그렇게 하지 못하면 호통을 치고 이것저것 지적을 해줘서 아주 혼쭐이 났다.

담임선생님한테 반 아이들과 소통하는 법, 우리가 해야 할 일에 대한 지도를 받았다면, 교과 담당 선생님한테는 선생님이 지녀야 할 마음을 글과 수업을 통해서 배울 수 있었다. 선생님의 생물 수업은 아이들과 대화하는 방식으로 진행됐는데, 이것은 내가 실제 수업을 할 때 참고가 됐다. 두 분의 가르침 중 어느 한쪽이 더 낫거나 가볍다고 할 수 없을 정도로, 나는 두 분한테 많은 것을 배울 수 있었다.

체험학습에 관한 공개 설문조사

그러나 실습 기간 중 잘못된 점이라고 느낀 부분도 있었다. 체험학습을 다녀온 뒤 아이들은 체험학습에 관한 설문조사에 답을 써서 제출한다. 아이들 소감을 듣고 체험학습의 내용과 시설을 보강할 때 필요한 자료 같았다. 아마도 위에 보고도 하는 것 같았다.

담임선생님은 학생들에게 설문지를 한 장씩 나눠주고 최대한 긍정적으로 작성하라고 했다. 그러면서 "내가 보기엔 이번 체험학습이 지금까지 간 곳 중에서 가장 시설도 좋고 밥도 맛있더라"라는 얘기를 덧붙였다. 부정적으로 쓰면 다음부터는 체험학습이 없어질지도 모르니 계속 가고 싶으면 긍정적으로 쓰라고 강조했다.

왜 그렇게 긍정적으로 적으라고 했는지 이해가 되지 않았다. 학생들의 의견을 묻는 조사인데 솔직하게 쓰라고 해야 하지 않을까? 물론 장난스러운 답변도 나올 수 있고 정말 부정적으로 쓰는 학생이 있을 수도 있다. 하지만 그렇게까지 꼭 긍정적인 답변을 유도해야 하는 걸까?

이렇게 설문조사를 한 뒤 선생님은 하나씩 질문을 해보면서 손을 들어

보라고 했다. 그러다가 부정적인 답이 나오면 "왜? 선생님은 좋았는데?"라는 얘기를 해서 의도적으로 주눅이 들게 하고 손을 내리게 했다. 안 좋았다는 답을 '보통'으로 바꾸기도 했다.

이렇게 학생들의 개인적인 생각이 공개되고, 윗사람 뜻대로 사실을 왜곡하는 것을 본 뒤 학교 안에서 이런 방식으로 학생들의 의견이 무시를 당한다는 생각이 들었다. 바로 이런 모습이 교육사회학에서 말하는 '학교가 사회 계급 구조를 재생산한다'*는 이론과 서로 통하는지 생각도 해보았다. 만약 불가피한 사정에 따라 긍정적인 설문 자료가 필요했다면 교사들끼리 그렇게 서류를 꾸미는 한이 있더라도 아이들하고는 좀더 진솔한 대화를 나누어보고 나중에 구체적으로 참고한다면 더 좋지 않았을까? 거짓 자료를 꾸미려고 아이들을 거짓말쟁이로 동원할 필요까지 있을까?

능동적이고 생각이 깊은 아이들

일단 선생님이 되고 보니 나도 지금까지 봐온 선생님과 다를 바가 없었다. 선생님들은 무조건 학생들에게 시키고 학생의 자율성에 관심이 없는 것처럼 보였다. 그런데 나도 마찬가지였다.

처음 청소지도를 하러 들어갔을 때 무엇을 어떻게 해야 할지 모르는 상황에서 먼저 든 생각은 '청소 구역 검사를 하고 청소 안 하는 애들은 시켜야 돼'였다. 그 뒤에도 '시킨다'나 '~하게 만들어야 한다'는 마음으로 아이

● 보울스(S. Bowles)와 긴티스(H. Gintis)의 재생산 이론에서 제기된 문제. 기존의 자본주의 체제에서 학교교육은 경제적 모순을 은폐하고, 불평등한 구조를 존속·유지·심화하여 지배계급을 정당화하는 도구적 기관의 구실을 한다는 것이다. 다시 말해서 학교교육은 경제적·사회적 불평등을 정당화함으로써 지배계급(권력자)의 위치를 재생산하는 기능을 맡는다. 따라서 학교 체제가 사회적 불평등 해소를 위해 변화될 가능성은 없으며 설혹 그것이 가능하다 하더라도 사회적 모순을 타개할 정도의 근본적 변화는 기대할 수 없다고 보았다.

들을 대하는 느낌이 들 때마다 나한테 실망스러웠다.

나는 그렇게 당황하고 있었지만 아이들은 나는 아랑곳하지 않고 유유히 청소를 했다. 교생들만 끼리끼리 모여 '뭘 시켜야 해요? 뭘 해야 하죠?'라는 고민을 나눌 뿐이었다. 아이들은 느리고 중간에 놀기도 했지만 청소를 다 끝냈고, 청소부장에게 청소를 다 했다고 알려주기도 했다. 왜 누가 시키지 않으면 자기 일을 못 할 거라고 생각했을까?

아이들은 함께 지내는 동안 솔직하게 여러 얘기를 했다. 중학교 1학년이 어린 줄 알았는데, 같이 대화를 하고 차분하게 논리적으로 얘기하면 잘 이해해주었다. 4주 동안 아이들과 지낸 시간이 많지 않았지만 헤어질 때 받은 편지들을 읽어보니 나와 생각하는 것이 비슷했다. 조금 철이 없을 뿐이지 나와 생각하는 수준이 같고, 자기 의견을 솔직하게 말할 줄 아는 건강한 아이들이었다.

내가 생물을 가르친 학년은 2학년과 3학년이었다. 1학년은 선생님을 잘 따라서 귀여웠는데, 2학년은 한창 사춘기라 그런지 귀엽고 예쁘기는 했지만 조금 공격적이었다. 3학년은 교생이 수업하는 것이 마음에 안 들었는지 별로 호응도 없고, 대체로 소극적이고 불량한 태도였다.

3학년 1반에 수업을 들어갔을 때였다. 그 반은 선생님들 사이에서 분위기가 좋지 않기로 소문이 난 반이었다. 긴장을 하면서 수업에 들어갔는데 확실히 다른 반보다 자세도 나쁘고 어수선했다. 지난 수업을 복습하려고 번호를 지정해서 부르자 아이들은 웃고 그 학생은 욕을 하며 자리에서 일어났다. "대답하기 싫니?"라고 묻자 아이가 고개를 끄덕거렸다. "그럼 앉아"라고 말하고 계속 수업을 진행했는데 반 분위기가 싸늘해졌다. 수업을 마친 뒤 그 학생에게 다가가 미안하다고 얘기하고 왜 그랬는지 물어보았다. 아이는 내가 갑자기 시켜 당황했다고 대답했다. 얘기를 나눠보니 착하고 괜찮은 학생이었다. 다만 그 아이한테 그런 욕설은 일상일 뿐이었다.

반항적인 아이든 그렇지 않은 아이든 학생들은 주도적으로 생각하고, 누가 시켜서 하는 것이 아니라 자기 생각대로 움직이고 싶어했다.

부진아 이름을 달고 다니는 학생들

아이들은 대부분 공부에 대한 고민을 안고 있다. 공부를 못 하는 아이들이 와서 고민을 털어놓으면 나는 공부 못 해도 얼마든지 장점이 많다고 칭찬을 해주지만 아이들 표정은 밝아지지 않았다. 그 중에는 가정이 불우한 아이들이 생각보다 많았다. 편모·편부 가정이거나, 부모님 모두 안 계시거나, 암에 걸린 어머니가 있는 학생도 있었다. 왕따로 고생하다가 중학교에 올라온 학생도 있었고, 부모님들이 인격적으로 아이들을 돌보기에 부적합한 경우도 있었다. 아이들은 나한테서 해답과 위로를 얻으려고 했지만, 내가 해줄 수 있는 게 별로 없었다. 중학교 1학년이 벌써부터 그런 고민을 안고 사는 것이 안쓰럽고 충격적이었다. 내가 어떤 얘기를 해도 아이들은 깊은 걱정의 그늘에서 벗어날 수 없을 것 같았다.

실습을 시작할 때 연구교육부장 선생님은 각 반에서 성적이 뒤처지는 학생에게 자기 담당 과목을 가르쳐주라고 당부했다. 담임선생님은 명단 속에서 부진 학생들의 이름을 손가락으로 짚어주었다. 그렇게 만난 아이가 B였다. B는 성격이 내성적이고 몸이 유난히 작아 왕따일 수도 있겠다는 느낌을 주었다. 하지만 이야기를 할 때면 눈이 반짝거리고, 내게 무슨 말이든 해주려는 의지가 엿보였다.

B의 학습 태도와 공부를 어느 정도 하는지 알기 위해 B가 풀고 있는 과학 문제집을 봤다. 문제집에는 온통 문제 풀이한 내용과 동그라미, 삼각형이 그려져 있었다. B는 모든 과목을 집에서 혼자 공부한다고 하면서 자

기는 답을 잘 쓴 것 같은데 늘 틀린다고 얘기했다. B는 강제로 학원 수업을 받으며 공부하는 아이들보다 훨씬 나았다. B는 내가 가르쳐주는 어려운 개념들과 외우기 힘든 것들을 잘 이해했다. 부담될까봐 외우지 말고 잊어버리라고 했지만 B는 쉽게 이해했다. 이런 학생을 부진 학생이라고 하다니? 나는 B를 격려해주었다. B는 아빠한테 혼나지 않으려고 공부를 잘 하고 싶단다.

성적 이야기가 나오면 힘들어 하고, 부진 학생이라고 낙인찍히듯 모여 보충학습을 받는 학생들이 무척 불쌍했다. 그 아이들에게는 모두 장점이 있다. G는 내 리본을 멋지게 묶어줘 고마웠다. T는 나서서 열심히 청소를 했고, K와 J는 선생님들 사이에서 위험 인물(자라면서 탈선할 가능성이 있는 학생)로 지적받았지만 활발한 성격으로 주변을 기분 좋게 해주었다. 나한테 써준 편지에는 나를 '공주샘'이라고 부르며 따르는 모습이 아주 사랑스러웠다. 하다못해 특징이 없는 학생들도 마냥 예뻤다.

교사들이 성적을 걱정하는 것은 당연하다. 앞으로 그 학생들의 미래가 달린 문제니까. 하지만 중학교 1학년에게 지나치게 무거운 부담을 주는 것은 옳지 않다. 모든 아이들은 아무런 조건 붙이지 말고 충분히 사랑받아야 한다. 아이들은 그것을 간절히 원하고 있었다.

나의 모습, 나의 생각

교생실습은 내가 하는 것이다. 그러므로 다른 사람을 관찰하고 경험을 쌓는 것도 중요하지만 가장 중요한 것은 실습을 하면서 내가 어떻게 바뀌었나 하는 점이다.

먼저 뜬구름 같던 교사의 이미지가 조금은 구체화되었다. 실습을 나가기 전까지 교사는 아이들을 모아놓고 가르치는 사람이고, 경력이 높아질 수록 높은 호봉에, 방학 때 쉴 수 있는 편한 직장에 다니는 사람이라고 생각했다. 그러나 고작 4주를 겪었을 뿐인데도 교사는 아주 힘들고 여러 인간관계 속에서 허덕이는 어려운 직업임을 알았다.

또 내가 의외로 아이들을 좋아하고, 아이들에게 연민이 있다는 것을 알게 되었다. 나는 내가 정말로 아이들을 귀찮아할 줄 알았다. 만약 아이들이 아무것도 모르고 다른 사람을 괴롭히는 존재라면 그랬을 것이다. 하지만 실제로 학생들은 나만큼이나 논리적이고 사랑스러워서 예뻐하지 않을 수 없었다. 어른들이 만들어놓은 '성적과 성공'이라는 구렁텅이에 아이들을 빠뜨리고 싶지 않았다. 하지만 공부를 하는 처지에서 나도 그 구렁텅이의 실체를 정확히 알 수 없고, 집단적으로 불안감이 팽배한 시대에 '너만은 꿋꿋이 살라'고 말하기도 어려워 무척 안타까웠다. 아이들은 정말 놀라운 존재였다. 물론 이 아이들 때문에 속상한 날도 있을 것이다. 하지만 어른이 만든 덫은 아이들에게 너무도 가혹하다.

냉정할 것만 같던 나도 아이들과 지내면서 결국 눈물을 흘렸다. 아이들의 딱한 사정을 들으면서 눈물이 났고, 헤어지는 날에는 아이들 한 명 한 명에게 더 잘 해주지 못한 것이 미안해 눈물이 흘렀다. 내가 울자 아이들도 덩달아 같이 울었다. 나를 스쳐간 교생 선생님들도 이런 심정으로 눈물을 흘렸을까? 그렇다면 나는 지금까지 그 분들을 아주 많이 오해하고 있던 것 아닌가?

실습이 끝났지만 내 겉모습은 가기 전과 많이 달라지지 않았다. 나는 여전히 다른 사람한테 잘 다가가지 못하는 사람이다. 하지만 마음 속은 아이들이 준 사랑과 내가 아이들을 향해 키운 사랑으로 가득하다. 어느 새 나도 어른이다. 이 아이들을 한 번에 구해내는 구세주가 될 수는 없겠지만 '아이들과 교육에 무감각하거나 무관심한 어른 집단'이 아닌 '아이들과 교육을 진심으로 사랑하고 관심을 갖는, 그래서 건강한 아이들을 길러내고 싶어하는 어른의 집단'에 속하고 싶다.

아이들의 얼굴에 웃음이 가득한 세상이 정말 아름다운 세상이다. 그 아이들이 자라서 어른이 되면 어른들의 얼굴에도 웃음이 가득할 것이고, 온 세상에 행복이 가득한, 진심으로 우리가 원하는 건강한 세계가 될 것이다.

교사가 되지 않기로
결심한 교생실습

　　　　　　　　　　장담할 수는 없지만 나는 교사가 되지 않으려고 한다. 교생실습을 가기 전에도 그런 생각을 했지만 다녀온 뒤에 더 확실해졌다.

한 달이 지났다. 교생 신분에서 벗어난 것이 실감나고, 그만큼 멀리 도망쳐 왔다는 생각에 안도감도 든다. 학생들과 담임선생님이 마련해준 송별의 자리는 천국과 지옥을 오가는 시간이었다. 마지막 인사를 앞두고 나를 잘 따르던 학생에게 이끌려 교실에 들어서던 그 순간을 떠올리면 아직도 부끄럽다.

아직도 학교는 통제의 현장이다. 다양한 아이들을 같은 시간, 같은 장소에 '안전하게' 모아두려니 통제가 최선의 방법이 될 수밖에 없다. 문제는 이 아이들이 학교 밖에서도 안전하게 지내는 것은 아니라는 점이고, 학교를 졸업했을 때 건강하고 밝은 사회인이 된다는 보장도 없다는 점이다.

학교에서 통제는 언제나 전제가 되는 원리다. 통제가 되어야만 비로소 교과교육이 시작된다. 물론 유능한 교사들은 덜 지루한 방법으로 아이들의 시선과 생각을 사로잡으며 수업을 이끌어간다. 그러나 결국 그 선생님들도 아이들에게 자유를 줄 수는 없다. 그것이 생각하는 자유든, 말하는 자유든, 행동하는 자유든. 아이들에게 자유는 허용되지 않는다.

내 담당 과목은 도덕으로, 아이들한테 시민사회와 시민의 자질을 가르쳤다. 그 사실이 얼마나 우스운지 모른다. 인간의 존엄성을 입에 올렸고, 시민사회는 민주사회이자 다원사회라고 가르쳤다. 그러나 학교는 시민을 길러내고 있지 않다. 그것이 교사들의 잘못은 아니다. 교사들이 자유로운 시민이 아니기 때문이다. 교사들도 보이지 않는 국가 권력의 힘없는 신하일 뿐이다. 그런 사실은 누구나 뼈저리게 느낄 수 있는 성질의 것이 아니어서 어쩌면 더 안타까웠는지도 모르겠다. 답답했다.

돌려서 말할 필요가 없는 것 같다. 나는 자신이 없다. 내가 자유를 아직 맛보지 못했는데 어떻게 아이들에게 자유를 보여줄 수 있겠는가. 교과서는 대학교를 졸업한 사람이라면 누구나 가르칠 수 있는 정도의 지식을 담고 있을 뿐이다. 교과서 밖의 삶을 가르칠 자유를 맘껏 누리는 교사를 만났더라면 내 태도가 지금하고는 달랐을지도 모른다. 그러나 나는 그런 교사를 지금까지 단 한 번도 만나보지 못했다.

학교 현장에서 직접 만난 교사들은 결코 무능하지 않았다. 나이든 교사들도 컴퓨터 사용에 능숙해서 업무 처리에 문제가 없었고, 수업에서 다양한 매체를 활용하면서 많은 노력을 하고 있었다. 변화하는 교사의 직무에 어려움을 느끼는 교사들도 일부 있겠지만, 적어도 내가 지켜본 교사들은 대부분 유능했다.

학교 선생님들한테는 배울 게 없다고 생각하는 사람들은 교생처럼 학교에서 직접 교사를 지켜보길 바란다. 교사들이 무기력하다고 말하는 사람들이 나처럼 학교에서 직접 교사들의 삶을 느껴보길 바란다. 선생님들이 꿈꾸던 교육과 학생지도가 어떻게 무너져가는지…….

학교에는 다양한 배경과 성격, 꿈을 가진 학생들이 뒤섞여 있다. 아이들의 다양성을 인정하지 않고 하나로 묶어 똑같은 과목을 똑같은 시간에 배우도록 강요하는 교육 문화, 내가 교사가 되지 않기로 결심한 이유는 바로 그것이다. 나는 진짜 자유를 누려보고 싶다. 내가 참된 자유인으로 거듭나 아이들 앞에 떳떳할 수 있을 때가 되어야만 참된 교사가 될 수 있을 것이다. 그러나 아직은 아니다.

무서운 학생들,
성의 없는 교사들

나는 모교인 중학교로 실습을 나갔다. 내가 다닐 때부터 문제가 많은 학교였는데 오랜만에 가보니 더 나빠진 것 같아 마음이 아팠다. 이렇게 분위기가 계속 나빠지는 것은 여러 이유가 있을 것이다. 학생들이 사춘기의 반항심을 '쿨' 하다고 생각하면서 생각 없이 선배들을 따라 하는 경향도 있고, 최근 2년간 교장 선생님이 학생들의 자율성을 강조하면서 생활지도가 '엉망'이 된 측면도 있는 것 같다.

우리 학교는 도심 외곽에 있어 교통과 기타 편의시설 등 환경이 낙후되어 있고, 신도심 거주자보다 경제 수준이 낮고 학교 선호도도 낮은 편에 속한다. 학생들의 학력 수준도 낮고, 상·하위 그룹 간 학력 격차가 심하다. 또 기초생활보호 대상 학생이 한 반에 서너 명 정도로 비교적 많다. 금품 갈취, 폭행, 가출, 등교 거부 등의 문제도 많은 곳이다.

학부모들도 전반적으로 학력 수준이 낮고 자녀교육에 대한 관심도가 낮아 교육 문화와 환경에 대한 공감대 형성이 힘들다. 가정 형편이 어려워 사교육에 큰 부담을 느끼고 자녀의 적성과 진로지도에 대한 의식이 희박하다. 이런 이유 때문에 대학 진학보다는 실업계 고등학교에 가서 취업을 하려는 학생들이 많다. 교사들은 신도심에 사는 사람들이 많고, 이 학교 근무를 좋아하지 않으며, 평균 연령도 낮아서 생활지도와 인성지도에 어려움을 많이 느낀다. 또 기초 학습 수준이 낮은 아이들을 가르치는 데 어려움을 겪고 있다. 게다가 운동장은 아주 작고, 모든 시설이 열악해 지금 시설 개선을 추진하는 중이다.

철없는 1학년, 적극적인 2학년, 어려운 3학년

1학년은 입학한 지 얼마 되지 않아 아직 초등학생 같다. 여러 가지 장난에 몰두하고 종이 울려도 다른 반에서 계속 놀고 있는 경우도 많다. 발표학습이나 조별학습처럼 스스로 참여해야 하는 수업에는 적극적이지 않았고, 벌써부터 공부에 흥미가 없는 학생도 한 반에 한두 명은 꼭 있었다.

2학년은 아주 활기차고 적극적이다. 수업과 학습에 적극적으로 참여하며 궁금한 점을 질문하는 경우도 많다. 하지만 전체적으로 분위기가 떠 있어서 수업 집중도가 낮고 도입에서 전개로 넘어가는 데 걸리는 시간이 너무 길다. 반 아이들 35명 중 네다섯 명 정도는 학습 의욕이 너무 낮고, 자는 아이도 한두 명 있었다.

3학년은 수업을 참관 못 해 잘 모르지만, 3학년 수업을 하고 나오면 모두 교사의 진로를 다시 생각해보게 된다고 한다. 가끔 학교 곳곳에서 마주치는 3학년을 보면 학습지도는 물론 생활지도에 어려움이 많을 거라는 생각이 들긴 한다.

너무 다른 도덕 선생님들

학교에는 젊은 여자 교사가 많다. 또 기간제 교사도 다섯 명이나 있어 전체적인 분위기는 개인적인 성향이 강하다. 사명감으로 학생들을 지도하는 것보다 '자발성'이라는 미명 아래 무관심으로 방치하는 경우도 있었다. 전반적으로 학습지도에만 신경을 쓰고 생활지도에는 신경을 안 쓰는 교사도 많이 있었다.

도덕 선생님은 두 명이었는데, 수업 방식이 많이 달랐다. 도덕1 선생님은 1학년과 3학년 앞쪽 반을 담당하고, 도덕2 선생님은 2학년과 3학년 뒤쪽 반을 담당했다. 도덕1 선생님은 교과서를 거의 사용하지 않고 조별학습, 학습활동, 발표식 수업, 토론학습 등 학습자 중심으로 수업을 이끌어가는 반면 도덕2 선생님은 교과서를 중심으로 수업을 했다. 그러나 도덕1 선생님은 교과서의 일부만 다루는 경우가 많아 고등학교 입시 준비를 하는 3학년한테는 환영받지 못했고, 도덕2 선생님은 호평을 받고 있었다. 그리고 도덕1 선생님 수업은 방식은 능동적이지만 조용한 분위기에서 교사의 지시에 따라 수동적으로 수업이 진행됐고, 도덕2 선생님 수업은 발표나 질의응답이 자유롭게 이루어져 교사와 학습자 간의 상호작용이 활발했지만 주의가 산만해 보이기도 했다.

교무실 풍경

우리 학교는 학생들 복장 문제가 심각하다. 아이들은 교복 치마를 미니스커트처럼 줄여 입고 다녔다. 이 문제로 교무실에서는 토론이 벌어지곤 했다. 어떤 교사는 학생들의 자발성을 강조하면서 방임을 하기도 했고, '자기들이 안 고치겠다는데 어쩌겠어요? 스스로 고치도록 해야죠. 내 학교도 아니고, 이미지 나빠지면 자기들 손해지, 하하', '확실히 애들이 말라서 그런지 고치니까 예쁘기는 하다'는 식의 얘기를 하는 교사도 있었다.

올해 새로 부임한 신임 교장은 학생들의 생활지도에 문제가 많은데도 교사들이 무관심한 모습을 보이자 안타까워했다. '정말 그만두고 싶습니다. 어서 이곳을 떠나고 싶습니다'라는 얘기를 하는 경우가 많아 고충이 많다는 생각이 들면서도 정말 포기하면 어쩌나 하는 걱정도 들었다. 교장은 생활지도에 신경을 많이 썼으며, 학교 환경을 개선하려고 두 가지 캠페인을 벌이고 있었다. 용의 단정히 하기, 쓰레기는 쓰레기통에 버리기.

교무실은 대부분 조용했다. 교사들은 업무가 많아서 저마다 일하느라 바빴다. 대부분 수업 연구보다는 쏟아지는 잡무를 처리하는 데 시간을 많이 쏟았다. 기간제 교사들은 업무 시간 말고는 임용고사를 준비하는 경우가 많아 안타깝기도 하고 교사의 구실을 다 하고 있는지 의문이 들기도 했다.

무서운 학생들

1학년들은 대부분 착하고 순진했다. 2학년이 되면서 문제 학생의 비행도 심각해지고, 3학년이 되면 반에서 열 명 정도는 공부는 아예 뒷전으로 밀어놓고 반 분위기도 나빠져서 상위권 학생들도 전국 기준으로는 낮은 수준이다.

우리 학교는 '일진 문화'가 뿌리 깊게 자리잡고 있어서 2학년 학생들이 1~2학년한테 금품을 빼앗아 3학년 일진한테 상납하는 경우가 자주 있다고 한다. 3학년 일진은 이것을 모아 어떤 사람에게 다시 상납하는 것 같은데 아직 밝혀지지는 않았다고 한다. 1학년들은 선배들 눈에 띄는 것이 두려워 명찰을 달지 않거나 일부를 스티커로 가리고, 심지어 바꿔 차는 경우도 있었다.

선생님들은 이런 문제를 해결하려고 매주 월요일에 쪽지 상담으로 금품 갈취와 학교 폭력에 대한 조사를 하고 있었는데, 학생들 대부분 보복이 두려워 털어놓지 않는다고 한다. 돈을 뺏긴 사실을 나한테 털어놓은 학생이 있었는데, 그 아이도 누가 그랬는지 밝히지는 않았다.

또 어떤 학생이 다른 학교 학생 것도 빼앗아 그 학교에서 전화가 온 일도 있었다. 한 교사가 이런 문제를 해결하려고 아이들에게 체벌을 했다가 고발을 당하기도 했다. 이 사건 뒤로는 교사들 사이에서 일진 문제에 수동적으로 조치하는 분위기가 확산되는 것 같았다.

식은땀이 흐르는 수업

나는 교생 기간에 1학년과 2학년 수업에 들어갔는데, 교사의 능력과 끊임없는 노력이 얼마나 중요한지 절실히 깨달았다.

교사의 능력은 정말 중요하다. 실습 기간에 실제로 수업을 한 열두 학급 중 어떤 반도 비슷한 반은 없었으며, 서로 다른 분위기에서 다양한 반응을 보였다. 똑같은 질문에 정말 기발한 대답부터 아예 묵묵부답인 반까지 다양해 교수-학습 지도안만 믿고 첫 수업을 들어갔다가 수업 내내 식은땀을 흘렸다. 역동적인 수업 환경에서는 주요 학습 내용은 놓치지 않으면서도 수업은 원활하게 하는 교사의 능력이 반드시 필요한 것 같다.

교사의 끊임없는 연구와 노력도 중요하다. 국사는 생소한 내용도 많고, 외워야 하는 것도 많아서 학생들이 쉽게 포기하는 과목 중 하나다. 그래서 사회과 교생들은 학생들의 흥미를 끌려고 학습 내용을 뉴스로 재구성, 현대화해서 수업을 진행했다. 처음 참관을 들어갔을 때는 뉴스를 발표하는 아나운서나 앵커를 제외하고는 수업에 참여하지 않았지만 수업이 진행되면서 많은 학생들이 참여하는 모습을 볼 수 있었다. 심지어 공부를 포기한 것으로 유명한 학생마저도 적극적으로 참여했다. 교사의 끊임없는 연구와 노력의 중요성을 증명해주는 좋은 경험이었다.

손목을 그은 학생

실습을 하루 남겨둔 날, 학생 한 명이 면도칼로 손목을 그은 일이 있었다. 첫 날 수업을 들어갈 때부터 친근하게 다가오고 연구수업 때도 적극적으로 참여해 개인적인 친분이 있던 학생이어서 정말 많이 놀랐다.

청소지도를 하려고 교실로 올라갔는데 화장실에 아이들이 너무 많이 모여 있어서 다가갔다. 그곳은 손목을 붙잡고 울고 있는 아이와 "어떡해, 어떡해"를 외치는 아이들로 정신이 없었다. 처음에는 상황 파악을 못 하고 "뭐야! 어서 청소해야지!"라고 외치며 다가갔는데, 원망스럽게 나를 쳐다보던 그 눈을 잊을 수가 없다.

다행히 상처가 깊지 않아 학생을 보건실에 데려가 치료를 한 뒤 교생실에서 아이를 진정시키며 상담을 하게 됐는데 갑작스러운 상황에 어떻게 대처해야 할지 몰라 정말 공황 상태였다. 상담과 생활지도 시간에 배운 여러 가지 상담 기법은 아무것도 생각나지 않고 머릿속에는 '까악! 어떻게 해!'라는 생각밖에 나지 않았다. 가슴은 쿵쾅거리고 입은 떨어지지 않고 적막 속에서 학생의 흐느낌 소리만 있던 그때가 아직도 생생하다.

지금도 그때 내가 그 아이에게 무슨 말을 했는지 생각이 잘 나지 않는다. 상담과 생활지도 시간에 배운 유일한 상담 기법인 '피상담자가 이야기를 할 수 있도록 하고 들어주기만 해도 효과가 있다'는 것만 생각하며 아이 얘기를 그저 듣기만 한 것 같다. 이 사건을 자살 미수라고 할 수 있을지 없을지, 정말 심각한 문제인지, 가볍게 지나가도 괜찮은 문제인지 지금도 혼란스럽다. 실습이 끝나기 하루 전에 일어난 일이라서 학생과 진지하게 얘기도 못 하고 끝나서 내내 마음에 걸린다.

교사는 기대의 예술가,
칭찬의 마술사

내가 실습을 나간 학교는 원래 실업계만 있다가 인문계를 만들면서 종합고등학교가 된 학교다. 장학금 제도도 많고, 선생님들이 학생 개개인을 잘 챙겨 지도한다는 소문에 그 지역에서 우수한 학생이 많이 모여드는 학교다. 인문계와 실업계는 거의 다른 학교처럼 분리되어 있으며 체력장과 학교 축제 말고는 교류가 전혀 없었다. 내년부터는 실업계와 인문계의 교복까지 구별한다고 한다.

원래 이 지역은 농업이 주요 산업이기 때문에 시가지가 크지 않지만 학교는 개방적이고 활기차다. 아이들을 먼저 생각하고 이해하려는 교장 선생님 덕분에 선생님들도 강압적인 지도보다 학생들을 이해하고 상담으로 지도하려고 노력하는 분위기다.

또 이 지역은 교육 환경이 열악해 학교가 모든 교육적 요구를 충족시켜 줘야 하기 때문에 교사들의 노력이 남다르다. 교사들은 아침 일곱시 삼십분부터 밤 열한시 삼십분까지 학교에 머문다. 학생들은 인문계를 위해 학교에서 만든 독서실에서 성적대로 앉아 열한시 삼십분까지 의무적으로 자율학습을 했다.

내 담당 반은 2학년이었다. 2학년들은 아주 밝고 활기찼다. 대신 다른 학년들보다 면학 분위기가 좋지 않아 선생님들이 고민을 많이 했다. 우리 반 담임선생님도 아이들을 억누르면서 공부하는 분위기를 잡으려고 노력하고 있었다. 아이들은 담임선생님이 너무 잔소리가 많다고 불평을 했고,

선생님은 고2답지 않게 아이들이 '실망스러운 부분이 많다'고 했다. 그래서 나름대로 잔소리처럼 안 들리게 노력하면서 아이들과 고쳐야 할 점을 얘기해봤다. 아이들이 내 얘기를 들어줄지는 모르지만 학생과 교사가 서로 다른 생각을 하면서 뭉치지 못하는 것 같아 안타까웠다.

교무실은 몇 개로 나뉘어 있었다. 보통과 교무실은 학생들이 자주 드나들고 상담도 많이 있었고, 선생님들끼리 같은 고민과 목표를 나누고 있어서 그런지는 몰라도 관계가 돈독했다. 보통과 부장 선생님은 학생들에게 욕심이 많아서 선생님들을 격려하고 좋은 결과를 낼 수 있게 늘 회의를 하고 어려운 점이 없는지 살폈다. 그리고 한 학생에 대해 선생님들끼리 많은 이야기를 나누고 무엇이 문제인지, 어떤 점을 고치기를 바라는지 고민하는 점이 흥미로웠다. 사실 이렇게 아이들 한 명 한 명한테 신경을 써주기가 쉽지 않은데 학생 한 명을 교사 한 명이 아니라 보통과 전체 선생님들이 다 담당한다는 느낌이 들 정도로 모두 열심이었다.

학교에서 가장 큰 종합 교무실은 교감 선생님과 비담임 선생님들이 있는 곳이라 다른 층 교무실보다는 드나드는 학생들이 적고 분위기도 조용하다. 담임선생님들한테는 담임 업무 말고는 다른 일을 맡기지 않는 게 교장 선생님 방침이어서, 종합 교무실은 늘 결재 서류도 많이 쌓여 있고, 선생님들도 문서 작업으로 분주했다.

이 학교 문화는 교사가 아니라 학생들이 만들어간다는 느낌이 강했다. 학생들 스스로 '자유를 누리는 대신 지켜야 할 것은 지키는 사람이 되자'고 생각하고 있었다. 교장 선생님도 이런 문화를 만들어가는 데 앞장서고 있고 교사들도 마찬가지였다.

실습 기간 중에 학교 축제가 있었는데, 학생회가 모든 것을 기획하고 추진했다. 축제 참가자들도 자기가 하고 싶으면 저마다 준비하면 되는 것이고, 사회자도 학생들 중 지원자를 받아 구성했다. 워낙 자유롭고 학생들에게 믿고 맡기는 분위기라서 학생회는 학교와 '싸우는' 일은 하지 않고, 무엇이 문제이며, 지켜야 할 규칙이 무엇인지 아이들끼리 토론해서 정했다.

욕심을 버리고 쉽고 재미있게

실습 기간에 실제 수업은 다섯 번을 해봤고, 마지막 날 수업은 연구수업으로 진행했다. 고등학교라 고3과 실업계 반은 과학 수업을 안 해서 보통과 2학년 위주로 수업을 했다. 첫 수업은 2학년 이과반이었는데 너무 떨리고 정해진 범위를 다 나가야겠다는 욕심에 기대만큼 못 한 것 같아서 아쉬웠다. 생각보다 아이들이 화학을 잘 모르고 흥미도 없는 것 같아 다음 수업 준비가 고민이 됐다. 더 쉽고 재미있게 가르쳐야겠다는 생각이 들어 그렇게 준비를 해서 다음 날 2학년 인문반 수업을 들어갔더니 훨씬 호응이 좋았다.

아이들이 과목에 흥미가 없다면 그 문제부터 해결해야 하기 때문에 재미있는 실험이나 동영상 등으로 먼저 관심을 끌어야 한다는 것을 깨닫게 된 계기였다.

실험을 직접 할 수가 없어 동영상 실험으로 진도를 나갔는데, 아이들은 역시 동영상을 좋아했고 잘 받아들였다. 같은 진도라서 학습 지도안은 한 개를 짜서 다섯 번 수업을 했는데, 수업 경험이 쌓일수록 수업이 나아졌다.

그리고 마지막에 한 연구수업도 실험 동영상을 보면서 수업을 진행했다. 선생님들이 뒤에 있어서 그런지 아이들도 집중을 잘 했고, 질문에 정확하게 대답도 해줬다. 수업이 끝나고 선생님들이 영상 자료를 활용한 것과 아이들과 질문을 주고받으며 생동감 있게 수업한 것을 칭찬해주었다. 교장 선생님이 고등학교 수업은 경직되기 마련인데 재미있는 화학 수업 시간이었다고 얘기해줘서 정말 뿌듯했다. 그리고 무엇보다도 자신감을 쌓았다는 점이 연구수업을 통해 얻은 최고의 경험이다.

교사는 기대의 예술가, 칭찬의 마술사

피그말리온 효과란 인간의 기대가 실제에 영향을 미친다는 뜻이다. '교사의 기대효과 이론'*은 교수-학습과정을 더욱 체계적이고 전략적으로 구사하는 데 의미가 있다. 나는 실습을 통해서 이것을 실제로 경험했다.

실습 후반에는 모든 교생들이 수업을 하고 있어서 서로 수업에 관한 얘기를 많이 나눈다. 특히 이때 빼놓지 않고 하는 얘기가 수업 분위기다. 수업 분위기가 좋다는 반에 들어가는 교생은 얼굴이 밝고, 나쁜 반에 들어가는 교생은 염려하는 기색이 뚜렷했다.

나는 다른 교생들보다 먼저 수업을 시작했다. 금요일부터 수업을 해서 금요일 수업이 있는 반은 나하고 수업을 하는 시간이 좀더 많았다. 처음 수업을 한 날에는 그 반들에 대한 정보가 거의 없었다. 다만 학생들이 수업에 흥미를 보이고, 호응을 하면서 중요한 내용들을 잘 배우기를 바랄 뿐이었다. 비교 대상이 없는 만큼 나는 그 반들에게 기대를 많이 했고, 이것은 계속되는 관심과 칭찬으로 이어졌다. 끊임없이 물으면서 학생들이 어느 정도 이해하고 있는지 파악하는 한편, 학생들의 답에 흥겹게 칭찬으로 대응했다.

금요일에 수업이 있는 반 중에는 나중에 다른 교생들이 분위기가 나쁘다고 얘기한 A반과 B반이 있었다. A반과 B반의 평가가 나쁘다는 것은 의

---

* '기대효과 이론'이란 교육자가 심리적·감성적 암시(믿음, 기대, 예측 등)를 통해서 실제로 기대하는 효과를 거두게 되는 현상을 말한다. 피그말리온 효과 이론 외에도 플래시보 효과, 후광 효과, 자기충족적 예언 효과 등이 여기에 속한다.

외였다.

화요일에 B반에서 수업을 한 C교생은 뒤이어 있던 B반의 내 수업을 참관하고는 놀라워했다. 딴 데 보고 별 대답 없이 시큰둥하던 아이들이 어째서 한 시간 뒤에는 이렇게 활발히 대답하고 호응을 하는지 궁금해 했다. 서로 참관해주기로 하고 앞 시간에 C교생의 수업을 본 나는 그 차이를 알 수 있을 것 같았다.

우선 수업 언어가 달랐다. 나는 경어를 기본으로 사용했지만 아이 한 명 한 명에게 질문하고 칭찬할 때는 간간이 반말도 사용했다. 수업 내용과 관련이 없는 잡담은 하지 않았다. 그러나 C교생은 수업 시간 내내 반말을 썼다. 학교 매점에 관해 잡담을 하는 모습은 마치 과외 선생이나 친척 누나 같았다.

또 질문과 답에 대한 태도도 달랐다. 나는 질문을 하고 학생이 답을 못하면 힌트를 주어서라도 답을 기다렸다. 그러다 보면 답이 나오게 마련이었고, 나는 바로 칭찬을 퍼부었다. 만약 학생이 답을 몰라도 교과서를 보고 답을 얘기할 수 있고 그 과정을 통해 그 내용을 기억할 수 있다고 믿었다. 그래서 좀 오래 걸려도 기대를 버리지 않고 기다렸다. C교생도 학생들에게 간간이 질문을 던졌지만, 학생들 답을 기다리기보다 자기가 먼저 답을 얘기했다. 교단에서 카디건을 여며가면서 자문자답하는 모습은 학생들에게 별반 기대를 하고 있지 않으며 무료해하고 있다는 인상을 주었다.

마지막 주 금요일 수업에는 큰 기대를 하고 들어갔다. 가장 자주 만난 반인만큼 나한테 익숙해져 있을 것이고, 잘 따라올 거라는 생각이 들었다. 아이들은 계속 수업을 하면 안 되냐고 아쉬운 마음을 나타냈다. 목요일에 마지막 수업을 한 반들은 그런 반도 있고 아닌 반도 있었는데 금요일은 모든 반이 그런 반응을 보였다. 기쁘면서도 이별이라는 것이 너무 아쉬웠다.

반 분위기가 나쁘다고 지레 체념한 교생들에게는 달갑지 않은 반들이었을지 몰라도 나한테는 내가 기대한 만큼 잘 따라와준, 칭찬해 마땅한 즐거운 반들이었다.

교사의 기대가 학생에게 직접 영향을 줄 수 있다는 것은 우연의 일치라고 치부할 수도 있는 일이다. 그러나 그 기대가 학생에게 감지된다면 이야기는 달라진다. 교사가 기대만 갖고 내색은 안 한다고 해도 분명 어떠한 방식으로든 그 기대는 무의식중에 나타난다. 그리고 학생은 그 기대에 부응하려고, 또 그 기대에 힘입어 발전할 수 있다.

짧은 기간이었지만 칭찬과 기대의 힘을 믿으면서 생활한 결과 '칭찬은 고래를 춤추게 할 수 있다'는 데 동의하게 되었다. 그러면 칭찬은 학생도 춤추게 할 수 있을까? 당연하다. 고래가 춤추는데 인간은 더한 것도 할 수 있지 않겠는가? 교사는 기대의 예술가다. 학생한테 무한한 가능성을 보고, 그것을 위해 아낌없이 격려하고 칭찬하며 관심을 보여야 한다. 학생들은 그 기대를 실현할 수 있는 능력을 충분히 갖고 있다. 칭찬이 학생을 어떻게 만들지는 칭찬하는 사람이 기대하기 나름이다. 어쩌면 우주인이 되어 달로 날아갈 수도 있고, 해저 탐사 요원이 되어 바다 속을 탐험할 수도 있다. 그리고 그만큼 우리는 교육의 영향과 중요성을 깊이 생각해야 할 것이다.

전교생 55명
대안학교 교생이 되다

내가 실습을 나간 학교는 전교생이 55명뿐인 대안학교다. 이 학교는 산골에 아늑하게 안긴 작은 마을에 있다. 나는 한 달간 이 학교 기숙사에서 학생들과 함께 생활하며 실습을 했다.

두근거리는 마음으로 시작한 교생 첫 날, 그 소감은 아프도록 피곤하다는 것이다. 마침 학교에 감사가 있어 선생님들 모두 말도 못하게 바빴다. 개교 이래 처음이자 유일한 교생이라 정해진 교생 일정 따위는 없었다. 나는 바늘방석에 앉은 기분으로 오전 시간을 보냈다. 점심시간에 여러 선생님들에게 개별적으로 부탁한 결과, 몇몇 오후 수업을 참관할 수 있었다.

5~6교시는 창작활동 시간으로, 나는 생활용품 제작반에 들어갔다. 그곳에서는 아이들 여덟 명이 테디 베어를 만들고 있었다. '깍두기 일꾼'이라서 조금 심심했지만 수업 진행, 교사와 학생 간의 상호작용, 학생들끼리 협력하는 모습 등을 눈여겨 관찰하다 보니 두 시간은 금방 지나갔다.

7교시는 노작 시간으로, 학생들은 학교 뒷산에 있는 텃밭을 가꿨다. 모든 학생들한테는 작은 텃밭이 있었고, 소농장의 주인들은 열심히 자기 밭을 일구고 씨를 뿌렸다. 나는 서툰 삽질로 한 1학년 여학생의 배수로 공사를 도왔다. 온종일 무척이나 생소한 환경에서 신경을 곤두세우고 있었고, 거기다 연이은 삽질로 근육통까지 생겼으니 그 피로는 말로 다 못 했다. 결국 기숙사 개방 시간인 여섯시가 되자마자 내 자리로 가서 그대로 널브러졌다. 학생들은 일곱시에서 아홉시까지 야학 시간이라 조금 쉴 수가 있었다.

고작 하루를 보냈지만 나는 강한 회의가 들었다. 이곳은 교육의 장이라기보다는 치유의 성소 같았다. 상처 있고 이것저것 부족한 아이들을 자연 경관 수려한 곳에 모아놓고 집단 생활을 통해 치료와 재활을 하고 있는 것처럼 보였기 때문이다. 기숙사에서 생활하다 보면 이곳이 그저 버릇없는 아이들을 오냐오냐 보듬기만 하는 고슴도치 둥지로 보이기도 했다. 효과적이고 우호적인 학습 분위기를 만드는 것은 교사의 몫이다. 하지만 그 뒤 실제 교육과 학습은 누구의 몫인가? 이곳의 사제 관계는 내가 경험한 것 중에 가장 편하고 허물없으며 우호적이다. 하지만 이렇게 아이들의 버릇없고 역겨운 행동을 참고 덮어주는 것이 그 관계의 대부분을 구성하고 있으리라고는 생각해본 적이 없다. 이상적인 관계가 기반이지만 현실의 교육은 전혀 이상적이지 못하다.

또 상주하는 영양사 선생님이 균형 잡힌 유기농 식단을 제공하고 있는데, 아이들의 집중력 결여와 난폭함은 그다지 줄고 있거나 향상된 수준은 아닌 듯하다. 더할 나위 없이 완벽한 교육 조건 아래 생활하는 학생들의 이런 상태를 뭐라고 설명할 수 있을까? 그저 그 아이들이 과거에 결손과 상처를 경험했다는 것을 말할 수 있을 뿐이다.

성공적으로 끝난 처음 5일 간의 교생 가면극

내 판단이 틀리지 않다면 1주일간 내 교생 가면극은 성공이었다. 스스로 자기애만을 실천하며 살아왔고, 심각한 나르시스트로서, 교육의 두 축인 어머니와 학교 선생님한테 모두 상처받은 나는 필연적으로 일반적인 학교와 선생님에 대한 경미한 혐오증을 가지고 있다. 무엇보다도 나는 이 대안학교에서 아이들과 친해져야 했다. 온전한 해답이 없다면 그 아이들에게 다가가려는 간절한 노력이라도 해야만 나 자신에게 떳떳할 수 있을 것이다.

역설적이게도 이곳에서 최고로 교육적 혜택을 받고 있는 사람들은 학생들이 아닌 선생님들이다. 학생들을 상대하며 선생님들은 더욱 강해지고 성숙해지고 인격적으로 성장해간다. 굳어버린 공교육에 종사하는 교사들은 소진되고 이기적으로 변해간다. 역동적으로 변해가는 교육 실험장. 이곳에서는 교사들도 창조적이고 열정적으로 성장해간다. 학생에게 필요한 학교가 진짜 학교고, 학생에게 필요한 교사가 진짜 교사다. 이곳은 일단 진짜로 가득 차 있다.

그러나 나는 더는 연기도 할 수 없는 상황에 닥쳤다. 내 불안정한 감정과 정서 상태는 극심한 조울증으로 드러났다. 안정된 감성과 일관된 호의와 교육적 자세는 교육자에게 필요한 첫째 덕목임이 분명하다. 지금 이 글을 쓰고 있는 나는 여태껏 내가 알고 있던 내가 아니다. 밝고 이성적인 나는 이곳에 없다. 단지 말도 못하게 나약하고 부족한 한 여자가 위태롭게 휘청거리고 있을 뿐이다. 자기 확신의 힘이 위협받으니 그것을 기반으로 세워진 내 사고 체계와 행동이 모두 휘청거린다. 냉정하고 차분한 존재라는 전제 아래 세워진 가치관이 뒤뚱거린다. 무엇을 해야 할지 모르겠다. 어떻게 무엇을 고민하고 무슨 수로 나를 온전히 보전하고 키워 나가야 할까? 제발 나 자신에게 휘둘리는 일을 그만두고 싶다.

그곳에서 보낸 편지

선생님, 그 동안 안녕하셨는지요? 아는 만큼 보인다고, 교육적 지식이 비루하기 짝이 없는 저이기에 처음의 욕심처럼 많이 느끼고 생각하며 그곳에서 겪은 일을 제 것으로 만들지는 못했답니다. 너무나도 생경한 생활이었기에 실습보다는 참관에 집중했는데도 말입니다.

대안학교인 이곳은 정말 '교육 실험장'이라는 별명이 딱 어울리는 곳이더군요. 학생들의 학업 수준이 뛰어나지는 않지만 그것을 문제삼지 않는 자유로운 교육적 관점을 가진 학부모와 선생님들이 계시고, 다양한 체험 활동과 특기 개발 수업이 있지요. 많은 아이들이 악기를 다루고 그림을 그리며 저보다 훨씬 예술적이나 감성적으로 풍요로운 삶을 꾸리고 있는 것을 보고 질투를 느끼기도 했습니다. 모든 학생에게 작은 밭을 분배해 책임감과 배려, 참을성을 길러주는 모습도 인상적이었습니다. 노작 선생님은 저한테도 씨앗 관리라는 임무를 주셔서 위의 도덕성들이 제 안에서 작게나마 신장하는 것을 맛보게 해주셨지요. 여기에는 어느 학교보다도 열성적이고 학생을 끔찍이 위하는 선생님들이 많이 계십니다.

모든 선생님이 훌륭한 교육철학을 가지고 학생에게 헌신한다고 장담 하기 곤란하지만, 여기 계신 분 누구도 학생들에게 긍정적인 영향을 주지 않는 분은 안 계십니다. 무엇보다 하루 세끼의 자연식 식단은 놀라울 정도입니다. 그 사람이 먹는 것이 바로 그 사람이라는 말을 듣고 공감한 적이 있습니다. 이 학교에 입학한 문제 성향이 있는 아이들이 3년간 생활하며 자체 정화되어 나간다고 합니다. 지금의 3학년도 많이 '사람'이 되었답니다. 아마 이 학교 교육이 내포한 치유 성격 덕분이 아닐까 합니다. 물 맑고 공기 좋은 곳에서 환경을 아끼는 선생님들과 3년간 생활하며 좋은 것만 먹어 왔으니 성품이 부드러워지는 것은 당연하다고 생각합니다.

기숙사에 외부 음식을 반입하지 못하게 하려는 선생님과 과자를 먹으려는 학생들의 실랑이가 제게는 무척 우스워보였지만, 일단은 이 학교의 교육철학이 반영된 지도이니 어쩔 수 없지요. 하지만 아이들이 스스로 바로 설 수 있도록 더 기다려주고 현실적인 대안을 구상하는 편이 더 효과적이고 학생을 존중하는 길이라고 생각한 건 저뿐일까요? 의견을 나눌 줄 알고 회의할 줄 아는 아이들입니다. 선생님께서 특별히 따뜻한 시선과 돌봄이 필요하다고 말씀하셨던 특수 학생 M은, 이곳에서 이상적인 배려를 받고 있다고 말하기는 곤란하겠지만 모든 사람에게 받아들여지고 있는 것은 분명해 보였습니다. M이 무척 똑똑하다고 말하는 아이들도 많이 있었고, 힘들어 보일 때 기꺼이 도움을 주는 아이들도 많습니다. 이 학교 남학생들은 거의 '축구'에 미쳐 있습니다. M이 몸이 불편해 같이 축구를 할 수 없어 친구를 많이 못 만드는 건지도 모릅니다. 제가 있는 한 달 동안 M은 점점 안정되는 모습을 보였습니다. 외로워하는 것도 조금은 줄었고요. 한 달의 변화가 M에게 지속되기를 소망해 봅니다. 제게 이 학교를 소개해주셔서 특별한 경험을 하게 된 것에 대해 진심으로 감사드리고 있습니다.

더 연구해보기

모든 지식은 개인적 '관심'에서 출발한다. 삶에서 발생한 작은 호기심이 관심으로 변하고 그런 관심은 다양한 지식으로 발전한다. 오늘날에는 지나치게 객관적인 지식을 강조한 나머지 개인의 주관적 관심을 무시하거나 폄하하는 현상을 보게 되는데, 이것은 지성적 풍토를 황폐화시키는 지름길이다. 개인적 문제의식과 관심이 사회적 맥락에서 명료화되는 과정에서 지식이 발생한다. 여기서 객관적 실증주의가 간과한 인식 주체의 역할, 즉 자기 반성과 비판의 정신을 회복할 이유가 존재한다. 유의미한 지식 형성에서 개인적 관심이 중요하다는 것을 인식한 뒤부터 시험을 보는 대신 수업의 최종 과제로 각자의 연구 주제를 발전시키라고 권하고 있다. 여기 실린 글들은 그 결과다. 지금은 보잘것없어 보이는 학생들의 문제 제기가 언젠가는 훌륭한 논문으로, 나아가 훌륭한 실천으로 결실을 맺게 될 것을 믿는다.

구체적인 삶에서 발생한 관심은 그 의미를 해석하는 과정에서 새로운 의미를 창조하고, 이 창조 과정은 궁극적으로 인식 주체의 자기 해방 과정을 포함한다. 이런 창조적 지식이야말로 근본적인 문제 해결 능력으로 발전될 수 있다.

그런데 왜 우리는 학생들의 관심사에 귀 기울이지 않을까? 왜 학생들의 능력을 폄하하고 기회를 주지 않을까? 이제 대학생들이 느끼는 무기력의 실체가 무엇인지 진지하게 고민해야 할 것 같다. 객관식, 단답형, 혹은 이미 정답이 있는 시험 답안을 계속 쓰게 하는 한, 젊은이들의 무기력은 계속될지 모른다. 우리 교육이 객관적 지식 신화에 빠져드는 동안 젊은이들의 열정과 창조적 지성은 감옥에 갇히게 되었다. 개인 연구에는 학생들의 다양한 관심사와 문제의식, 그리고 학생들 나름대로 문제를 해결해가는 과정이 드러나 있다. 이것을 어찌 몇 개의 시험 문제로 환원할 수 있겠는가? 교수가 제시한 시험 문제에 아무리 체계적인 문장으로 답한다 한들, 학생들 안에 잠재된 탐구 능력과 열정을 이렇게 생생하게 드러내지는 못할 것이다. 그만큼 아이들의 창조적 지성은 무궁무진하다는 것이다. 지면의 제한 때문에 간결하게 중략 처리한 것에 대해 글쓴이들에게 양해를 구한다.

이렇게 쉽게
교사가 돼도 되나?

이번 학기에 나는 교원자격증 기준 과목에 해당하는 모든 교직 과목들을 수강 중이다. 교생실습을 포함해 교과교육론까지 무려 아홉 과목인데 대학 4년간 생활하면서 만난 학생들보다 더 다양한 학생들과 한 교실에서 공부를 했다. 모두 똑같이 교사가 되려는 목적으로 교실에 앉아 있던 것은 아닐지도 모르겠지만, 대략 열 가지 영역의 과목을 수강하면 적어도 우리는 교원 임용 시험에 응시하거나 사립학교에 선생으로 지원해볼 수 있는 자격증을 얻게 된다. 이렇게 한국에서 교사는 사범대학교를 나오거나 정해진 교직 과목을 이수하는 방법으로 양산된다. 이런 과정을 직접 겪고 있는 한 사람으로서 교사가 이렇게 쉽게 돼도 되나 하는 문제를 제기하지 않을 수 없다.

이제 한국의 교실과 교육은 한계 상황에 부딪쳤다. 학생들은 더는 학교 수업에 흥미를 느끼지 못하고 지식 위주의 주입식 입시교육은 학교교육에 만족하지 못하는 아이들과 학부모를 사교육으로 내몰고 있다. 이런 상황에서 우리는 높은 수익을 올리고 있는 경영자처럼 좋은 대학에 입학한 학생들을 많이 배출하는 교사와 학교를 좋은 교사, 교육의 본보기로 꼽는 실수까지 저지르고 있다.

이런 교육의 문제점은 교실에서 그치는 것이 아니다. 교육은 한 공동체 안에서 인간을 길러내는 일이고, 어떤 방향으로 무엇을 어떻게 아이들과 함께 하느냐에 따라 인간 내면을 결정하고, 나아가 공동체까지 영향을 끼치는 것이다. 현재 '죽임'의 교육은 교실을 나서는 아이들에게 영향을 미치고 이 아이들이 자라 어른이 되고 다시 자식을 낳아 교육을 시키기까지 모든 악순환의 근거가 되고 있다.

교육은 인간과 그[*]미래를 다루는 일이라는 것을 잊어서는 안 된다. 학교가 대상으로 하는 것은 인간이고, 교사들은 인간이 어떻게 생각하고 생활해왔으며 어떻게 살아야 하는지 알아야 하고, 스스로 생각해보는 작업을 거쳐야 한다. 그러나 한국에서 교사를 양성하는 어느 단계에도 이런 과정은 없다. 대부분 점수에 맞추거나 안정적인 직업을 위해 교사가 되려고 하고, 교직 과목들은 학생들 스스로 문제의식을 갖고 치열하게 생각하고 표현하고 다른 사람들과 의견을 나누는 자기 성찰의 과정을 배제한다. 한국에서 교사가 되는 과정은 기술을 훈련하는 과정처럼 단편적이고 획일적이다.

"내 인생을 결정할 최대의 관문을 연습과 훈련으로 다져냈다니, 그렇다면 과연 나는 연습과 훈련으로 길러지는 존재인 것인가? 질문에 정답을 체크하는 연습과 훈련이 전부라면, 그럼 내 생각과 감정, 능력들은 어떤 의미를 갖는 것인가? 내 꿈의 실현 여부가 점수로 판가름나는, 그 점수놀음의 정점에 지금 나는 서 있는 것이다."

이것은 따뜻한 가슴으로 아이들을 만나고 싶었지만, 교사 교육과정의 비교육성 때문에 따뜻한 가슴의 필요성마저 잊고 있다는 한 예비교사의 고백이다. 교육의 주체는 학생과 교사다. 특히 학교에서 교육을 하는 틀에서는 교사가 어떤 교육 방법론으로 학생들과 만날 것인가 하는 문제는 교육에 큰 영향을 끼친다. 그래서 교육을 바꾸려면 가장 먼저 교육의 주체인 교사를 양성하는 과정이 바뀌어야 한다. 담당 교과의 전문 지식을 익히는 것만으로, 교육방법과 교육공학, 교육평가 같은 과목을 듣는 것만으로 교사가 돼서는 안 된다.

교사가 되려면 교사 스스로 문제의식을 가지고 인간 존재에 대해 생각해보는 시간을 가져야 한다. 교육은 인간에 관한 일이다. 인간이 무엇인지, 인간은 어떻게 살아왔는지, 어떻게 살아야 하는지, 무엇을 위해 살려고 하는지 등에 대해 정답 없는 질문을 던질 수 있는 과정을 통해 참된 교육이 될 수 있는 것이다.

존 테일러 개토*는 '교사는 자신이 누구인지 가르치는 것'이라고 했다. 개토는 '우리가 누구인지 가르침으로써 우리는 완전함으로 나아갑니다. 제 자신이 완전해지고 제가 가르치는 아이들이 완전해집니다. 우리가 완전함을 얻으려고 노력하지 않는다면 월급 받는 것 말고 가르치는 일이 무슨 소용이 있을까요?'라고 교사의 진정성을 되묻는다.

현재 한국의 교사 양성 과정에는 인간의 기본 사고 영역과 관련된 철학이나 인문학 영역들이 필수가 아니다. 그리고 신입 교사가 되는 사람들이 비교적 젊은 편이다. 사람을 다루는 교육 활동을 하고 싶다면 최소한 인간의 본질과 존재를 고민하고 생각해볼 수 있는 다양한 과목이나 과정을 거쳐야 한다. 교사가 되는 길은 '내가 아닌 나'로 살아지는 것처럼 그렇게 쉽게 진행돼서는 안 된다. 삶을 견디고 치열하게 살아가는 과정이 바로 교사가 되는 길이어야 한다.

- 존 테일러 개토(John Taylor Gatto)는 미국 뉴욕에서 30여 년 동안 교사로 일하면서 '올해의 교사상'을 여러 차례 받았다. 지은 책으로 《바보 만들기》(김기협 옮김, 민들레, 2005), 《교실의 고백》(이수영 옮김, 민들레, 2006)등이 있다.

언론이 사교육을
키우고 있는 건 아닐까

교육학 개론 수업은 무심코 지나치거나 애써 외면하던 우리 교육 현실을 진단하고, 교육학적으로 고민해보는 의미 있는 시간이었다. 그러나 매번 강의실을 나서는 발걸음이 가볍지만은 않았던 것은 누구도 저항하기 힘든 우리 사회의 지독한 현실 때문이었다. 하지만 수업 시간에 의견을 나누면서 우리가 생각하는 현실이 허상일 수도 있다는 사실을 발견했다.

언론에서 듣는 '소득 격차가 사교육비 격차로 이어지고 결국 교육 격차를 불러옴', '서울대 신입생의 많은 수가 서울 강남의 부유층 출신' 같은 이야기들이 정말 우리의 현실을 제대로 반영하고 있을까? 통계의 가장 큰 위력은 일부를 통해 전부를 짐작케 한다는 것이고, 가장 큰 맹점은 전부가 아닌 일부를 대상으로 조사한 것이기에 사실을 왜곡할 수 있다는 점이다. 더욱이 언론은 독자의 관심을 끌려고 충격적인 결과를 머리기사로 내세운다. 실제로 사람들이 어떻게 살고 있는지는 기삿거리가 안 된다고 본다. 그래서 통계와 언론의 보도 방식이 특히 교육 분야에서 사실을 많이 왜곡하고 있으며, 그렇지 않아도 생존 경쟁으로 위축된 사람들을 그릇된 방향으로 내몰고 있다는 생각이 든다.

대표적인 것으로 소득 계층 간의 사교육비 격차는, 서울대 신입생 부모의 경제력을 보여주는 통계나 소득 계층별 대학 진학률 같은 통계와 직접 관련이 있는 것으로 보이지만, 과연 그런가? 물론 일부 계층에서 비정상적으로 쏟아 붓고 있으며, 막무가내로 그 뒤를 따르고 있는 사람들이 있다는 사실을 부정하려는 것은 아니다. 다만 이런 통계와 각기 다른 통계들을 연결해 해석하는 방식이 사교육의 힘을 인정하며 더 키워주고, 반대로 자기 주도적으로 학습하는 학생과 그것이 옳다고 생각하는 부모를 불안하게 한다는 점이다. 일부 계층의 비정상적인 행태가 우리 사회 전부의 모습이 아니고, 더욱이 그릇된 것인데도, 그것이 마치 성공의 지름길이고 일부 계층만 누릴 수 있는 특권처럼 비쳐서 거기에 속하지 않은 대다수 사람들을 불안하고 불행하게 만들고 있다.

특히 교사나 교사가 되려고 하는 우리들은 그 사람들이 비정상적이라고 손가락질하면서 한편으로는 자신도 모르게 그 사람들을 인정하는 경향도 있다. 그럴 수 있는 부와 교육열을 대단하다고 인정해버리는 것이다. 그런데 문제는 그런 대단한 부모를 만나지 못한 아이들에 대한 교사의 태도에 있다. 사실 아이들을 이런 식으로 나누는 것도 썩 내키지는 않는다. 어쨌거나 교사가 아이들 한 명 한 명을 소중한 인격체요 아직 발견되지 않은 무한한 잠재력이 숨어 있는 보물로 보지 않고, 부모의 경제력과 학력으로 아이를 규정하고 심지어는 아이의 미래를 예단해버리는 건 아닌지 묻고 싶다. 모든 교사를 싸잡아 비난하려는 것이 아니라, 앞에서 언급한 언론 보도 방식과 그것을 해석하는 방식이 교사를 비롯해 우리가 사람을 그런 식으로 판단하도록 부추긴다는 점을 지적하고 싶다.

우리가 이미 잘 알고 있는 사실이 있다. 학습 능력이 뛰어난 아이보다 학습 능력이 조금 뒤처지는 아이가 교사나 부모의 관심이 더 필요하다는 점이다. 그런데도 사회는 우리 교육이 우수한 아이들을 더 크지 못하게 억누른다는 편견을 갖고 있다. 평준화 제도에 대한 끊임없는 문제 제기, 지방자치단체의 특목고·자사고·영재학교 증설과 증원 욕구, 우열반(수준별이라고 하지만 실상 성적에 따라 아이들을 나눈 우열반) 조직 등은 평준화 제도가 우수한 아이들을 소외시킨다는 주장에서 비롯됐다.

그렇다면 기존 평준화 제도가 중·하위권 아이들에게는 충분한 혜택을 주었는가? 전혀 그렇지 않다. 학교는 사교육을 못마땅해 하면서도 이미 그것을 기정사실이나 전제 조건으로 본다. 사교육을 통해 아이들이 적당히 배웠을 거라고 생각하고, 심지어 사교육 때문에 아이들이 혹사당하고 있으니 아이들을 힘들게 하거나 과제를 내줘서는 안 된다고 생각한다. 그러면 학원이 옳지 않다고 생각하는 아이들, 학원에 다닐 경제적 여유가 없어 학교에만 의지하는 아이들은 어떻게 되는가? 일부 교사는 성적이 부진한 아이에게 학원을 권유한다고 한다. 학원에 안 다니는 아이들이 없기 때문에 어쩔 수 없다고 하면서.

우리의 현실은 누가 만든 게 아니라 우리 스스로 만드는 것이다. 물론 언론이 방향을 잘못 잡을 수 있다. 그리고 오늘날 언론 매체의 위력이 만만치 않다는 것도 안다. 그러나 우리에게 그것을 거부하거나 버틸 만한 의지가 전혀 없는 것은 아니다. 잘못된 방향으로 쏠리느냐, 내 자리를 지키고 옳은 방향을 찾느냐 하는 문제는 구성원 개개인의 예리한 판단력에 달렸다. 그리고 현실에 대해 문제의식을 갖고 옳은 방향을 모색하는 사람들이 늘어나야만 잘못된 보도와 해석에 따른 언론의 왜곡을 바로잡을 수 있다. 아니 적어도 그게 잘못됐다는 인식이 확산될 수 있다. 지금 우리의 가장 큰 문제는, 말로는 그것이 잘못됐다고 하면서 마음 속으로는 그 길밖에 없다고 생각하고 그 사람들을 부러워하는 이중성에 있다.

현실은 암담하지만 그럴수록 교사의 판단력과 사명감이 절실하다. 우리의 교육 현실을 내 손으로 바꾸겠다는 거창한 생각에 앞서, 교사는 아이들을 지켜내야 한다는 애정과 사명감을 회복해야 한다. 아이들을 아이들로 바라보면 아이들이 품고 있는 개성이 발견되고, 그 소중한 가치를 일깨워 주는 것만으로 아이들은 쑥쑥 자랄 것이다. 특히 부모가 책임을 다하지 못하는 아이들에게 더 많은 관심과 노력을 기울여야 한다. 아이들을 학교로 불러들이고, 교사에 대한 신뢰를 회복하는 길은, 학원가에 내놔도 손색없는 명강사가 되는 게 아니라 온전히 아이들을 바라보는 것이다.

한 번에 모든 것을 바꿀 수는 없다. 변화는 작은 것부터 시작된다. 발도르프 학교*며 아일랜드의 고등학교**라고 해서 모든 교사가 완벽하지는 않을 것이다. 그 훌륭한 학교 안에도 아이들이 불만을 갖는 교사가 있을 것이다. 그런데도 아이들이 자기 학교에 만족하고 자랑스러워하는 것은 믿고 따를 만한 교사가 있기 때문이다. 더는 희망이 없다고 보지 말고, 당장 관심이 절실하게 필요한 아이를 찾아 정성을 쏟으면서 적어도 그 아이에게 학교는 희망이 될 수 있게 해야 한다. 바로 거기서부터 새로운 교육에 대한 희망의 불씨가 조심스럽게 확산되리라. 나는 이것을 희망한다.

● 루돌프 슈타이너(Rudolf Steiner, 1861~1925)가 처음 시작한 학교로, 인간과 세계의 본질을 탐구하는 인지학 (Anthroposophie)에 철학적 기초를 두고 자유롭고 창의적인 인간 형성을 교육 목표로 한다. 그곳에서 교육은 예술이며 교사는 구도자다. 학생들은 생명체로서 세심하게 존중받는다. 현재 전세계에 800여 개의 학교를 두고 있다.
●● 2008년 1월 〈MBC 스페셜〉은 우리에게 잘 알려지지 않은 아일랜드 고등학교를 다룬 적이 있다. 아일랜드 학교는 고등학교 1학년 과정에서 '특별학년 프로그램'을 운영한다. 학생들은 1년 동안 아주 자유롭고 새로운 형식으로 공부하면서 한편으로는 3~4개의 직업 체험을 하게 된다. 시험 스트레스 없이 편안하고 자율적인 시간을 가지며 자신의 인생과 진로를 구체적으로 탐색할 기회를 갖는다.

왜 교사들은 수업 연구를
안 하는 걸까

  교생실습을 나가고 3일이 지났을 때 담당 교과 선생님을
만나서 내가 수업할 범위에 대한 지도를 받았다. 그 뒤 3차시의 지도안을
짜서 선생님한테 제출했더니, 선생님은 작년 교생이 쓴 지도안을 참고하라
며 건네주었다. 작년 교생이나 나나 수업을 처음 해봐서 그런지 전통적인
강의법으로 수업을 계획했고, 지도안은 가르치는 순서만 조금 다를 뿐 마
치 한 사람이 쓴 것처럼 내용과 교수 방법이 같았다. 두 사람이 준비한 수
업이 이렇게 비슷한데 한 사람이 몇 년 동안 같은 내용을 가르치고 있다면
더 말할 나위 없이 똑같은 수업의 반복일 거라는 생각이 들었다.

  왜 교사들은 수업 연구를 안 하는 걸까? 왜 더 좋은 수업 방법을 생각해
보지 않는 걸까? 수업을 다 하고 나니 너무 아쉬워서 '다음에 또 하게 된
다면 이렇게 해봐야지'라는 생각을 많이 해봤는데 교사들은 이런 생각이
전혀 들지 않는 것처럼 보였다. 그런데 막상 실습을 끝내고 보니 교사들의
수업이 왜 제자리걸음이었는지 알 수 있었다.

  선생님들은 하루에 두세 번 수업만 하는 교생하고는 달라도 너무 달랐
다. 내가 실습을 나간 학교는 교사가 30여 명밖에 되지 않아서 교사 한 명
당 맡은 업무가 너무 많았다. 일주일에 스무 번이 넘는 수업은 기본이고,
일주일에 한 번씩 있는 '계발활동' 수업을 따로 준비해야 할 뿐만 아니라
행정 업무도 많았다. 특히 담임이라면 30명이 넘는 아이들과 하루 종일 씨
름을 해야 한다. 수업 말고도 할 일이 많으니 수업이 없는 시간은 '쉬는 시

간'이 아니라 '다른 업무를 처리하는 시간'이 될 수밖에 없어서 교사가 수업 연구를 할 수 있는 시간을 만드는 건 정말 힘든 일이었다.

사람들은 교사에 대해 이렇게 말한다. '다섯시가 되면 퇴근할 수 있으니까 얼마나 좋냐, 방학에 쉴 수 있으니 얼마나 좋냐, 요즘 세상에 교사만큼 편한 직업이 어디 있느냐.' 이제는 이런 말을 들으면 화가 난다. 하루 종일 학교에서 아이들과 씨름하다 퇴근하는 교사들의 모습을 제대로 본 적이 있다면 이런 말은 못 할 것이다.

실습을 하면서 가장 힘든 건 몸이 지치는 것이었다. 실습 처음에는 다섯시에 퇴근해서 저녁도 안 먹고 그냥 자는 날이 많았다. 수업을 하루에 네 번 한 날이 있었는데 그날은 정말 '시체처럼' 잤다. 수업만 하는 내가 이 정도였으니, 실제 교사들은 얼마나 힘들고 지칠까? 교사라면 마땅히 학생들을 위해서 더 좋은 수업을 할 수 있도록 노력해야 하는데 우리나라 현실은 교사에게 노력할 수 있는 시간과 기회를 주지 않는다.

그런 의미에서 현재 대학 교수들처럼 초 · 중 · 고등학교 교사들도 '안식년'을 가질 필요가 있다. 교수들은 안식년 동안 모든 수업을 접고 외국에 나가거나 한국에서 수업에 매진하느라 등한시하던 연구를 하고 새로운 분야를 배우기도 한다. 늘 가르치기만 하던 교수들이 배움의 기회를 가진다는 점에서 안식년은 '쉬는 것' 이상으로 '발전'의 의미가 있다.

학교 선생님들도 안식년을 이용해 선진화된 교육을 배우러 외국에 나가서 보고 배우는 기회를 가졌으면 한다. 우리나라의 행정과 경영, 교육 방법 등에서 부족한 점은 무엇인지 배우고, 어떻게 변해야 할지 연구하고, 특히 자신이 담당하고 있는 교과는 어떤 방법으로 가르치고 있으며 학생들의 반응은 어떤지 등을 배우면서 앞으로 자신의 수업을 어떻게 계획하고 경영할지 고민해보고 연구해볼 수 있어야 한다. 반드시 외국이 아니라 국내에서도 본받을 만한 곳이 있으면 배우고 연구해서 자기 수업에 적용할 수 있어야 한다.

교생실습을 한 학교에서 일부 젊은 선생님들은 판서 말고 다양한 교수 매체를 활용해 수업을 했다. 그러나 조금 나이 든 선생님들은 판서로만 수업을 했다. 학생들이 필기하는 시간이 없으면 수업 시간에 집중을 못 하거나 딴 짓을 하는 경우가 있고, 직접 내용을 적으면서 학습할 수도 있기 때문에 판서도 좋은 방법이라고 생각한다. 그렇지만 요즘 아이들을 판서로만 교육을 하는 것은 학생들의 학습 의욕을 채워주기에는 부족하다. 안식년이 있다면 이런 선생님들도 수업 매체를 연구하고 배울 수 있을 것이다.

이번 학기에 교육학 개론 수업을 들으면서 교육을 바라보는 시선이 많이 달라졌다. 그리고 교생실습을 통해서도 좀더 현실적으로 교육을 바라볼 수 있었다. 대한민국에서 교육을 받고 있는, 그리고 받은 사람들은 겉으로 드러나지는 않더라도 모두 교육 때문에 받은 상처가 있을 것이다. 우리는 교육학 개론 수업을 통해 조금이나마 그 응어리를 꺼내어 보았고, 그 과정에서 분노와 안타까움, 슬픔을 느꼈다. 그래서 수업 내내 겉으로 드러내지는 못했지만 가슴 속에서는 눈물이 흘렀다.

깨달음을 얻은
우물 안 개구리

내가 자율성에 관심을 갖게 된 이유는, 지금까지 잊고 있던 '나'를 찾는 데 있다. 그 동안 내 의지로 선택하고 결정한 일이 과연 있었는지 고민하게 되었기 때문이다. 텔레비전에 나와 당당히 자기 의사를 밝히는 또래 친구들을 보면 그저 부러울 뿐이다. 유치원 때와 초등학교 저학년 때는 나한테도 내 생각이 있었다. 좋아하고 싫어하고 즐겁고 바라는 것이 확실했다. 하지만 요즘은 내가 무엇을 좋아하는지, 정말 원하는 일이 무엇인지 모르겠다. 모든 것이 두루뭉술한 상태다. 이렇게 변하게 된 이유를 찾다 보니 우리나라의 교육과정에 숨겨진 '암묵적인 폭력' 때문이라는 사실을 깨닫게 되었다. 구조의 힘에 따라 학생들의 다양성은 정해진 틀로 나뉘고, 학생 개개인의 독특함과 개성도 그렇게 자신도 모르는 사이에 잘려 나가고 묻히게 된 것이 아닐까?

자율성의 정의를 찾아보면 '자기 스스로 원칙에 따라 어떤 일을 하거나 스스로 자신을 통제하여 절제하는 성질이나 특성'이라고 나와 있다. 하지만 자율학습이라는 이름으로 벌어지고 있는 강제학습, 두발 자유에 대한 학생들의 의견을 단지 비행으로 여기는 학교, 정해진 교육과정, 정해진 등교 시간, 정해진 교실, 정해진 교사 등 학생들이 선택할 수 있는 것은 아무것도 없다. 이런 조건에서 어떻게 학생들이 학교에서 자율성을 발휘할 수 있을까? 어디에도 그 자리는 없다.

7차 교육과정에서 학생들이 심화과정 수업을 선택할 수 있다고 되어 있지만 실상 그렇지 못하다. 단지 점수 차이에 따라 나뉘는 반이지 무엇이 심화과정인지도 알려주지 않는다. 내가 다닌 학교에서는 수학에서 심화과정으로 미분, 적분만 가르쳤다. 그리고 사회탐구, 과학탐구 영역에서 가르친 것도 대학 진학에 유리한 내용일 뿐 심화과정이라고 말할 수는 없다. 우리나라 교육과정은 대학 시험을 준비하는 과정인 것이다. 대학교 입시 발표가 나면 고등학교들은 일제히 입시 정보에 맞춰 학생들을 교육하기 시작한다. 이런 상황 때문에 학생들은 자기가 배우고 싶은 것을 선택하기는커녕 특정한 선택을 강요당하는 현실과 마주친다.

고등학교 2학년 때부터 문과와 이과로 나뉘는데, 내가 다닌 학교에서는 우스운 일이 일어났다. 우리는 여자 고등학교라서 문과 지원자가 훨씬 많았다. 이과는 한 반에 30명 정도 배정이 된 반면 문과는 한반에 40명 정도가 배정되었다. 선생님들은 문과 반을 늘리는 것이 어려우니까 문과 반 중 일부 학생은 이과로 가라고 명령했다. 결국 어떤 학생은 선생님들의 강요 아닌 강요에 못 이겨 자기 뜻하고는 다른 선택을 하게 되었다. 그 학생들은 학업 성취도가 좋은 학생들이 아니었다. 그 뒤 어찌 되었겠는가?

나는 문과와 이과로 구분하는 체제에 반대한다. 학생들의 선택권이 점점 좁아지기 때문이다. 예컨대 문과에서 과학을 배우고 싶어하는 학생들이나 이과에서 국사나 사회 관련 과목을 배우고 싶어하는 학생들이 분명히 있기 때문이다. 하지만 이런 다양성을 무시한 채 학교는 학생들의 진로와 적성을 두 가지 길로 나눠서 한정 짓는다.

만일 중·고등학교에서 학생들의 자율성을 보장하고 싶다면 현재의 교육과정 체제를 바꿔야 할 것이다. 문과와 이과 구분을 없애고, 학생들이 배우고 싶은 과목을 선택할 수 있게 해야 한다. 이과는 교육부 방침에 따르다 보면 고3때 수학II와 미분, 적분을 동시에 배워야 한다. 이것은 학생들과 학교 사정을 고려하지 않은 계획 때문에 일어나는 문제다. 교육부는 학생들의 이해 수준을 정확히 파악하고 학교의 실정에 맞게 교육과정을 만들어야 한다. 아니면 각 학교의 재량에 맞게 교육과정을 운영할 수 있는 권한이라도 줘야 한다. 그 이유는 지역별로 교육 조건의 차이가 크기 때문이다. 이렇게 교육부에서 학교나 학생의 다양한 여건들을 고려하지 않고 일괄적으로 정해진 교육과정을 지키라고 할 경우 불합리한 점이 많이 나타나는 것은 당연하다. 일례로 지방 학생들은 방학만 되면 도시 학원을 전전하며 도시 학생들이 배우는 것을 좇아가기 바쁘다. 도시에서 받을 수 없는 더 풍부하고 좋은 교육 기회들이 분명 지방에도 있는데, 도시 중심의 일방적 교육과정은 전국에 있는 학생들의 획일화를 초래한다.

이런 맥락에서 대학 입시 제도도 변해야 한다. 중·고등학교의 교육과정을 변화시키려면 먼저 대학 입시 제도가 다양해져야 한다. 입시전형이 다양해졌다고는 하지만 수시와 정시 모두 문과와 이과 학생을 구분해 뽑고 특별전형 학생 수도 너무 적다. 그리고 각 학과마다 반영되는 과목별 수능 점수 비율이 다르다고는 하지만 수능 점수와 석차가 대학 입시를 결정한다는 점에서 차이가 없다. 대학별로 내신을 반영한다고는 하지만 실제 반영률은 0~5퍼센트밖에 되지 않는다. 동아리 활동이나 특기 활동은 대학 입시에 반영되지 않는다. 따라서 자율적인 활동은 그저 시험 준비에 방해되는 요인이 될 뿐이다.

요즘 학생들은 꿈이 없다. 아니 꿈이 뭔지 아예 모르겠다고 한다. 그저 지금은 공부 열심히 하고 좋은 대학, 좋은 학과에 진학해서 좋은 직장을 갖는 것이 꿈이라고 말한다. 좋은 상급 학교, 좋은 대학, 좋은 학과, 좋은 직장이 우리들의 생각을 규정하고 있다. 무엇이 좋다는 것인지는 생각하지도 말이다. 좋은 그 무엇을 위해서 우리들은 맹목적으로 무한 경쟁을 벌여왔고, 지금도 여전히 전쟁을 겪고 있는 중이다. 이것은 우리들이 정말로 원하는 것, 하고 싶은 것, 되고 싶은 것에 대한 의식이 사라져버렸기 때문이다. 아니 사라진 것이 아니라 어쩌면 그 무엇이 조작하고 있다는 생각이 든다.

대학에서는 입시 제도를 지금보다 좀더 개방적이고 세분화할 필요가 있다. 동아리 활동, 봉사, 특기 등 학생들의 다양성을 고려하는 입시 제도가 생긴다면 지금보다는 훨씬 인간적인 교육과정이 가능하지 않을까? 대학 입학은 아이들의 인생에서 꿈을 향한 여정의 한 부분이 되도록 해야 한다.

이번 학기 수업을 마치며 내가 얼마나 학교와 교육에 대해서 피상적인 수준의 생각을 하고 있었는지 깊이 깨달았다. 교육 문제라고 해봐야 겉으로 드러나 보이는 사교육 문제밖에 알지 못했다. 그것도 시골에서 학교를 다닌 나한테는 도시의 사교육 전쟁이 먼 나라 이야기였을 뿐이다. 하지만 이 수업에서 다양한 전공과 지역 배경을 가진 친구들을 만났고, 선배들의 발표를 들으면서 내가 우물 안 개구리였음을 깨달았다. 또 교육에 다양한 분야가 있다는 것도 새삼 깨달았다. 좀더 솔직하게 말하면 나는 우리나라 교육에 문제가 있다는 사실도 알지 못했다. 단순히 지식을 전달하는 교사보다 우리나라의 교육을 위해서 의미 있는 일을 하고 싶다는 생각이 들었다. 교육과 관련된 서적들도 많이 읽고 연구해서 교육과정 변화에 참여할 수 있도록 더 노력해야겠다.

성적보다
인격이 먼저다

얼마 전 대구의 한 초등학교에서 일어난 대규모 성폭행 사건을 잊을 수가 없다. 아무리 세상이 변하고 각박해지고 타락한다 해도 인간의 선한 본성을 믿었기 때문에 그런 끔찍한 일이 학교에서 벌어졌다는 것은 너무 큰 충격이었다.

학교에서는 학생들의 올바른 인격 형성과 도덕성 함양을 위해 인성교육을 한다. 그러나 오늘날 학교는 제 구실을 다하지 못하고 있는 듯하다. 만약 학교에서 하는 인성교육이 학생들의 도덕성을 길러주고, 궁극적으로는 그것을 내면화시켜 실천하게 하는 목적을 달성했다면 아마도 이런 끔찍한 사건은 없었을 것이다.

모든 사람한테는 가치관과 인생관, 세계관이 있다. 이것은 교육에도 마찬가지다. 교육을 받는 학생이나 교육을 하는 교사, 또 그 밖에 교육에 관련된 모든 사람들이 어떤 교육관을 가지고 있느냐에 따라 교육의 방향과 과정, 결과가 달라진다.

현재 우리나라의 교육은 그 자체가 목적으로서 추구되기보다는 하나의 수단으로 이용되고 있다. 사람들은 대부분 교육을 성공과 돈, 명예를 얻는 수단으로 이용한다. 이런 인식 때문에 인성교육이 제대로 되지 못하고 있다. 우리 사회에서는 올바른 인성만으로는 사람들이 바라는 돈과 명예, 주위의 인정을 얻기가 너무 힘들기 때문이다. 교사를 비롯해 학생과 학부모가 올바른 교육관을 갖고 있을 때, 인성교육의 효과는 그 빛을 발할 수 있는 것이다.

학생들은 교육을 받기 전에 왜 교육을 받아야 하고, 교육을 통해 얻으려는 것이 무엇인지 진지하게 생각해보는 기회를 가져야 한다. 올바른 교육관이 섰을 때 인성교육이 의미가 있기 때문이다. 배운 것을 삶으로 연결 짓게 하는 일, 그리고 삶에서 지식을 이끌어내게 하는 일은 지성과 인성이 둘로 나뉘지 않고 하나로 통합되게 할 것이다.

우리나라는 세계적으로 지나친 교육열로 유명하다. 교육열은 본래 교육에 대해 갖는 열의와 열정을 뜻하는 것으로, 그 자체로는 아주 긍정적이다. 그러나 우리나라 교육열은 '명문 대학 보내기'에만 초점이 맞춰져 있어 문제다. 학력이나 학벌이 개인의 성공 여부에 큰 영향을 미치고 있는 고용 구조가 문제인 것이다. 여기에 편승한 학부모들은 자기 자녀를 입시 경쟁으로 몰아가고 학생들은 사회적으로 인정받을 수 있는 외적 조건을 갖추느라 정신이 없다. 그런 외적 조건을 갖춘다고 해서 실력이 보장된다거나 창조적으로 업무를 수행할 수 있는 것이 아닌데도 말이다.

이런 현실을 극복하려면 사회 전반에 걸친 대대적인 의식 개혁과 체제 개혁이 필요하다. 인간은 자신이 속해 있는 사회의 영향을 받을 수밖에 없다. 사회의 근간인 사상, 가치, 문화에 따라 그 구성원들도 다른 방향으로 움직이기 마련이다. 따라서 사회가 자격증 같은 외적 조건들이 아니라 개인의 정신적 힘을 개발하는 데 집중하고 거기에 가치를 부여할 때, 그 사회에 속한 구성원들은 자연스럽게 자신의 내면을 풍부하게 가꾸려고 노력하게 될 것이다. 그러나 결국 그 사회적 인식을 형성하는 출발점도 따지고 보면 각 개인이다. 즉 개인과 사회가 서로 영향을 미치고 있음을 인식하고 우리의 잘못된 인식체계와 사회 구조를 바꾸려고 노력할 때 변화와 개혁이 가능할 것이고, 인성교육도 의미 있게 될 것이다.

우리나라 교육의 가장 큰 문제점 중 하나는 평가 방식이 학생들의 여러 행동 특성 가운데 유독 인지적 영역에 치우쳐 있다는 점이다. 학생들의 인품과 도덕성이 어떻든 시험만 잘 보면 높은 점수를 받을 수 있고, 그것이 좋은 대학에 가기 위한 주요 변수가 된다. 이런 평가 방식 때문에 학생들은 도덕성을 기르고 남과 더불어 살려고 하기보다는 높은 점수와 성공을 위해 친구를 짓밟고 올라서려 하며, 남을 이기기 위해 무엇이라도 할 수 있는 파렴치한 사람으로 변하고 있다.

이런 문제를 해결하려면 인지적 영역뿐만 아니라 정의적 · 행동적 특성까지 고려한, 즉 학생의 전인격적인 요소를 아울러 평가하는 체제를 만들어야 한다. 예일대학교는 성적이 우수해도 사회봉사 경험이 없다는 이유로 입학을 거절하기도 한다고 한다. 이런 시스템이 작동하려면 먼저 사회 전반의 신뢰가 구축이 되어야 하며, 그런 신뢰 안에서 구성원들은 인격적으로 풍부한 삶을 살 수 있을 것이다.

교육학 개론 수업은 하나의 자극제이면서도 마음의 안식처였다. 나는 올해 편입해 교육학 개론 수업을 들었는데, 처음으로 맛본 학문적 깨달음과 배움의 즐거움은 앞으로 모든 배움에 대해 큰 기대감과 설렘을 갖게 했다. 또 교육 현장에서 일어나고 있는 여러 가지 불합리한 현상들을 보며 혼자 분개하고 안타까워하면서 문제를 해결하는 데 조금이나마 이바지하는 사람이 되겠다고 굳게 다짐하기도 했다.

그러나 시간이 지나면서 남들과 치열하게 경쟁해야 하는 현실에 점점 지쳐갔다. 사명감 있는 교육자의 마음가짐으로 배우기보다는 남보다 조금이라도 평가를 잘 받으려고 불안해하며 공부하고 있는 자신을 깨닫고, 나는 점점 자신감을 잃고 서글퍼졌다. 누구보다도 진지한 문제의식을 갖고 있고 그 문제의 원인을 고민하면서 해결 방안을 모색하고 있지만 결국 나도 교육 현실에 찌들어 있는 한 사람에 지나지 않았고, 그것을 개혁하려고 노력하기보다는 거기에 순응하고 적응하고 있던 것이다.

그렇게 지쳐가던 나는 일주일에 한 번 있는 교육학 개론 수업을 통해서 다시 자극을 받고 내가 지향해야 할 지점이 어디인지 반성하면서 한 학기를 보냈다. 우리나라에서 참된 교육을 하려면 어떠한 노력이 필요하고, 나는 그것을 위해 무엇을 할 수 있는지 성실하게 고민해야 한다는 사실을 깨달으며 마음의 평화를 얻었다. 물론 내가 수업을 통해서 얻게 된 문제의식이 또다시 여러 가지 요소들 때문에 흔들릴 수 있다고 생각한다. 그러나 그때마다 지금 품은 초심을 기억하며 마음을 가다듬고 내가 가야할 곳을 향해 정진하겠다고 다짐해본다.

엎드려 자는 학생들까지
가르칠 수 있는 수업을 위해

교생실습 기간에 수업을 참관하고 직접 수업을 하면서 교실에서 하는 수업이 누구를 위한 것인지 생각하게 되었다. 학교 다닐 때도, 교생실습 때도 선생님들은 교실에 있는 모든 학생들을 위해 수업을 하지는 않은 것 같았기 때문이다. 수업이 시작된 뒤에도 책상에 엎드려 있는 학생들을 일일이 깨우며 주의를 주는 선생님이 있는가 하면, 엎드린 아이들을 그냥 둔 채 수업을 하는 선생님도 있었다. 특히 시험 전에 하는 수업은 학생을 위한 수업이 아니었다. 진도를 따라잡느라 선생님 혼자 일방적으로 하는 수업이었다.

선생님들한테 물어보면 수업에 집중을 못 하는 소수의 학생들에게 일일이 주의를 주면서 수업을 하기는 힘들다고 했다. 진도도 정해져 있기 때문에 그러기는 더욱 힘들다고 했다.

내가 직접 해보니까 모든 학생과 교사가 원활하게 상호작용을 하면서 수업을 하는 것이 얼마나 어려운 일인지 알게 됐다. 게다가 '어쩌면 모든 학생들이 흥미를 가지고 집중하면서 수업하는 것은 불가능하지 않을까?'라는 절망감마저 들었다. 정말 모든 학생들이 수업에 능동적으로 참여할 수 없는 것일까?

소외된 학생들이 있는 수업이 생기는 데는 몇 가지 원인이 있을 것이다. 교수 방법의 문제, 교사의 잘못된 의식, 대학 입시 위주 수업, 사교육 문제, 답만 맞추게 하는 객관식 평가 방식 등이다. 불성실한 수업의 원인이 학생들의 태도나 교사의 교수법에만 있다고 말할 수 없을 정도로 복잡한 이유가 많다. 아이들은 사교육 때문에 피로가 쌓이고 학교 수업 시간에 많이 졸게 된다. 또 객관식 평가는 학생이 어떻게 그 지식을 자기 것으로 만들었는지 알 수 없고, 배운 지식을 어떻게 활용하며, 태도나 생각이 어떻게 바뀌었는지도 알 수 없다. 그냥 외웠는지 안 외웠는지 측정하고 단순히 석차를 내기 위한 수단이다. 그렇기 때문에 수업은 무의미해지고 수업에 흥미를 느끼고 참여하는 학생들이 줄어드는 것이다. 어떤 선생님은 수행평가 점수로 학생들을 '위협'하면서 수업에 집중하게 하려고 하지만, 아무 소용이 없는 방법이다.

학생에게 단순한 지식만 일방적으로 전하는 수업이 되지 않으려면 빠르게 변하고 있는 시대에 맞춰 다양한 매체(컴퓨터를 비롯해 수많은 영상·음향 자료 등)를 사용한다든가, 학생들의 흥미를 끌 수 있는 여러 가지 자료와 생활 속 이야기들을 덧붙여야 한다. 그렇기 때문에 교사는 같은 수업이라도 다양한 교수법을 가지고 있어야 한다. 교사들은 교실에 있는 모든 학생들과 상호작용 하면서 학생들에게 지식이나 기술을 가르치고, 인격을 길러줘야 할 책임과 의무가 있다. 하지만, 학생을 끝까지 포기하지 않는 교사는 중·고등학교에서는 보기 힘들게 되었다. 사교육이 성행하면서 많은 교사들은 사교육 때문에 피곤한 학생들을 그냥 내버려두고, 대학에 가려면 학교교육보다 다른 과외 활동이 더 중요하다고 생각하는 학부모들한테 침묵으로 일관해버린다. 확실한 의식이나 가치관을 갖고 있는 교사가 얼마나 있는지 의심스럽다.

교사는 자신의 구실이 무엇인지 다시 마음에 새겨야 한다. 시간이 오래 걸리더라도 교사와 학생, 학부모, 그리고 교육에 관련된 모든 사람들이 같이 고민하고 생각하면서 모든 학생을 위한 수업다운 수업을 할 수 있게 노력해야 한다.

교육학 개론 수업을 들으면서 참된 교육에 관한 가치관과 교사가 가져야 할 올바른 의식에 대해 깊이 생각해보게 되었다. 무엇보다도 지금 우리나라의 교육 현실을 객관적으로 바라볼 수 있는 안목을 키울 수 있었다. 나중에 꼭 교사가 되지 않더라도, 올바른 교육과 학생을 위한 진실한 교육을 위해 무엇이 옳은 것인지 판단할 수 있는 능력과 용기가 조금은 생긴 것 같다. 학부모와 학생, 교사 간의 신뢰로 맺어진 학교교육, 서로 존중하면서 학생 한 명도 끝까지 포기하지 않고 열정을 다해 노력하는 교사가 있는 학교, 이런 밝은 미래의 교육 현실을 기대해본다.

공교육에서도 사교육에서도
소외받는 아이들을 위해

교육학 개론 수업에서 우리나라의 교육과 학교 현실을 외부인의 눈으로 '있는 그대로' 보여주는 영상들을 보면서 큰 충격을 받았다. 분명 3년 전까지만 해도 나도 저기 있었는데, 과연 저곳이 내가 있던 곳인가 하는 생각이 들었다. 그만큼 나는 자각 없이 반복되는 일상을 당연한 것으로 여기며 지내온 것 같다.

또 미래의 내가 있어야 할 곳도 바로 저곳인데, 그 동안 너무나도 현실 문제에 무감각했다는 생각이 들었다. 이런 관심과 반성에서 시작된 이 이야기는 우리나라의 교육과 학교, 사회와 현실을 들여다 보려는 내 첫 시도가 될 것이다.

학교는 학원 가기 전에 들르는 곳?

현재 우리나라는 OECD의 국제학업성취도조사[PISA]에서 대부분의 영역이 상위권에 속해 있다. 그러나 우리나라 학생들의 높은 학업 성취도 뒤에는 세계 1위의 교육열과 사교육비 지출이 있다. '좋은 대학에 들어가야 사회·경제적으로 높은 지위를 성취할 수 있다'는 사회 통념은 학부모들이 아이들의 '교육'을 위해서라면 그 어떤 것도 마다하지 않게 만들었다. 학부모들의 열정과 엄청난 입시 경쟁은 학생들을 '입시 지옥'으로 몰아넣고 있다. 이 과정에서 공교육은 제 기능을 상실하게 되었다. 입시를 위한 전문 교육 기관이 되어버린 사설 학원에게 주도권을 빼앗겨버린 학교는, 학생들이 학원에 가기 전 '잠시 머물다 가는 곳'의 기능밖에 하지 못하고 있다.

소외된 아이들을 위해 대학생이 나서자

대부분의 학생들이 과외와 학원을 전전하며 입시에 매달려 있을 때, 그렇지 못한 아이들은 어떻게 되는 것일까? 자신의 모든 재산과 심지어 건강까지도 포기해가면서 아이들을 뒷바라지하는 부모가 있는 아이라면, 그 아이는 그나마 '행복한' 아이라는 생각이 들었다. 충분한 교육을 받지 못하는 아이들은 당연히 냉혹한 현실에서 뒤처지며 열등감에 시달릴 수밖에 없다. 이렇듯 '갖지 못한 아이'들은 교육이 휘두르는 폭력에, 그리고 자본주의가 휘두르는 폭력에 이중으로 희생될 수밖에 없다. 그러나 국가와 공교육은 이런 아이들에게 어떤 도움도 주지 못하고 있다. 폭발적인 교육열을 잠재우지도 못하고, 그렇다고 모든 아이들을 원하는 수준으로 끌어올려주지도 못하는 공교육은 과연 어느 방향으로 나아가야 하는가?

이런 공교육의 붕괴와 교육에서 소외되는 아이들의 문제를 '어른'들끼리만 모여서 해결할 것이 아니라 '예비교사'와 '예비 사회인'인 우리 대학생들과 함께 해결해갔으면 한다. 바로 교사를 꿈꾸는 학생들이 '학습 도우미'로 교육 현장에서 제대로 교육받지 못하는 아이들을 돕는 것이다.

학습 도우미들은 사교육을 받지 못하는 아이들, 가정에서 학습을 돌봐줄 수 없는 형편인 아이들과 방과 후 학교에서 함께 한다. 학습 도우미 전공별로 반을 나눠서 아이들이 스스로 부족한 부분을 보충하고 실력을 향상시킬 수 있는 기회로 삼을 수 있게 도와준다. 또 평소에 관심과 흥미가 있었지만 배울 수 없던 예체능 영역이나 특별활동 또한 관련 전공의 학생들에게 배울 수 있는 기회를 마련해준다면 좋을 것이다. 물론 학습 도우미로 운영되는 수업은 모두 무료다. 대신 학습 도우미를 지원하는 학생들에게는 일종의 '공공 기관 인턴십 수료' 같은 자격을 주고 이것을 경력으로 인정해준다면, 자발적인 참여를 유도할 수 있을 것이다. 짧은 교생실습 말고는 실제 교육 현장에서 아이들과 함께 할 기회가 부족한 예비교사들에게는 학습 도우미가 아이들과 교사라는 직업에 대한 이해를 넓힐 수 있는 기회가 될 것이다.

물론 학습 도우미 방안에도 문제는 있다. 먼저 학습 도우미들의 자질과 전문성을 어떻게 보장할 것인가 하는 문제다. 한창 민감한 시기의 아이들을 '아직도 성장하고 있는' 대학생들이 성숙한 인격과 사랑으로 대하는 데는 많은 어려움이 따를 것이다. 또 관련 과목과 교사라는 직업에 대한 전문적인 지식이 부족하므로 높은 질의 수업을 보장하기도 힘들다.

그러나 가장 안타까운 점은 이런 대안도 여전히 현실에 기반을 두고 있다는 것이다. 현실의 문제를 인정할 수밖에 없고, 이런 현실을 바꿔 나가기가 어렵기 때문에 현실을 조금씩 바꿔보자는 생각으로 여기에 기반을 두는 대안을 제시했지만, 더 근본적인 대안이 될 수 없다는 것이 아쉽다. 오늘날 우리나라의 교육은 뿌리부터 개혁과 혁명이 필요하다. 이것은 비단 교육의 문제가 아니며 우리 사회와 정신의 문제이기 때문이다. 이런 문제를 해결하려면 우리의 '의식'에서 시작하는 깊고 진지한 변화가 진행되어야 한다.

이 글을 쓰는 동안 미처 알지 못한 교육 현실을 알게 되었다. 비교적 편안하고 행복한 수험생 생활을 한 나는 미처 생각하지도 못한 모습들을 보면서 충격을 받으며 절망하기도 했다. 그러나 교사를 꿈꾸는 사람으로서 현실 문제에 대한 나름의 대안을 생각해보면서 일종의 '가능성'을 볼 수 있었다. 무엇보다 감사한 것은 내 자신의 변화였다. 교육 문제에 관심을 가지며, 아이들의 모습을 살펴보면서 내가 그 동안 얼마나 현실에 무관심했는지 실감했다. 나는 너무 힘이 없고 어린데 이런 문제들을 어떻게 해결할 수 있냐며 등을 돌린 내가 정말 부끄러웠다. 내가 할 수 있는 일은 분명 있었고, 나 같은 사람들이 모인다면 정말로 큰 변화를 이끌어낼 수 있을 것 같다. 변할 수 있다는 긍정적인 생각과 이것을 실천에 옮길 수 있게 하는 마음은, 이 글을 쓰면서 그리고 교육학 개론 수업을 들으면서 얻은 가장 큰 자산이다.

그 선생님도 나도 아이들의
인권에는 관심이 없었다

초등학교 1학년 때 일이다. 담임선생님은 깡마르고 신경질적인 할머니 선생님이었다. 토요일 종례 시간이 되면 선생님은 자기가 일주일 동안 끼던 장갑을 학생들에게 던졌다. 분필이 손에 묻고 더러워지는 것을 막으려고 일주일 내내 끼던 손목이 짧은 하얀 장갑이었다. 그 장갑에 맞은 학생은 월요일까지 장갑을 빨아 와야 했다. 장갑을 피하거나 더럽다고 느끼는 아이들은 아무도 없었다. 그저 당연한 일이었다. 결국 어느 날 나한테도 차례가 왔고, 나는 장갑을 집에 들고 가서 손으로 오물조물 빨았다. 그전에 내가 빨래란 걸 해봤는지는 모르겠지만 아무튼 열심히 하고 있는데 어머니가 들어왔다. 어머니는 장갑에 대한 이야기를 모두 듣고 아무 말씀도 없었다. 그리고 월요일, 그때는 선물용이던 크리넥스 휴지와 음료수, 새 장갑을 들고 나를 교실 앞까지 데려다 주었다. 나는 선생님 장갑이 아닌 새 장갑을 가져왔다고 혼나지는 않을까, 어머니한테 일렀다고, 어머니가 교실 앞까지 오게 했다고 혼날까봐 조마조마했다. 하지만 '선물'을 받은 뒤 화색이 도는 선생님의 표정, 왠지 미안해하는 그 표정이 어린 마음에도 느껴졌다. 그 뒤로 난 단 한 번도 장갑을 빨아 오는 심부름을 하지 않았다.

초등학교 1학년은 그 일 때문인지, 학교를 다닌다는 스트레스 때문인지 우중충하고 우울한 이미지로 남아 있다. 그 선생님이 학생들의 인격을 존중했다면 분필이 풀풀 날리는 장갑을 아무에게나 던질 수 있었을까? 그것도 손자, 손녀 같은 아이들인데 말이다. 그때는 당연한 일이었는데 여덟 살에 당한 일이 20년이 지난 지금도 생생하게 생각나는 것을 보니 마음에 상처나 충격으로 남아 있었나 보다.

그리고 학원에서 사회 과목 강사로 일할 때 일이다. 나는 40명 정도 되는 중학교 1학년 아이들의 담임을 맡고 있었다. 시험 때가 되면 선생이고 아이들이고 모두 예민해져 통제가 쉽지 않고, 또 입시를 앞두고 있던 고등학생들도 있었기 때문에 스트레스가 이만저만이 아니었다. 그러던 중 교무실에서 우리 반 아이가 착하다고 소문난 수학 선생님에게 무슨 일을 요구하는 장면을 봤다.

"선생님 글자 포인트는 ○이고, A4 한 장이에요~ 꼭 해주세요. 꼭이요!"

아이의 말에 주저하며 컴퓨터 앞에 앉은 선생님에게 아이가 무슨 부탁을 했냐고 물었더니, 학교에서 역사 인물을 선정해서 써 오라고 했는데 자기가 시간이 없으니 교사에게 해 달라고 했단다. 순간 당황스럽고 부끄럽고 화도 났다. 역사 인물이라면 내 과목인데 아이는 자기가 배우지도 않는 선생님, 즉 만만한 선생님을 골라 숙제를 부탁한 것이다.

치미는 화를 가라앉혀야 한다는 생각도 없이 처음으로 지휘봉을 들고 수업에 들어갔다. 들어가자마자 지휘봉으로 교탁을 치며 맨 앞에 앉아 있던 그 아이를 우선 맨 뒤로 보냈다. 그리고 아무리 너희가 돈 내고 학원을 다니고 선생님들도 친구처럼 대해준다고 버릇없이 굴어도 되냐며 큰 소리로 화를 냈다. 숙연해진 수업 시간 내내 난 그 아이의 간절한 시선을 외면했고, 질문이며 답이며 모두 그 아이를 배제했다.

수업이 다 끝나고 아이들이 모두 나가면 그 아이와 얘기를 좀 해야겠다 싶어서 아이를 남으라고 했는데, 아이는 애들이 다 나가자마자 서럽게 울었다. 순간, '내가 미쳤었구나'라는 생각이 들었다. 혼내려면 다른 아이들이 없는 조용한 곳에서 불러내 따로 얘기를 했어야 했다는 생각이 그제야 들었다. 그리고 내가 교육학에 무지한 상태에서 아이들을 가르치다 보니 이런 어처구니없는 짓을 했다는 생각이 들었다.

그 뒤 나는 수업 시간에 지휘봉을 들고 다녔다. 웃으면서 시작한 학원 일이 나를 점점 강하고 흉측한 선생으로 만들어갔다. 초등학교 1학년 때 담임선생님이나 학원 강사였던 나나 아이들을 인격적으로 대하지 않은 것은 똑같다. 그런 생각을 하니 참 끔찍한 마음이 드는데, 우리 사회에서 학생들의 인권 문제는 이 두 이야기 정도는 우습게 넘길 정도로 참담한 상황이 아닌가 싶다.

학생들의 인권에 대한 문제의식은 이제 막 시작되었다. 학생 인권에 대한 지속적인 관심과 연구를 시작해야 할 것이다. 그 동안 나는 우리나라의 교육 문제가 단지 입시 제도에만 있다고 생각해왔다. 그러나 그것은 추상적이고 피상적인 판단이었다. 오히려 우리의 생각과 태도를 바꾸면서 변할 수 있는 것이 얼마든지 많다는 사실을 알게 되었다. 이제 시작이다.

국어와 수학도 암기 과목으로
만들어버리는 평가 방식

　　　　　　　　　　　우리나라 교육의 문제점은 너무 많아 일일
이 거론하기 힘들 정도다. 창의력을 발휘할 수 없게 만드는 주입식 교육,
부모들의 지나친 교육열, 아이들의 비뚤어진 경쟁심, 사교육……. 나는 생
각 끝에 이 모든 문제점이 현재 학교의 평가 방식에서 비롯된 것이 아닐까
하는 의혹이 들기 시작했다. 평가 방식만 바뀌어도 여러 가지 문제점이 해
결될 수 있지 않을까? 그만큼 현재 교육의 평가 방식은 교육의 질을 하락
시키는 요인이다.

　학교는 시험과 수행평가로 아이들의 성적을 매긴다. 시험 문제는 아이들
의 창의력과 이해력을 요구하지 않는다. 대부분 외워서 푸는 문제다. 사회,
국사 등의 암기 과목 뿐만 아니라 심지어 수학까지 교과서 문제를 외워서
풀어야 한다.

　수학은 개념을 이해하고 그것을 문제에 활용하는 것이다. 개념도 무조
건 외우는 것이 아니고 이해를 해야 한다. 이해를 해야 응용문제도 잘 해결
할 수 있다. 그러나 어처구니없게도 우리나라 아이들은 수학을 암기 과목
이라고 생각한다. 공식을 외우고, 어떤 문제가 나오면 이런 식으로 풀라고
학교와 학원에서 배우고 있다. 무조건 외운다고 수학을 잘 하는 것이 아니
다. 단순 암기가 아니라 원리를 이해하고 활용할 수 있어야 하는데 그렇게
하려면 시간이 필요하다. 그러나 우리나라 학생들은 그럴 시간이 없다. 원
리를 알고 이해를 하는 것은 무조건 외우는 것보다 시간이 더 많이 걸리고,

시험을 잘 보려면 이해보다는 암기가 빠른 길 같아 보인다. 그렇기 때문에 아이들은 오늘도 수학 공식을 외우고, 문제 유형과 방법을 외운다.

국어도 우리나라에서는 암기 과목이 되었다. 국어에서 중요한 것은 문학 작품을 이해하고, 자기 생각을 글이나 말로 표현하는 것이다. 그런데 우리나라 국어 시간은 어떠한가? 작품을 읽고 연대, 작가, 소재가 의미하는 내용 등을 교사가 말하면 아이들은 그것을 필기하고 외운다. 이것이 문학 작품을 진심을 다해 이해하는 것인가? '문학을 이해한다=문학 작품을 분석한다=문학을 외운다'가 아니다. 문학은 하나의 소설로, 시로, 영화 등으로 그냥 느끼면 된다. 보고 느끼는 것을 자유롭게 표현할 줄 아는 것이 문학을 이해하는 것이고, 국어를 잘 하는 것이다. 그러나 아이들한테 그것을 보고 느낄 시간을 주지 않는다. 아이들이 느끼기 전에 미리 작품에 대한 정보를 알려준다. 그리고 그것을 많이 외울수록 시험에서는 높은 점수를 받는다. 수행평가는 시를 외우느냐 외우지 못하느냐로 판가름난다. 과연 시를 외우는 것이 국어를 잘 하는 것일까?

학습한 내용을 모두 외워야만 점수가 잘 나오는 시험 때문에 암기식 · 주입식 교육이 진행되고, 잘 요약해주고 잘 찍어주는 학원을 찾아다니느라 지나친 사교육이 문제가 되고 있는 것이다.

시험의 문제점을 보완하기 위한 수행평가는 잘 되고 있을까? 아이들은 수행평가 점수를 잘 받으려고 단소 학원, 농구 학원에 다니고, 잘 쓴 보고서를 돈으로 산다. 학생들의 평소 행동을 평가하는 수행평가 또한 사교육을 부추기고 있는 것이다. 왜 의도와 실제로 행해지는 결과가 다른 것일까?

우리나라 학교는 교사 한 명당 담당해야 하는 학생 수가 너무 많다. 교생을 다녀온 중학교에서 과학 선생님은 일곱 개 반을 담당했다. 40명 씩 일곱 개 반을 맡고 있으니 280명 아이들의 과학을 담당하고 있는 것이다. 교사 한 명이 280명 아이들이 과학에 흥미가 있는지, 과학을 잘 하는지 못하는지, 성향은 어떤지 다 알기에는 너무 벅차다. 선생님은 아이들 노트 검사를 하는 게 겁이 난다고 했다. 노트 한 개를 1분씩 검사한다고 해도 다섯 시간 정도 걸린다. 이런 현실 때문에 수행평가는 제대로 될 수가 없다. 많은 학생을 평가할 수 있는 최선의 방법은 지필고사다. 그렇기 때문에 지필고사가 계속되는 것이다.

학생들을 시험과 무의미한 수행평가로 평가해서는 안 된다. 학생들의 평소 모습과 활동, 창의력을 발휘하는 것을 평가해야 한다. 그렇게 하려면 교사 한 명이 담당하는 학생 수를 줄여야 하고, 교사의 전문성을 발휘해야 한다. 평소 모습을 통해 학생들을 평가하는 것은 말처럼 쉽지 않다. 학생들의 창의력, 노력을 평가하는 것은 더더욱 어렵다. 제대로 된 평가를 하려면 교사는 학생들의 삶을 장기적으로 세심하게 관찰해야 하고, 다양한 평가 방식과 평가 기준을 개발해야 한다. 충분한 관심과 정확한 기준이 필요하다. 교사가 평가를 하기 전에 학생들의 의견을 묻고 합의하는 것도 중요하다. 학생들이 평가의 주체가 되게 하는 방식도 고려할 수 있다. 나아가 동료평가를 하게 하면 교사가 미처 보지 못하고 알지 못하는 부분에 관해서 동료들이 알려줄 수도 있다.

평가의 1차 목적은 학생들의 성장을 충분히 돕기 위한 것이지 학생들을 차별하기 위한 자료를 만들려는 것이 아니다. 목적과 수단이 전도된 지금의 평가는 학생들을 평가에 매이게 함으로써 오히려 아이들의 성장을 방해하고 있다.

교육학 개론 수업은 자유 생각 과제인 'RP' 쓰기와 기말 리포트, 자기평가, 출석으로 평가를 한다. 달달 외워서 시험지에 쓰는 평가 방식이 아니어서 좋지만 과연 이런 방식으로 제대로 된 평가가 될 수 있을지 의문이 들기도 했다. 하지만 나는 지금 성적에 연연해하지 않는다. 이 수업을 들으면서 교육에 대해 많은 것을 느끼고 생각하고 있기 때문이다. 교육에 대해 함께 고민하고 대안을 마련해 나가자는 선생님을 보며 나처럼 무관심하던 사람도 우리 교육을 따뜻한 관심으로 다시 보게 되었다. 이제 같이 생각을 모아 올바른 대안을 마련해야 할 때다.

중국 학교와
영국식 학교의 차이

  나는 중국에서 초등학교 6학년부터 고등학교 1학
년까지 학교를 다녔다. 중간에 월반을 했으니까 총 4년을 공부했다. 그 중
7학기는 중국인 현지 학교에서, 1학기는 영국인이 세운 국제학교에서 공부
를 했는데, 두 곳은 나름의 수준별 교육을 시행하고 있었다.

  중국 학교는 국가 차원에서 우열 편성을 실시했다. 예를 들어 어떤 지역
에 중학교가 30개 있으면 그 학교에 1부터 30까지 순위를 매긴다. 1중학교
는 그 도시에서 가장 좋은 학교가 되는 것이다. 그래서 교복만 보면 그 학
생의 수준을 대충 파악할 수 있게 된다. 게다가 한 학교 안에서도 반 순위
를 정하는데, 우리 학교는 1~4반은 열등반, 5~8반은 우등반이었고, 한 달
에 한 번씩 치르는 시험 때도 30명씩 등수대로 시험 교실을 배정했다. 한마
디로 전국의 모든 중·고등학생들을 한 줄로 세워놓은 꼴이다.

  이런 환경에 익숙해 있던 나는 외국인 학교로 전학 가서 정말 적응이 안
됐다. 거기서는 모든 시간표를 스스로 선택했다. 'TOK'라는 철학과 도덕에
해당하는 수업 하나만 필수 과목이었고, 나머지는 자기 맘에 드는 과목 여
섯 개만 선택하면 됐다. 선택할 수 있는 모든 과목은 '스탠더드 레벨standard
level'과 '하이 레벨high level'로 나뉘어 있었다. 여섯 과목 중 세 과목만 하이 레
벨을 선택하면 된다. 학생들은 자신의 실력과 관심 분야에 맞춰 과목과 레
벨을 선택할 수 있었다.

  그런데 우리나라하고는 달리 이 학교 학생들은 낮은 반에 있다는 것을

전혀 부끄러워하지 않았다. 자신이 스스로 선택한 반이기 때문이다. 실력이 부족해서 낮은 반에 '배정'된 것이 아니라, 그 레벨을 '선택'한 건 자신이기 때문에 전혀 부끄러움이 없었다.

아이들은 모두 자신이 듣고 싶은 과목, 자신이 선택한 레벨로 가서 수업을 받았다. 실력이 정말 뛰어나거나 기본부터 배우고 싶으면 해당 과목에 한해 다른 학년 수업도 들을 수 있었다. 게다가 낮은 반의 명칭도 그 반 학생들을 고려해 '로우 레벨low level'이 아닌 스탠더드 레벨이라고 불렀다. 낮은 반 학생들에게 자신들이 못 하는 것이 아니라 하이 레벨에 있는 학생들이 잘 하는 것이라는 생각이 들게 하는 효과를 주는 것이다.

그럼 우리나라 새 정부가 생각하는 우열반은 어떤 것일까? 말할 필요도 없이 중국이 택하고 있는 방식일 것이다. 최근에는 일제고사까지 치러 전국에 있는 학교에 등급을 매기는 것까지 빼닮아 가는 실정이다. 설사 학교 간에는 등급을 부여하지 않는다 하더라도, 학교 안에서 우열반을 나누게 되면 우리나라 실정에 비춰 봤을 때 많은 문제점이 생길 것이다.

먼저, 교사 배정 문제가 있다. 같은 학교에 근무 중이더라도 실력이나 가르치는 방식 등에서 더 우수한 교사가 있을 텐데, 만약 우열반이 시행된다고 하면 우등반에는 '좋은' 교사가, 열등반에는 상대적으로 '좋지 않은' 교사가 배정될 것이다. 이럴 경우 우등반 학생들은 우수한 교사와 함께 더욱더 발전할 것이고, 열등반 학생들은 더 나빠질 것이다.

둘째, 교과과정의 편성 문제가 있다. 같은 내용을 가르칠 것인가 다른 내용을 가르칠 것인가 하는 문제인데, 내가 다닌 영국식 학교에서는 다른 내용을 가르쳤고 중국 학교에서는 같은 내용을 가르쳤다. 만약 우열반을 편성해 다른 내용을 가르친다면 사실 이것이 가장 이상적인 형태다. 저마다 받아들일 수 있는 만큼 가르치고 또 학생들도 그만큼 부담 없이 배울 수 있기 때문이다. 하지만 우리나라는 단 한 번의 수능 점수로 인생이 결정되는 구조다. 이런 상황에서 다른 교과과정을 선택한다고 하면 열등반 학생들은 수능에서 불리할 수밖에 없다. 그런데 이런 문제점을 없애려고 같은 내용을 가르친다면, 열등반 교사들이 학생들을 열심히 가르치려는 생각보다는 대충대충 때우려는 생각만 하게 될 것이다. 이 아이들은 어차피 가르쳐봤자 모르는 애들이라는 생각에.

셋째, 열등반에 배정이 되면서 생기는 정신적 충격이다. 다 같이 섞여 있는 학급에서는 좀 못 하더라도 다음에 잘 할 수 있다는 희망을 가질 여지가 있다. 하지만 열등반에 배정된다면 그 순간 아이들은 대개 좌절하게 될 것이다. '내가 이 정도 밖에 안 되는구나'라는 생각에 실망을 하고 자포자기하는 학생들도 생길 것이다. 게다가 주위 사람들의 기대도 낮아져 부담이 없어지기 때문에 학업 성취도는 점점 떨어지게 된다. 부정적 자성 예언[*]에 따른 현상이다. 반면 우등반에 배정된 학생은 자신감이 생기고 주위 사람들의 기대치가 높아져 책임감이 높아지면서 성적도 더 좋아질 것이다.

수능과 학벌에 모든 것을 걸다시피 하는 우리나라에서는 우열반을 시행하는 것이 적합하지 않다. 나는 수능 한 판에 인생이 결정 나는 이런 제도가 마음에 들지 않는다. 그래서 수준별로 다른 내용을 가르치는 교과과정 집단화를 택한 우열반 편성을 지지한다. 내가 직접 겪었던 것처럼 말이다. 하지만 우리나라 실정에는 맞지 않으니 우열반을 주장하지는 않겠다. 언젠가 수능이 모든 것을 결정하지 않는 그런 세상이 오면 그때 우열반을 다시 한 번 진지하게 고려해봐야겠다.

● 자기달성적 예언(Self-fullfilling prophecy, 자성 예언)은 어떤 일이 생각하고 믿는 대로 실제로 진행된다는 뜻이다.

교육학 개론 수업을 들으며 우리나라 교직사회의 부당함을 하나둘씩 알게 되면서 교사가 되기 싫다는 생각을, 동시에 학원 강사가 돼야겠다는 생각을 하게 됐다. 그런데 시간이 좀더 지나면서 사교육 시장으로 스스로 나가는 것은 내가 정말로 원하던 인생이 아니라는 생각에 어떡해야 할지 한동안 고민을 많이 했다. 그러다 우리나라가 싫어지고 이민을 가고 싶다는 생각도 난생처음 하게 됐다. 또 얼마 지난 뒤에는 이대로 현실을 피하기만 한다면 10년, 20년이 지난 뒤에도 변화가 없을 거라는 절망적인 생각에, 다시 우리나라의 선생님이 되어 나부터 지금까지 우리가 본 것과 다른 교직사회를 만들어 나가자고 다짐하게 되었다.

3학년이 되어서야 이런 생각들을 하게 된 것이 후회되고, 이때까지 너무 생각 없이 살아온 것 같아서 후회가 된다. 하지만 지금이라도 기존 사회의 병폐에 휘둘리지 않고, 모든 문제를 근본부터 다시 생각해보는 마음가짐을 가질 수 있는 기회가 생겨 다행이다. 그런데 머리가 너무 복잡해졌다. 좀 쉬고 싶다.

열린교육이 '닫힌 교육'이
되지 않는 법

　　　　　　　나는 초등학교 6학년 때부터 실시된 '열린교육'을 받은 세
대다. 그때 어린 마음에 '학생과 교사가 살아 숨쉬는 참된 교육을 받을 수
있겠구나' 하는 생각에 설레던 것이 생각난다. 하지만 현실은 냉정했다. '열
린교육'은 이전의 '닫힌 교육'을 화려하고 그럴싸하게 포장한 것에 지나지
않았다. 그 뒤 오히려 나는 예전보다 더 심각해진 교육열에 휘둘렸고, 참된
교육에 대한 충분한 이해와 고민 없이 실시된 열린교육은 나를 한 시대 교
육 제도의 '실험양'으로 만들었다. 나는 다음 세대한테는 이렇게 왜곡된 현
실을 그대로 물려주고 싶지 않았다. 그래서 올바른 열린교육은 과연 무엇
인지, 수행평가가 제대로 시행되려면 어떻게 해야 하는지 고민을 하기 시작
했다.

　수행평가遂行評價, Performance assessment란 학생이 스스로 탐구하고 얻어낸 지
식을 통해 특별한 재능이나 기능 등을 발현시키는 것을 목표로 하는 교육
평가 방법이다. 수행평가 제도가 실시된 처음 몇 년간은 새로 도입된 제도
의 참신함과 함께 학생 개개인을 존중하고 과정을 중히 여긴다는 이유로
교육사회의 각광을 받았다. 하지만 시간이 흐르자 수행평가는 완전한 준
비 없이 너무 빠르게 진행된 탓에 오히려 학생들에게 무거운 부담만 안겨
주었고, 이것은 입시 제도와 연결되어 더욱 심각한 입시 위주의 교육 환경
을 조성하는 결과를 낳았다. 수행평가는 이제 학교에서 '귀찮고 쓸데없는'
제도로 전락한 지 오래다.

학교에서 못 하는 다양한 활동을 경험하도록 장려하는 수행평가의 주요 취지는 대리 수행평가의 홍수 속에서 그 의미가 변색되어버렸다. 학교는 중간·기말고사 때 간단한 논술 문제로 대체해버리기도 하고, 아이들은 높은 점수를 받으려고 생전 가보지도 않은 음악회 팸플릿을 구입하고, 체육 실기 시험을 위해 체육 학원에서 전공생의 도움을 받으며, 가정 과목은 부모님의 도움을 받는 등 웃지 못할 일들이 지금 교육 현장 곳곳에서 벌어지고 있다. 학생들은 수행평가의 제대로 된 의미도 모른 채 수행평가의 굴레에서 벗어나지 못하고 있다.

수행평가를 비롯한 열린교육이 제대로 시행되지 못하고 있는 데는 몇 가지 이유가 있다. 첫째, 열린교육 이념에 바탕을 둔 수요자 중심 교육이 실제 교육 현장에서 잘못 이해되고 있기 때문이다. 수요자 중심 교육은 자율적이며 개인적인 선택 능력을 강조하고 학습할 과제를 스스로 선택하고 평가하는 것을 의미한다. 하지만 실제 교육 현장에서는 마치 학습자들이 원하는 것을 가르치면 된다는 뜻으로 이해되고 있어, 교사들이 적극적으로 노력하는 것을 포기하거나 학습자들이 교사의 수업권을 침해하는 상황을 초래하고 있다. 올바른 수요자 중심 교육이 되려면 교사가 학습자들의 실제 능력과 잠재적인 가능성을 개발하기 위해 노력하고 도와주는 적극적인 조언자가 되어야 한다.

둘째, 수행평가 학습에서 제대로 된 도구와 상징이 제공되지 못하고 있다. 올바른 수행평가를 하려면 학생들이 다양한 도구를 이용해 직접 체험해보고 시간이 많이 걸리더라도 학습과정을 천천히 지켜보아야 하는데, 입시 위주의 현재 교육사회에서 이런 수행평가는 사치에 불과하다. 하루 빨리 올바른 수행평가의 의미를 되찾고 정부를 비롯한 교육 주체들이 이것의 중요성을 잘 인식해 학생들에게 복합 학습 환경을 제공할 수 있도록 노력해야 한다.

셋째는 실수와 오답에 대해 냉정하며 다양한 의견을 배척하는 획일적인 교육 환경이다. 수행평가가 제대로 되려면 학습과정 중심의 평가를 기본 바탕으로 해 과정에서 생기는 실수와 오답에 대해 관대한 교육 환경이 먼저 조성되어야 한다. 자유롭고 너그러운 교육 환경 속에서 학생들은 다양한 견해에 대한 인식과 의견을 습득하고, 스스로 탐구할 수 있으며, 창의적인 학습 활동을 할 수 있을 것이다. 이런 활동은 다양한 탐구학습을 위한 과제 제공과 올바른 평가를 통해서 가능할 것이다.

이것 말고도 수행평가가 제대로 되지 않는 원인에는 교육 주체들이 수행평가를 잘못 인식하고, 입시 위주 교육 현장에서 상호 협동 활동을 할 수 있는 공간과 시간이 충분하지 않다는 데 있다. 열린교육으로 대표되는 교육 개혁은 국가가 주도하는 제도가 아니라 시민사회의 구성원이 원하고 시대상에 맞는 제도를 찾아가는 방향이 되어야 한다. 시민사회의 구성원인 교원과 학생, 그리고 학부모와 지역사회의 의견과 환경이 모두 합쳐질 때 교육 개혁이 제대를 찾아가는 방향이 될 수 있다. 그렇기 때문에 이런 문제점들을 해결하려면 올바른 교육 개혁은 무엇인지 고민하고, 새로운 교육 문화를 형성하려고 끊임없이 노력해야 할 것이다.

제대로 된 수행평가를 하려면 수행평가의 본래 목적인 학습과정을 중히 여기는 평가가 되어야 한다. 이것은 최종적인 결과물이나 지식이 아닌 결과적 지식과 절차적 지식이 합쳐진 통합적 지식이 평가되어야 한다는 뜻이다. 또 점수에만 의존하지 말고 학생 개개인의 능력과 노력을 평가하는 방법을 마련해야 한다. 그리고 지면으로만 하는 탈맥락적인 무미건조한 평가에서 맥락적 지식을 평가할 수 있는 제도를 정립해야 한다. 그 밖에도 일정한 기준에서 타인의 성취와 비교하고 위계적인 평가 방식이 아니라 자기 스스로 학습과정에서 얼마나 노력하고 많은 것을 얻어냈는가 하는 점을 중점에 둔 목표 지향 평가가 되어야 한다. 이런 새로운 평가 제도를 바탕으로 그 동안 비공개적이고 위압적으로 진행되던 평가를 공개하고, 자기평가 제도를 도입해 좀더 공정하고 투명한 평가가 될 수 있게 하는 것도 큰 도움이 될 것이다.

실제 교육 현장에서 학습자의 생각이나 행동들은 교과서처럼 획일적이지 않고 독창적이며, 때에 따라 상상을 초월하기도 한다. 이런 학습자들의 특성을 잘 이해해 더 다양한 분야의 지식을 습득할 수 있는 기회를 주는 것이 학습자들의 창의적인 능력을 키우는 발판이 될 수 있다. 또 학습자는 다양한 활동을 통해 자신들이 발전할 수 있는 범위를 한껏 넓힐 수 있으며, 사회 교류를 통해 상대방의 생각이나 아이디어를 존중하고 협동함으로써 어려운 문제도 풀 수 있는 능력을 갖출 수 있다.

이런 방법들은 지금 당장은 시행하기 어려울 수도 있지만, 상황과 현실에 맞춰 제도를 적절히 수정하며 동시에 다른 여러 가지 교육 이론 방법을 병행한다면 실제로 큰 효과를 얻을 수 있을 것이다. 이런 이론들을 바탕으로 올바른 수행평가가 된다면 그때 비로소 제2의 '열린교육'이 빛을 발할 수 있을 것이다. 이런 작은 노력들과 함께 하는 교육에 대한 깊은 이해와 진지한 고민은 우리 사회의 지나친 교육열을 교육을 향한 뜨거운 열정으로 변화시킬 수 있을 것이라 굳게 믿는다.

CEO 운동을
제안한다

        우리나라의 공교육은 무너진 상태다. 어린애들까지 다 알고 있는 이 사실을 두고 우리는 계속 헛된 논의만 계속하고 있다. 공교육을 받은 사람들이 다시 만드는 공교육 시스템은 다람쥐 쳇바퀴 돌듯이 한없이 반복될 뿐이다. 공교육은 무너져가는데 교육에 들이는 돈과 시간은 너무 많다.

  중학교 졸업자의 99.7퍼센트가 고등학교에 진학하며, 고등학교 졸업자의 83퍼센트가 대학교에 간다. 서울시 통계에 따르면 초·중·고등학교 학생의 50퍼센트가 학원 등 사교육 기관에 다니고 있다. 2008년 세계 경쟁력 연차 보고서를 보면, 한국의 대학 진학 비율은 55개국 중 4위, 대학 교육의 질적 수준을 평가하는 지표 중 하나인 '대학 교육의 경쟁사회 요구 부합도'는 55개국 중 53위를 차지했다. 우리나라 공교육의 허상을 보여주는 예다.

  교육열이 높은 우리나라 사람들은 서른 살이 다 되도록 공부의 굴레에서 벗어나지 못한다. 모든 것을 수치로만 평가받았기 때문에 사람들은 그것을 당연하게 생각한다. 오랫동안 획일적인 교육을 주입받았기 때문에 자기 생각이나 의지는 없다. 자신이 원하는 직업보다 남들이 좋다고 하는 것을 따라서 직업을 선택하는 것도 그 이유일지 모른다. 우리 사회에서는 아무리 공부해도 공부의 끝이 없다. 남는 것도 없다. 시험만 끝나면 하던 공부는 다 소용없어지고 마는 것이 꼭 밑 빠진 독에 물 붓는 꼴이다. 하루 열한 시간에서 열여섯 시간씩 공부하는 10대 청소년들이 세계 어디에 있을까? 대학을 졸업해도 백수가 되거나 88만 원의 비정규직으로 사는 젊은이가 80퍼센트가 넘는 나라는 한국뿐이다.

공교육은 착한 어린이가 되려면 계속 교육을 받아야 한다고 가르친다. 그러면서도 학벌주의를 조장하고 심지어 이제는 노골적으로 어린 아이들을 숨도 못 쉬게 만든다. 현재 정부에서 추진하는 학교 자율화를 보면 나 같은 사람도 한숨만 나온다. 대체 누구를 위한 정책인가? 아이들은 이제 더 무서운 경쟁에 시달리게 될 것이다. 학교를 수준별로 파악해서 경쟁을 유도한다는 미명 아래 일 년에 몇 차례씩 치러야 하는 전국 단위 일제고사와 성적 공개를 통해 아이들은 수치화되고 차별될 것이다.

그래서 나는 'CEO 운동'을 제안한다. 'CEO 운동'은 'Change Education of School'의 약자다. 공교육은 변해야 한다. 교육의 선진국이라 불리는 유럽의 나라들을 보면 왜 세계 무대에서 우리의 경쟁력이 떨어지는지 확실히 알게 된다. 우리 사회의 많은 엘리트들이 왜 그 사실을 모르겠는가? 삼척동자도 알 법한 이런 사실을 유독 윗분들은 들으려고 하지 않는다. 내가 생각하는 CEO운동의 핵심은 다음과 같다.

학생들에게 자율권을 보장해야 한다

학생들이 원하는 교과과정을 스스로 선택할 수 있게 해야 한다. 획일화된 교육과정에서는 획일화된 사람만 나올 수밖에 없다. 자신이 원하는 공부를 하기 위한 전공을 선택하려면 12년의 세월이 흐른다(실제로 하고 싶은 공부를 하려고 대학교에 간 사람이 몇 명이나 되겠는가). 그 속에서 아이들은 똑같은 가치와 똑같은 내용을 배우고 정답과 오답 사이에서 창의력을 잃어간다. 현재 공교육은 같은 내용을 누가 더 많이 아느냐에 따라 사람의 가치를 평가한다. 평가가 잘 되려면 준거 지향 평가(절대평가)가 되어야 하지만 현재 공교육은 규준 지향 평가(상대평가)를 통해 무한 경쟁을 유도하고 있다. 참된 교육의 목적이 변질되어가고 있는 것이다. 진술된 성취 목표를 이루는 절대평가를 통해 여기에 못 미치는 아이는 그 기준에 더 다가갈 수 있게 지도하고, 그 기준을 넘은 아이는 더 높은 기준을 측정해 아이에게 자신이 배울 학습 목표를 선택할 수 있게 하는 것이 정답이다. 하지만 학생들은 선택권이 없다. 그저 옆에 있는 친구보다 더 잘 하면 그만인 것이다. 무엇을 배웠는지는 중요하지 않다.

제대로 된 협력적 교육 체제를 도입하자

아이들에게 경쟁을 주입시키기 전에 무엇이 제대로 된 경쟁력인지 생각해보자. 그리고 올바른 경쟁력이 협력적 틀 안에서 할 수 있다는 것을 생각해야 한다. 이런 전제 위에서 학교가 경쟁력을 갖출 수 있는 시스템을 도입해야 한다. 아이들은 학원 숙제는 꼭 하지만, 학교 숙제는 하지 않는다. 학교에서 하지 않는 상담과 생활지도는 학원에서 한다. 학원이 학교이고, 학교는 부차적인 장소로 전락하고 마는 것이다. 공교육이 불신의 늪에서 빠져나오려면 교사의 자율성과 창조적 열정이 자유롭게 보장되는 새로운 시스템을 통한 교사의 질이 가장 먼저 확보되어야 한다.

열린 사고를 지향하는 열린 교실을 만들자

아이들은 앉아서 하루 종일 수업을 듣는다. 말 그대로 주입식 교육이다. 적극적인 상호작용이 일어날 리 없다. 질문과 토론은 없고 선생님도 그것을 기대하지 않는다. '열린 교실'이 아닌 '닫힌 교실'이다. 그렇기 때문에 교실에서 배우는 지식의 확장은 일어나지 않는다. 아이들이 지식을 추구하고 이것을 활용할 수 있는 수업이 진행되어야 한다. 서른 명이 넘는 아이들이 차례대로 앉아 있는 교실에서 무슨 상호작용이 일어날 수 있겠는가? 우리나라는 GDP 대비 공교육 지출 비용은 하위권인데 사교육비에 지출하는 돈은 최상위권이라고 한다. 교육의 질이 결국 국가의 운명을 좌우할 수 있다는 것을 알면서도 교육비 지출에는 무척 인색하다.

제안을 하면서도 이미 다 알고 있는 사실을 말하는 것 같아서, 그리고 모든 사람들이 제안해온 것을 되풀이하고 있다는 생각을 하니 마음이 무겁다. 알고 있는 사실이면서도 왜 바꾸지 않는 걸까? 말하는 사람은 있지만 듣는 사람이 없는 것일까? 서태지의 노래 가사처럼, 왜 바꾸지는 않고 마음을 조이며 젊은 날을 헤매고, 왜 바꾸지 않고 남이 바꾸길 바라고만 있는 것일까? 미래에는 우리의 아이들이 공교육을 받으면서 바보가 되지 않기를 바란다. 남과 다르다고 해서 실패자로 분리하는 지금의 교육 체제에서 공교육의 허상을 일찍 깨달은 아이는 공교육 시스템에 적응을 하지 못한 채 부적응자로 분리된다. 오히려 공교육의 허상을 깨닫지 못한 진짜 바보들은 어른들이 만든 세상에서 똑같은 어른이 되어 악순환을 반복한다. 아이들이 행복할 수 있는 그날은 언제쯤 찾아올 수 있는 것일까?

고등학교에도
자율성과 전문성이 필요하다

며칠 전 사촌 동생한테 전화가 왔다. 문과를 갈지 이과를 갈지 결정해야 하는데 조언을 구하고 싶다는 전화였다. 동생은 자기가 어느 쪽에 재능이 있는지 잘 모르겠고, 결정이 어렵다고 했다.

"네가 특별히 잘 하는 게 뭔지 잘 모르겠으면 일단 나중에 네가 하고 싶은 일을 생각해보고 그 직업이 이공계 쪽이면 이과를, 인문계 쪽이면 문과를 선택해."

"뭘 특별히 하고 싶은지도 잘 모르겠는데……. 어떤 게 있는지도 잘 모르겠고……."

"텔레비전에 나오는 사람들 모습을 보거나 인터넷을 한 번 검색해봐."

전화를 끊고 나서 참 씁쓸했다. 학생들 대부분 이런 처지에 있다는 것을 나는 누구보다도 잘 알고 있고, 이것이 우리 교육의 가장 큰 문제다. 입시 위주 교육, 지나친 경쟁, 사교육의 성행 등 수많은 문제점을 안고 있는 현실에서 가장 피해를 받는 사람은 '꿈이 무엇인지 생각하며 살아가야 한다는 필요성조차 잊고 살아가는 학생들'일 것이다. 고등학교 때 선생님과 부모님이 여러 번 장래 희망을 물어보았고, 학기 초마다 학교에서는 학생기록부에 장래 희망을 쓸 수 있는 칸을 마련해 두었다. 하지만 매일 학교에서만 생활하고 '국영수' 위주로 수업만 받는 학생들이 어디서 자신의 꿈을 찾고 적성을 알아볼 수 있을까?

대학에 입학하면 학생들한테는 갑자기 자유가 주어진다. 수업 시간표도 스스로 짜야 하고, 학생들끼리 활발하게 모임도 할 수 있고, 자신의 특성을 살릴 기회를 마련할 수도 있다. 이 모든 것은 대학에 와서야 가능하다. 한 번도 이런 시스템을 접해본 적 없는 학생들에게 이것은 정말 커다란 변화다. 나도 처음에는 이런 자유를 마냥 공부하지 않아도 된다는 말로 오해해 정말 허무한 시간을 보냈다. 그런데 중·고등학교 과정까지 꽁꽁 묶어둔 학생들을 스무 살 대학생이 되어 갑자기 풀어주는 것은 무슨 의미인가? 스무 살이라는 기준은 누가 만들어놓은 것인가? 스무 살이 되면 학생들은 전에는 없던 엄청난 책임감과 판단력이 생기는 것일까? 그렇지 않다. 중학생들도 적성이 있고 스스로 옳고 그른 것을 판단할 줄 알며, 고등학생들도 성인과 마찬가지로 충분히 자신의 생각을 정립할 수 있고 자기가 뭘 원하는지 안다.

따라서 대학에서 보장하는 자율성과 전문성을 고등학교 과정까지 확대시켜야 한다. 물론 대학교처럼 많은 전공 과목을 가르칠 필요는 없다. 지나치게 분화된 지식은 오히려 지적인 혼란을 일으킬 수 있다. 그래서 교육학 개론 같은 수업처럼 학생들이 과목의 전체적인 성격을 파악할 수 있게 과목을 개발하고, 이런 과목들을 관심사에 따라 선택할 수 있는 자율성을 보장해야 한다. 이런 과정을 통해서 자신의 진로와 적성과 관련된 지식들을 고등학교 과정에서도 배울 수 있게 하는 것이 필요하다.

대학 입시 제도도 이렇게 고치기를 바란다. 대학 졸업 뒤 학점이나 대외활동 기록을 취직 원서로 내듯이 자신이 즐겨 들은 과목을 중심으로 연관된 학과를 지원하는 방식이다. 이렇게 되면 한정된 과목에 모든 학생들이 뛰어들어 만점을 향해 달려가는 지금의 평가 방식하고는 다르게, 자신의 적성을 발견하고 충분히 동기 유발된 과목에 매진하고 저마다 장점을 살려 미래의 직업과 연결된 공부를 할 수 있을 것이다. 고등학교 교사도 자기 전공을 더욱 전문적으로 공부를 해야 한다.

이렇게 되면 여러 가지 염려하는 목소리가 나올지도 모른다. 학생들에게 학습의 선택권이 주어졌을 때, 혹시 학생들이 모두 쉬운 과목만 들으려 하지 않겠는가? 이것은 학력 저하로 이어지지 않겠는가? 그것을 방지할 수 있는 근본적인 시스템은 무엇인가? 그러나 지금처럼 공부에 관심도 없는 학생들을 교실에 앉혀두고 흥미 없는 수업을 들으라고 강요하는 것은 학생의 소중한 시간을 낭비하고 잠재 능력을 없애버리는 행위다. 학교 체제에 순응해 열심히 공부를 해 좋은 대학에 들어간 학생이라고 하더라도 '정말로 자기가 원하는 공부를 하고 있는가?'라는 질문 앞에서 힘없이 무너지는 상황에 대해 누가 어떤 변명을 대신 해줄 것인가? 다들 해야 한다고 하니 어쩔 수 없이 하는 그런 공부는 이제 더는 의미가 없다.

누구나 즐거운 학습, 즐거운 가르침, 유의미하고 자기 발전적인 공부를 원한다. 과연 무엇을 위해서 지금처럼 미친 질주를 하고 있는가? 작은 구멍 하나를 만들어놓고 모두 그곳으로 들어가야 한다는 이런 어리석은 짓을 우리는 언제까지 하려고 하는가? 내 생각이 지나치게 이상적인 사회를 기대하는 것이라고 생각하지는 않는다. 이제 다 큰 학생들을 어리석게 통제하려고만 하지 말고 아이들을 믿고 존중하고 인격적인 관계를 맺게 된다면 지금보다 훨씬 의미 있고 행복한 학교가 될 수 있을 것이다.

이번 교육학 개론을 들으면서 시험이 없어도 얼마든지 학생들은 능동적으로 공부할 수 있다는 사실을 깨달았다. 아니 오히려 시험이라는 올가미에서 학생들을 자유롭게 해주니 서로 협동하고 배려하며 불안감 없이 자발적으로 공부하는 학생들이 늘었다고 말하는 편이 옳을 것이다. 아무런 통제 없이 이 수업에 기꺼이 참여할 수 있던 것은 이 과목이 내 흥미를 채워

주고 내가 원하는 그 무엇을 풍부하게 해주었기 때문이다. 내가 정말 알기 원했기 때문에 성실하게 수업에 참여할 수 있었다. 이것이 가능하다는 것을 내가 먼저 깨닫게 되었으니, 이제 입시로 괴로워하는 후배 학생들에게도 뭔가 말해줄 수 있을 것 같다.

부모자격증제를
도입하자

우리 앞에 놓인 수많은 교육 문제들은 어떻게 해결할 수 있을까? 우선 부모자격증제 도입을 제안한다. 부모가 되려면 라마즈 호흡법이나 요가, 분유 타는 법을 배울 게 아니라 삶에 대한 근본적인 태도와 가치관부터 정립해야 한다. 우리의 부모님 세대는 무조건적인 희생과 봉사로 아이를 좋은 대학에 보내서 성공시키는 것만이 부모의 책임이라고 생각하고, 그것을 목표로 삼아서 무조건적인 사랑만 쏟아부었다. 이런 교육을 받고 자란 우리 세대의 부모들은 여기에서 더 나아가 더욱 치열한 교육열에 빠져 아이들을 학원으로 내몰고 있다. 사회에서 인정받는 사람이라도 부모로서 미성숙하거나 준비가 되지 않은 상태에서 자기가 살아온 대로 대물림하는 교육을 하고 있다. 이것이 얼마나 위험한지도 모른 채. 부모들도 한 아이의 성장과 발달을 책임질 수 있는 능력을 갖추고, 올바른 부모의 상을 배우고, 부모의 자격과 능력을 기르기 위한 교육을 받아야 한다.

물론 부모님들의 사랑이 문제가 아니라 그것을 자식들에게 표출하는 방법이 문제라고 생각한다. 아이들을 사랑하고 생각하는 마음으로 '아이에게 무엇을 해줘야 할까' 고민하는 것이 아니라, '이 아이는 무엇을 하고 싶을까, 무슨 생각을 하고 있을까, 무슨 이야기를 하고 싶은 것일까'라는 생각을 하며 아이의 말에 귀 기울여주고, 아이가 꿈과 희망을 품을 수 있게 도와주는 부모가 되어야 한다. 또 아이들에게 비싼 과외를 시켜주려고 식당에서 일을 할 게 아니라, 그 시간에 아이들과 얘기를 하고 관심을 보이고 함께 해주는 부모가 필요하다.

예전 부모님은 많은 교육을 받지 않았어도 자식에게 윤리나 양심에 관한 교육은 기본적으로 시켰지만, 요즘 부모들은 기본적인 예의와 윤리보다는 자기 자식이 남보다 뛰어나고 앞서 나가기를 원하는 마음만 갖고 교육을 한다. 누가 자기 아이를 때리면 그 아이를 똑같이 때리라고 가르치고, 아이가 맞아서 피해자로 학교에 불려가는 것보다 가해자로 불려가는 게 더 낫다는 말을 하는 경우를 본 적이 있다.

부모들에게 교육과 책임의식을 심어주고 교육에 대한 올바른 생각부터 정립할 수 있게 해야 한다. 또 그 정신을 잃지 않도록 꾸준히 교육하고 좋은 프로그램을 제공해야 한다.

부모자격증은 도입과 실행도 어렵고, 실행했을 때 얼마나 많은 부모들이 참여하고 얼마나 효과를 거둘지도 미지수지만, 사회 정책이 변하는 것만 기다리는 것보다 개인이, 부모가 조금씩 교육에 대한 생각을 바꾸어 나가면 우리나라 교육의 미래가 어둡지는 않을 것이라는 기대를 해본다.

교직관이
인생관이다

　　　　　교육학 개론 수업을 들으면서, 그리고 친구들과 대화하면서 '정말 내가 교사가 되어도 될까?'라는 고민을 참 많이 했다. 학교에서 일어나는 문제들, 무기력하고 진부한 수업들이 양심을 잃은 일부 교사만의 문제는 아니라는 생각이 들었다. 정말 마음에서 우러나는 사명감이 없다면 그 길로 들어서기는 쉽지 않을 것 같다. 무기력과 진부함, 형식적인 수업을 만드는 교사가 아니라 생동하는 수업을 학생들과 함께 만들어가는 교사가 되려면 먼저 교사로서, 한 인간으로서 인생관과 교직관을 잘 세워야겠다는 생각이 들었다.

　　인간은 생각하는 존재다. 그래서 인간은 의식적으로 자기가 처한 상황에 대해 생각하기 마련이다. 또 인간은 직관적인 감각을 갖고 있다. 인간의 이런 특성은 인간 스스로 자신의 상황에 대해 직관적으로 어떤 견해를 갖도록 이끈다.

　　이런 특성들 때문에 인간은 자신이 존재하는 세계에 대해 의식적으로든 무의식적으로든 세계관을 갖게 된다. 무의식적으로 행동한 것이기에 어떤 세계관적 의미가 내포되지 않은 듯 보이지만, 각 행동의 이면에는 무의식적으로 내재된 세계관이 있기 마련이다. 또 인간은 의식적으로 세계관에 맞춰 자기 의견을 결정하고 행동하기도 한다.

　　인간이 갖게 되는 세계관과 인간관은 교직관보다 먼저다. 교사이기 전에 이미 한 인간이기 때문이다. 그래서 교사로서 교직관을 정립하는 일보다 먼저 필요한 것은 한 인간으로서 자신이 처한 세계를 어떻게 바라보고 행동할 것인지 결정하는 일이다. 곧 내 교직관이 내 인생관이 된다.

나는 세상에 태어난 한 존재로서 끊임없이 배우고 싶다. 학창 시절을 마감한 어른이라고 배움의 과정이 끝난 것은 아니다. 아니 배움에는 끝이 없다. 그래서 학창 시절이 끝나고 난 뒤에도 세상은 여전히 배우고 익혀야 할 것으로 넘쳐난다. 나는 세상에 대한 물음을 가지고 끊임없이 배우는 교사이고 싶다.

이런 처지에서 만난 교사와 학생은 동료다. 여전히 배우고 익혀야 할 것으로 넘실대는 세상 안에서 함께 배우고 익혀야 하는 동료인 것이다. 수업은 이런 동료들이 만나 세상에 대한 자신의 생각과 지식을 나누는 자리다. 누가 좀더 먼저 익히고 나중에 익히는가 하는 차이일 뿐이지 세상에 태어나 자라고 배워가는 존재라는 면에서 교사와 학생은 동료인 것이다.

나는 세상에 대한 배움이 생명력을 가진 것으로 생동하기를 바란다. 세상에는 죽어 있는 것이 너무 많다. 특히 우리가 배우는 많은 지식은 점점 생명력을 잃고 있다. 그것은 세상과 동떨어진 것으로 존재한다. 시험에 출제된 문제의 정답을 고르는 것이 배우고 익히는 지식이 갖는 기능의 전부가 되고 있다.

학생과 교사가 만나 배우는 지식과 지혜가 한 인간으로서 자신이 처한 세상에 대한 관심과 물음에서 출발한다면, 그것은 생명력을 가진 것이 될 수밖에 없다. 교사와 학생이 인간으로서 배우는 지식이 실제 처한 현실과 동떨어지지 않을 때 훨씬 더 생동할 수 있을 것이다.

또 나는 소외된 사람들에게 관심을 보이고 그 사람들을 위한 일을 실천에 옮기는 사람이자 교사이고 싶다. 이런 내 관심은 나와 함께 배우고 익히게 될 학생들에게도 나타날 수밖에 없다. 수업에서 교사가 학생들과 나누는 것은 객관적인 지식이 전부가 아니기 때문이다. 소외에 대한 관심은 그 범위가 무척 넓다. 신체적으로 혹은 정신적으로 소외된 자기 자신에 대한 관심에서, 사회적으로 소외된 사람들, 세상에서 소외된 사람들에 이르기까지. 이렇게 학생 자신과 사회, 그리고 세계로 연결될 수 있다는 점에서 소외에 대한 관심은 생명력 있는 것이 될 가능성이 높아진다. 자신과 이웃, 세상에 대한 관심에서 출발하기 때문이다.

나한테 교직관은 곧 인생관이기에, 그것은 언제 어떤 위치에서건 완전하고 명백하게 말할 수 있는 것은 아니다. 그것은 앞으로 경험과 배움을 통해 보완되어야 하는 것이다. 아직 미완이지만, 지금 갖고 있는 인생관과 가치관들을 진솔하게 나누고 서로 익히는 것은 분명 의미 있는 일일 것이다.

수업이끝나고
난뒤

학기 중간과 학기 말에 학생들한테 받은 개인적인 편지들을 모았다. 어떤 학생들은 수업에 참여하는 동안 품은 속내를, 또 어떤 아이들은 고민을 털어놓기도 한다. 교사와 학생 간에 일어나는 이런 진솔한 피드백은 수업을 진행하는 동안 커다란 활력이 되는데, 교사와 학생이 함께 호흡하고 있다는 느낌을 주기 때문이다. 또 학생들의 생산적인 비판은 다음 수업을 준비하는 데 밑거름이 된다. 때때로 익명으로 진행되는 공식적인 강의 평가에서 독한 비판을 받는 경우도 있는데, 그럴 때는 솔직히 마음에 상처를 받는다. 그러나 신뢰와 애정이 담긴 비판은 새로운 고민거리를 주고 격려와 용기를 준다. 대한민국의 대학은 외국 대학보다 교수와 학생 사이의 신뢰와 친밀함의 수준이 낮다. 어떤 학생들은 필요 이상으로 교수를 조심스러워하거나 두려워한다. 그런 풍토는 빨리 사라졌으면 좋겠다. 평등한 관계에서 나누는 교류는 서로 풍요롭게 한다.

고수님, 제가 그렇게 별난 학생은 아닌 거죠?

여태껏 많은 수업을 들었는데 이렇게 제가 스스로 생각하고 의문을 품으며 배운 수업은 대학에서도 처음이었어요. 그래서 단지 수업에 참여한 것뿐이었는데도 살아 있다는 기분을 느꼈어요. 첫 시간에 교수님 말씀을 듣고 이런 얘기를 드리고 싶었는데, 사실 조금 걱정이 됐거든요.

전 중학교 때부터 단짝 친구와 우리나라의 교육과 현실의 부조리함을 고민하고 생각하고 토론하는 것을 즐겼거든요. 그리고 불합리하다고 생각하면 정당한 이의를 제기했구요. 하지만 수업 시간에 질문을 하거나 선생님의 개인적인 이론(특히 역사 과목에서)에 반론을 제기하거나 여성 비하 발언에 여성 차별이라고 말씀드리면 주로 '딴지'나 시비라고 생각하시는 바람에 상처도 많이 받았어요. 다른 아이들도 좀 별난 아이라고 생각한 것 같아요. 그냥 대충 넘어가면 편하다는 이야기를 가장 많이 들었죠.

저랑 그 친구 별명이 철학자였는데 중학교 동창들이 제 전공이 과학교육이라고 하면 깜짝 놀라요. 다들 제가 철학과를 갈 줄 알았다고 하더라구요. 제 친구가 대기업에 취직했다는 사실에는 거의 기겁을 하죠. 물론 그때는 어렸고, 지금 생각해보면 웃음도 나지만 제가 유일하게 저다운 시기였던 것 같아요.

문제는 지금도 그렇지만 그때 전 너무 어리고 보잘것없는 사람이었는데 자꾸 현실과 마주보고 남들이 보지 못하는 것을 보고 생각하고 고민하면 할수록 답답하고 힘들기만 하더라구요. 상처도 많이 받게 되고……. 어쩌면 다른 사람들이 못 본다기보다는 알면서 너무 힘드니까 일부러 현실을 외면하는 건지도 모른다는 생각이 들었어요. 그래서 고등학교 진학을 포기하고 검정고시나 대안학교를 심각하게 고려했는데, 부모님 반대에 부딪치고 제 자신도 이상과 현실의 괴리에 지쳐가는 게 너무 힘들어서 그냥 제 자신을 마음 속 깊은 곳에 가두어놓고 다른 아이들과 똑같은 척하며 학창 시절을 보냈습니다.

사실 대학에 와서도 쉽게 적응을 못 하고 2년 정도 방황을 했고, 휴학도 했습니다. 상담도 받았구요. 저는 세상을 뜨겁게 사랑하고 제 삶의 진정성을 고민하는데, 남들이 흔히 하는 토익이나 취업 준비 같은 일이 실제 제 삶에는 더 도움이 되는 현실과 달달 외워서 학점을 받아야 한다는 것이 버겁더라구요. 그래서 교수님 수업을 들었을 때 '내가 진짜 원한 수업이 이런 것인데!' 하는 기쁜 마음과 함께 예전에 내가 현실에 대해 고민하면서 느낀 그 힘든 과정을 다시 답습하면 어쩌지 하는 불안감이 동시에 엄습해 왔습니다. 그런데 지난 수업에서 해답을 얻었습니다. 정말 어둠 속에 한줄기 빛이라는 표현이 어떨 때 쓰는지 정확히 와 닿더라구요. 제가 대책 없는 상념에 고뇌하는 이상주의자라 할지라도 꿈을 꾸고 제 소신대로 아이들을 교육한다면 제 제자들 중에서 분명 어떤 사람은 저처럼 꿈을 꾸고 세상을 바라보겠죠. 또 그 아이들이 교직에 나가거나 자식을 낳으면서 작게는 우리나라의 교육이 크게는 이 사회가 분명히 아주 조금이라도 바람직한 방향으로 선회할 수 있을 거라는 희망이 생겼습니다. ^^

뭐가 뭔지 헷갈려서요

지지난 주에 '한국의 교육열은 생산적인가, 파괴적인가?'에 대한 어느 학생의 RP를 듣고 수업 내용을 듣다 보니 생각하던 것보다 이 문제가 심각하다는 것을 느끼게 됐어요. 저도 사교육을 많이 받았지만 '저건 좀 심한데? 굳이 저렇게까지 안 해도 대학 잘 가고 나중에 잘 사는데'라고 생각하니까 우습기도 하고, 도대체 교육의 목적이 무엇이고 어디로 가고 있는지도 모른 채 어떤 것에 홀려서 빠져가는 기분이랄까?

그런데 계속 드는 생각은 이 문제가 심각한 건 알겠는데 그래서 어떻게 해야 되나 하는 물음이었고, 아무리 생각해봐도 해답을 찾을 수 없는 거 같았어요. 솔직히 이민 안 가고 우리나라에서 계속 사는 이상 나중에 자식을 낳으면 어쩔 수 없이 나도 사교육을 많이 시킬 수밖에 없을 거라는 생각이 드는 거예요. 교육열에 휘둘리고 고통받았고 그것을 비판하는 나부터 동참하지 않을 자신이 없는데……. 심지어는 교육을 하는 분들도 열성적으로 사교육을 시키고 자녀들을 조기 유학 보내는 경우도 종종 봤거든요.

고등학생 때 어느 국어 선생님은 S대 출신이셨는데 학벌 위주와 입시와 관련된 모든 것에 비판적이었어요. 학생들이 문제집 들고 가서 질문하면 이유 없이 심하게 면박을 주고, 대학 수시 모집 강의에서 좋지 않은 소리도 하고……. 그런데 정작 그 선생님은 유명한 입시 출판사 문제집 집필자였고, S대 합격한 아이들을 은근히 편애하고, 여러 가지 자기모순 때문에 학생들 비판도 많이 받았어요.

어떻게 보면 우리 사회 전체가, 대부분의 교육자가, 나부터도 이상과 현실의 괴리에 괴로워하고 있는데……. 이런 생각을 하면서 참담한 심정에 빠지는 걸 피할 수 없게 되네요. 주절주절 횡설수설하면서 쭉 썼는데 '심각한 현실은 충분히 느껴지는데 그 해결 방법은 무엇인가?'와 '아직까지는 우리 사회에서 이상과 현실의 차이가 있기 때문에 정말 어려운 문제여서 나도 모르겠다'는 질문 같아요. 솔직히 교수님한테 여쭤보고 싶은 게 많았고 하고 싶은 말도 많았어요. 앞으로 또 메일 보내도 될까요? 행복한 다음 수업 시간에 뵐게요.

선생님, 제가 바로 그 'Little boy'입니다

지난 수업 시간에 교수님께서 읽어주신 짧은 글 'little boy'는 무척 와닿았어요. 왜냐하면 그 리틀 보이는 어린 나였기 때문이죠. 학교 다닐 때 저는 미술 시간에 선생님께서 어떻게 그리라고 설명을 해주지 않으면 그림 그리는 일이 너무 곤혹스러웠어요. 미술 학원에서 "선생님, 여기에 무슨 색깔로 칠해요?", "선생님, 이 정도로 칠하면 돼요?"라는 질문을 거듭하면서 그림을 그린 거예요. 저는 6년 동안 아주 성실하게 미술 학원을 다녔는데도 제가 그린 그림 중 그 어느 것도 제가 원하는 그림이 아니었습니다. 심지어 풍경화를 그릴 때도 나무들을 학원에서 배운 점묘법으로 연두색, 초록색 그리고 더 진한 초록색, 이렇게 세 가지 색깔로만 칠해야 했는데 그때는 뭐가 문제인지 전혀 눈치 채지 못했습니다. 아니 잘못됐다는 생각조차 해본 적이 없었습니다. 이렇게 되기까지 특별히 기억에 남을 만한 사건도 없었구요. 그것 때문인지 저는 미술을 별로 좋아하지 않았고, 그냥 내가 미술에 대한 감각이 떨어지는 아이인 줄만 알고 있었습니다.

그런데 대학교에 와서 미술 교양 수업을 듣는데, 미술 작품 감상이 얼마나 즐거운 일인지 처음으로 느꼈습니다. 좋아하는 음악을 할 때, 노래를 부를 때 내 감정을 자연스럽게 실어서 나만의 방식으로 표현하는 것처럼 미술도 내 감정을 실어서 원하는 것을 표현하면 된다는 것을 스물두 살이 된 지금에서야 깨닫게 되었습니다. 이 얼마나 어이없는 일인가요!

이제야 어렴풋이 제가 받은 교육이 어디가 어떻게 문제였는지, 제가 받아온 교육과정이 지금 제 모습에 어떤 영향을 미쳤는지 조금 알 것 같습니다. 그렇다면 이제 앞으로 제가 받게 될 교육과정을 어떻게 자유롭게 수용할지가 남아 있는 것 같습니다. 작은 발견이지만 저한테는 큰 사건이 되었습니다. 교육의 힘이 무엇인지 조금 알 것 같아요.

사실은 수업 내내 많이 혼란스러웠어요

처음 이 수업을 들었을 때 갈피를 못 잡았던 게 생각납니다. 여느 수업과는 다른 게 확실한데 무엇이 다른지, 어떻게 공부를 해야 하는지, 이 수업이 끝나면 내가 배울 것은 무엇인지 고민하느라 많이 방황한 것 같네요. 또 교수님께서 교육에 대해 끊임없이 질문을 던지고 문제를 제기하고 비판하시는 게 많이 부담이 됐던 것도 사실이에요. 저는 교육학이 뭔지도 잘 모르고 교육에 관해 진지하게 생각해본 적도 없는데, 교수님의 질문을 어떻게 주워 담아야 할지 그게 혼란스러웠던 것 같습니다. 다른 학생들도 저와 비슷할 거라고 생각하는데 아마도 이런 수업이 처음이라 모두 진통을 겪은 거 같아요. 수업이 끝나고 생각해보면 이런 수업이야말로 분명히 가치 있고 이렇게 진행되어야 한다는 것을 알게 되지만, 어느 누구도 지금까지 이런 수업을 겪어보지 않았기 때문에 더 감을 못 잡고 힘들었던 것 같습니다. 어쩌면 이 수업에서 가장 부담을 느꼈을 분이 바로 교수님이라는 생각이 들었어요. 혼란스러워하는 학생을 데리고 수업을 이끌어 나가셔야 했을 테니까요.

어쨌든 그런 제가 이 수업에 흥미를 가지게 된 건 RP인 거 같습니다. 사실 처음에는 부담도 많이 느꼈어요. 그나마 그 동안 써보던 논술도 아니고 에세이를 쓰라고 하시니…… 수업에서 에세이는 써본 적도 없고 객관적인 글만 써야 할 거 같은데 나를 어떻게 글 속에 녹여내야 할지 모르겠더군요. 어찌됐든 '솔직하게만 써보자' 하는 심정으로 처음 썼던 RP였는데 예상 밖으로 교수님과 소통이 잘 돼서 큰 보람을 느꼈습니다. 제가 쓴 글이지만 교수님이 수업 시간에 직접 읽어주시고 피드백을 주시니 느낌이 묘하더라구요. 제가 썼을 때보다 더 깊은 글이 된 것만 같구요. 그 뒤로 여러 차례 에세이를 썼는데, 이 수업에서 제가 가장 많이 성장할 수 있던 계기가 RP 같아요. 점수를 떠나서 정말 모든 주제에 관해서 한 번씩 다 써보았으면 좋았을 걸 후회가 남을 만큼 매 시간 제시된 질문들도 누구나 한번쯤은 생각해봐야 할 내용이더라구요.

공부를 하면서 이런 주제들이 처음에는 이상했지만 나하고 직접 연관되어 있다는 사실을 깨달았습니다. 또 보잘것없는 글이었지만 교수님께서 정성스레 제 글에 코멘트를 달아주셔서 그것도 감사했습니다. 그것이 또 저한테 도움이 된 것 같습니다.

왜 그렇게 학교가 지긋지긋했는지 이제 알게 됐어요

이번 학기 선생님 수업을 듣고 제 교육관에 큰 변화가 일어났습니다. 초등학교부터 고등학교까지 12년 동안 학교를 다녔지만 왜 그렇게 학교가 지긋지긋하고 다시 되돌아가고 싶지 않은 곳으로 기억되고 있는지 성찰하게 되었고, 이것 때문에 나중에 학생들한테 한걸음 더 가까이 다가가는 교사가 될 수 있을 것 같다는 생각이 들기도 했습니다.

다른 교수님들하고는 다른 독특한 방식으로 수업을 진행하셨을 때 회의적인 생각이 많이 들었고 얼마간 저러다가 마시겠지(다른 수업에서도 그렇거든요) 했는데 교수님 정말 대단하신 것 같다는 생각이 드네요(이건 아부 아닙니다 ^^;). '나중에 나도 학생들에게 이런 문제의식을 심어줄 수 있는 교사가 될 수 있을까?'라는 생각에 제 자신이 많이 부끄러워집니다. 교과서를 달달 외울 때는 배우는 것이 있다는 생각을 하지만 시험을 보고 나면 모조리 잊어버려서 남는 것이 많이 없더라구요. 제가 투자한 시간에 비해서. 그런데 이 수업은 그런 수업과 달리 지식을 주입하는 방식이 아니라 제 자신의 경험을 바탕으로 교육이 과연 무엇인지 생각할 수 있는 시간이었고, 뼛속까지 깊이 있게 배워서 건진 것이 많다는 생각이 들어요.

통찰력을 기르는 공부가 편지 이젠 조금 알 것 같아요

몇 번이고 교수님께 메일을 보낼까 고민하다가 이제서야 이렇게 보내게 되었습니다. 그 동안 다른 교수님들께 보내는 메일은 늘 학문적인 탐구 주제나 수업에 대한 질문뿐이었는데 다른 학생들이 교수님께 마음을 터놓고 고민을 나누고 조언을 구하는 것을 보면서 이렇게 저도 한 번 용기를 내보게 되었습니다.

저는 아주 어릴 때부터 교육의 '중심지'인 대치동 주변에 살면서 온갖 사교육이란 사교육은 다 받으며 자라왔습니다. 그래서 혼자 어떤 주제를 깊이 생각하거나 고민하는 것은 사치였고, 학교가 끝난 뒤 여러 가지 학과목 학원들과 예체능 학원들을 모두 다니면서 사회와 학교가 세워놓은 인재의 기준에 도달하려고 끊임없이 노력해왔습니다. 요즘 학부모들과 학생들이 부러워하는 좋은 사교육 환경 속에서 저는 부모님의 기대에 부응해 나쁘지 않은 결과를 얻어왔고, 지금 이 자리까지 오게 되었습니다.

초등학교, 중학교, 고등학교까지 이어지는 사교육, 주입식 교육의 끝없는 굴레 속에서 살던 저는 대학에 합격한 뒤 이제부터 정말 자유로운 분위기 속에서 참된 학문을 배울 수 있을 거라고 기대했지만, 현실은 너무나도 냉정했습니다. 학부제에서 좋은 학과에 진입하려는 또 다른 경쟁, 학창 시절과 별다를 바 없는 수업과 공부 방법, 내용들……. 그리고 무엇보다도 가장 실망스러운 것은 대학에 와서도 변하지 못하는 제 태도였습니다. 대학에 와서도 늘 보고서에는 논술 학원이나 교과서에서 배운 그대로 '참된 교육은 깊은 통찰력을 가지고 스스로 진리를 탐구하고 생각하는 것'이라고 자신 있게 적었습니다. 하지만 현실의 저는 말로만 제대로 된 교육 운운하고 있었을 뿐 속으로는 통찰력이 무엇인지, 진리를 탐구하고 생각하는 것이 도대체 어떤 것인지 제대로 알고 있지 못했습니다. 참된 교육자는 전문 지식과 뛰어난 교수 방법에 앞서 교사로서 올바른 인격과 교육적 가치관을 지녀야 한다고 생각해왔던 제게 이런 제 자신의 모순적인 태도는 큰 충격으로 다가올 수밖에 없었습니다. 과연 제가 이런 마음가짐으로 미래의 교육계를 책임질 교사가 될 수 있을지, 그런 자격이 있는 것인지 끊임없는 의문이 들었습니다.

하지만 이렇게 어리석었던 제가 교수님의 교육학 개론 수업을 들으면서 조금씩 변하고 있습니다. 지금까지 단 한 번도 이런 분위기의 수업을 수강해본 적도, 교수님 같은 분을 만나본 적도 없기에 지금까지 제 생각과 행동이 조금씩 바뀌어가고 있다는 것을 직접 느끼고 있습니다. 그래서 교수님과 이 수업을 함께 한 친구들에게 감사하고, 앞으로 얼마 남지 않은 학기 동안 최선을 다해 노력해보려고 합니다. 앞으로도 교육할 때 고민이 생기면 교수님께 이렇게 메일을 보내도 괜찮을까요?

이제야 공부할 준비가 된 것 같아요

개론 과목의 수업을 들을 때마다 멀리뛰기를 한 것 같은 느낌을 받을 때도 있었고, 실망을 애써 눌러야 한 적도 있었습니다. 그러면서 드는 생각은 큰 기대 하지 말고 수강하는 것이 좋겠다는 것이었습니다. 그런데 교육학 개론을 수강하면서 철학 전공 공부를 하며 쌓은 토대 위에 구체적인 방안이 쌓이는 것을 느낀다고 눈을 반짝이던 동기의 모습이 참으로 인상적이었습니다. 그때부터 교육학을 인문학에 더 가까운 것으로, 인문학적 소양을 갖추기 위한 것 그리고 교육하기 위한 것이 아니라 교육 자체를 이해하기 위한 기초라고 생각했지요.

때로는 사회생활을 하면서 인문학에 대해 무기력을 느끼기도 했습니다. 차를 정비하거나 집을 짓고 수리하는 기술이라도 있었으면 더 구체적으로 다른 사람을 도울 수 있고 타인의 삶에 이바지할 수 있을 텐데, 제가 할 수 있는 구체적인 일이 없다는 생각에 인문학을 전공한 것을 한동안 후회하기도 했습니다. 그러다 구체적인 업무를 할 때도, 일상생활을 할 때도, 사람과 삶을 이해하고 또 삶의 과정을 거쳐 가는 데 인문학과 인간학이 얼마나 중요하며 필요한지 느끼게 되었습니다.

강의를 듣기 전에는 나하고는 별로 상관이 없을 것 같은 낯선 사람들이 알고 보니 각각 치열한 인생을 살아온, 저마다 생각이 있는 놀라운 존재임을 알겠더군요. 세상 물정은 하나도 모를 것 같은 얌전한 조원이 학비를 벌기 위해 아르바이트 전선에 뛰어든 얘기를 할 때, 개성이 너무 강해서 쉽게 친해질 수 없을 것 같은 조원이 타인의 심정을 살뜰하게 헤아리면서 정작 자신의 감정 표현에는 무척 서툰 모습을 보이던 첫 조 모임에서 그런 깨달음의 실마리를 느꼈습니다.

저 또한 아직 가족 말고는 누구에게도 말하지 못했지만, 망막색소변성이라는 불치 질환을 갖고 있는 사람입니다. 야맹증이 주된 증상인 이 안질환은 아직 치료법을 알아내지 못한 질환으로 실명에 이를 수 있답니다. 초등학교 고학년 때 처음 알게 된 이래 늘 기도하는 마음으로 지내고 있습니다. 질환의 주된 증상인 야맹증으로 주변 사람들의 도움을 받을 일이 있습니다. 이런 형식의 수업이나 이런 친구들을 만나지 못했다면 저는 제 병에 관해서 터놓고 친구들에게 얘기하지 못했을 겁니다.

제 질환에 대한 의식이 제 성격 형성이나 삶에 제가 어쩌할 수 없는 영향을 미치고 있지 않을까, 혹시 그것을 바로 볼 수 있지 않을까 한 것이 심리 상담을 받겠다는 결심을 한 이유였습니다. 상담을 받으면서 문제의 본질을 깨달으며 제가 어떻게 할 수 없다고 여겨 온 바로 그 질환에 대한 인식까지도 바꿀 수 있었고, 그런 인식조차도 제 마음 속에서 나온 것임을 깨달았지요. 그것은 미처 예상하지 못한 경험이었습니다. 알고자 하는 마음에서 시작했지만 깨달음과 일체가 되는 것은 평생을 두고 추구해야 하는 것이라는 것을 느낍니다. 그리고 제 모습이 더불어 살아가고 있는 많은 사람들과 다르지 않으며 이런 인식은 더 생생한 삶의 색깔을 내기 위해 누구에게나 필요한 인식의 과정임을 느낍니다.

이번 교육학 개론 수업을 통해서 더 넓은 곳을 볼 수 있는 시야와 여유를 갖게 되었습니다. 일련의 과정을 통해 교육학을 더 깊이 공부해보고 싶다는 생각을 하게 되었습니다. 구체적으로 교육 현장에서 활동을 하게 되지는 않더라도, 동서양의 철학과 교육사상사를 살펴보고 깨달음을 중심으로 자기 수양을 통한 교육의 가능성과 성과를 연구해보면 어떨까 합니다. 교사와 학습자 측면에서 자신을 수양한다는 것에 초점을 두어 교육사상, 교수법과 연관 가능성까지도 생각해보려고 합니다. 책 한 권을 손에 쥐는 것부터 시작할까 합니다. 이제 공부할 준비가 된 것 같아요. 여기까지 이끌어주셔서 깊이 감사 드립니다.

조금씩 변해가는 제 모습에 놀라움을 느껴요

교수님, 막연히 교사가 되겠다고 생각하고 사범대에 왔으면서도 오랫동안 해결하지 못한 고민이 있었는데, 어느 정도 해결의 단서를 찾고 희망을 얻게 되었습니다. '나처럼 공교육을 불신하는 사람이 어찌 학교 교사가 될 수 있을까?'라고 생각했거든요. 하지만 많은 시간을 돌이켜 생각해보니 제 문제의 본질은 참된 교사가 되기 전에 꼭 거쳐야 할 깊은 사유와 치열한 반성을 거치지 않았다는 것이었습니다. 지금도 부족함을 많이 느낍니다. 부족함을 느끼지도 못하던 지난 세월에 견줘 조금씩 발전하는 제 모습이 놀랍습니다. 변화를 느끼게 해주셔서, 3개월 동안 제게 잊지 못할 소중한 시간을 만들어주셔서 정말 감사합니다.

다시 세상을 따뜻한 눈으로 볼 수 있게 해준 친구들에게

저는 친구들 사이에서도 시니컬하기로 유명해서 친구들은 남자친구와 헤어지고 싶은데 미운 정 때문에 차마 등 돌리지 못할 때, 직장에 사표 내고 싶은데 돈 몇 푼에 자꾸 발목을 잡힐 때, 심지어 결혼을 앞두고 파혼을 고려할 때처럼 자르거나 떠나거나 버리고 싶은 것이 있을 때 제게 상담을 요청했어요. 극도로 비관적이면서 현실적인 미래 예측을 들으면 결심이 굳어진다면서 말이죠. 그러나 이렇게 모든 비관적인 변수들을 기가 막히게 생각해내는 제 재주의 이면에는 사실 지나치게 이상주의적인 원래 제 성격이 자리잡고 있어요. 그러나 고등학교와 대학교, 직장을 거치면서 자주 제 이상이 좌초하고 난파하는 것을 경험한 뒤 저는 회의론자가 되어버리고 만 거죠. 그런 회의감은 나이가 들면서 점점 세상뿐 아니라 인간에게도 적용이 되더라구요.

그런 삶을 살아오다가 이번 학기에 교육학 개론 수업을 만났고, 15주의 수업과 스물다섯 명의 친구들은 제 가치관을 다시 한 번 바꾸어놓았습니다. 학기가 진행되면서 교수님의 강의를 듣고 친구들과 이야기를 나누며, 특히 어제 종강 때 한 분 한 분 돌아가면서 놀랍고 희망차고 감동스러운 이야기들을 하면서 내 안에 꼭꼭 가둬 둔 예전의 내가 다시 꿈틀대는 것을 느꼈습니다. 사람이 꽃보다 아름답다는 말을 책이나 노래 가사가 아니고 현실에서, 그것도 '교실'이라는 공간에서 느껴보긴 이번이 처음입니다.

교수님과 우리 반 친구 여러분들 모두 제가 따뜻한 눈으로 세상과 사람을 바라보는 인간으로 다시 태어나도록 도와주셨어요. 진심으로 감사드립니다. 모두 자기 마음 속의 희망과 더불어 행복하시길 빌겠습니다.

닫는 글

　그 동안 수업에서 함께 호흡해온 많은 학생들의 얼굴이 떠오른다. 학생들과 함께 한 시간들이 한 권의 책이 되었다. 한편으로는 부끄러움이 앞선다. 그러나 나는 내가 만난 학생들, 우리 교육의 산 증인들이 쏟아놓은 이야기들이 그 어떤 이론서들보다 더 가치 있다고 생각한다.

　처음에 학생들은 자기 목소리 내는 것을 많이 부담스러워했다. 그 아이들에게는 복잡하고 어려운 이론을 외우는 편이 훨씬 쉬웠을지도 모른다. 어떤 주제에 관해 '네 생각'을 말해보라고 하면 똑똑한 학생들도 얼굴이 창백해지거나 짜증 섞인 표정을 지었다. 그 학생들은 이렇게 불편한 작업을 왜 해야 하는지, 그것이 어떤 의미가 있는지, 또 그것이 자기 삶을 얼마나 풍부하게 하는지 처음에는 예상하지 못했다.

　끙끙거리며 시작한 글쓰기 작업을 통해 학생들은 자기 내면과 만났고, 차츰 스스로 생각하는 법을 익혀가기 시작했다. 암기가 아니라 생각이 시작된 것이다. 객관적 지식에 머물러 있던 학생들에게 이것은 하나의 독특한 체험이 되었다. 주체적으로 생각하는 과정은 무의식적 경험 안에 숨어 있던 진실들을 의식의 수면 위로 끌어올려 주었고, 그 과정에서 학생들은 자신의 글을 토해놓기 시작했다. 글이 점점 쌓여가면서 거기에 자기 성찰과 판단의 근거를 끌어낼 힘이 붙기 시작했다. 또 다른 차원에서 세상을 바라보는 안목도 생겼다. 이렇게 해서 학습의 진짜 즐거움이 시작된 것이다.

　학생들의 이런 변화는 교사인 나한테도 중요한 의미로 되돌아왔다. 가르치고 배운다는 것은 무엇인가? 그것은 삶이 새로이 창조되는 과정이요, 순간이다. 정직한 학생들의 증언은 나한테 교육 실재에 한층 더 가까이 다

가설 수 있는 용기와 지혜를 안겨주었다.

매주 학생들의 RP를 읽으며 나는 그 다음 강의를 준비한다. 가능하다면 학생들의 생생한 경험을 강의 내용과 연결해 날실과 씨실처럼 엮어보려고 노력한다. 나는 수업이 들숨과 날숨으로 구성된 하나의 호흡 과정이라고 생각하기에 때로는 학생들에게 산소를 공급하듯 신선한 생각과 아이디어를 제공하려고 하고, 때로는 학생들이 뱉어내는 왜곡된 경험의 고통과 그 표현들을 기꺼이 받고자 한다.

또 나는 수업이 음식을 섭취하고 배설하는 신진 대사 과정이라고 생각하기에 가능하면 매일 가장 신선한 재료로 그날의 식탁을 준비하려고 한다. 신문 기사를 스크랩하고 학생이 쓴 글 중에서 함께 공유하고 싶은 부분을 발췌해서 학생들에게 제공한다. 학생들은 교사한테 완결된 지식을 전달받는 것이 아니라 다양한 삶의 내용들과 만나서 이것을 자기 것으로 만들어내는 과정에 참여하게 된다. 선택과 창조는 학생들의 몫이다. 이렇게 학생들은 자신이 갖고 있는 경험적 자료들을 보태서 선택적으로 소화해내면서 스스로 필요한 정신적 자양분을 만들고, 나아가 자기 지식과 인격을 만들어간 것이다.

나는 마이클 폴라니[Michael Polanyi]가 말한 '인격적 지식[personal knowledge]'이라는 개념이 좋다.* 객관적 지식에 대한 신화를 깨고 오히려 학생들에게 객관과 주관 사이를 자유롭게 항해할 수 있는 자유로움과 용기를 주어 자기 자신만의 인격적 지식을 만들어가라는 것이다. 이렇게 하려면 학생 개개인의 주

---

* 폴라니는 모든 앎의 행위에는 알고자 하는 사람의 개인적이고 인격적인 참여가 필요하다고 보았다. 개인적 참여는 단지 앎을 주관적으로 만들지 않으며 오히려 보편타당성을 추구하는 책임 있는 행위다. 그런 앎이야말로 숨겨진 실재와 실제로 접촉한다는 점에서 객관적이라고 할 수 있다. 개인의 주관적 행위와 객관적 실재가 융합된 지식을 인격적 지식이라고 부른다(마이클 폴라니, 김봉미·표재명 옮김, 《개인적 지식》, 아카넷, 2001).

체적 관심을 세계 속에서 확장시켜 나갈 수 있게 학문적 자유를 한껏 허용해야 한다. 그때야 비로소 앎과 삶이 한 인격 안으로 통합될 수 있다. 나는 교육학 수업이 그런 행복한 시간이 되기를 바랐다.

평가의 그물에서 학생들을 구출해내기

대학 수업을 하면서 가장 먼저 극복해야 하는 높은 장벽 중 하나는 학생들을 상대평가에 따른 '우열 강박증'에서 해방시키는 것이었다. 대한민국의 학생들은 대부분 우열 의식을 조장하는 상대평가라는 그물에 단단히 잡혀 있다. 이 문제는 심각하다. 오랫동안 평가의 덫에 걸려 상처 입은 학생들을 치유하는 일은 생각처럼 쉽지 않다. 강의 첫날부터 학생들의 관심은 온통 평가 방식과 기준에 쏠려 있다. 그 기준에 따라 자기 학습 방식을 맞출 준비가 되어 있다. 학생들은 자기 관점이 아니라 평가 기준에 맞게 공부하려고 한다. 문제의식에 몰두하는 것보다는 교수가 무엇을 원하는지 눈치를 살피려 한다. 학점을 잘 받으려고 그러는 것이다.

이런 문제 때문에 학생과 교수의 순수한 관계는 일그러진다. 이런 사제 관계 안에서 어찌 생산적이고 창조적인 가르침과 배움이 가능할까? 상대평가 때문에 발생하는 교수와 학생의 관계 왜곡 현상은 애써 외면하고 싶은 교육 현실이 되어버렸다.

나는 대학들이 기존의 상대평가 제도의 모순과 약점을 고칠 의지가 있다면 지금보다 훨씬 질 높은 교육을 할 수 있을 것이라고 믿는다. 그만큼 상대평가의 폐해는 대학 교육의 질을 떨어뜨리고 있다.

학생의 처지에서 볼 때 현재 진행되는 방식의 '시험'은 커다란 '낭비'일지 모르겠다. 여기서 이 문제를 다 논할 수는 없다. 다만 그런 불필요한 낭비를 줄이려고 나는 시험 대신 자유글쓰기를 택했다. 자기 생각을 심화하기 위한 글쓰기와 교수와 친구들의 피드백은 평가라기보다는 대화에 가깝다. 학생들의 글에는 사고의 흐름, 깊이, 넓이, 진지함, 문제 해결 의지와 아이디어 등이 들어 있어 대화를 나누는 마음으로 내 소견을 적어 돌려준다. 그리고 그 과정을 성실하게 기록한다. 평가의 본래 목적은 학습과정에서 학생들의 성장을 촉진하기 위한 것이지 서열화하기 위한 것은 아니기 때문이다.

또 교수가 일방적으로 평가하는 한계를 극복하려고 상호주관적인 평가 방식, 즉 다자간 평가 방식을 택했다. 학생 스스로 평가에 참여하게 하는 것이다. 자기평가와 동료평가 30퍼센트, 중간 글쓰기 과제물 30퍼센트, 기말 개인 연구 과제 30퍼센트, 출결 10퍼센트를 합산한다. 자기평가와 동료평가는 학습의 자기 책임성과 성실함, 그리고 그룹 안에서 미치는 영향에 대한 평가로, 학생들이 진실하게만 대답해준다면 상당히 정확하고 공정한 근거가 된다. 처음에 이런 평가 방식에 관해 염려가 아주 없던 것은 아니지만 실제로 해보니 신뢰할 만했다. 다만 교사의 전문성과 도덕성, 학생의 정직성에 대한 신뢰가 없을 때는 여전히 비판의 소지가 남는다. 성적 이의 제기가 있을 경우에는 구체적인 근거 자료를 투명하게 제공하는 방식으로 해결한다.

이 모든 노력에도 불구하고 나는 때때로 학생들에게 못할 짓을 하고 있다는 느낌을 받을 때가 종종 있다. 평가라는 행위 자체가 자유로운 배움에 올가미가 될 수 있기 때문이다. 또 상대평가는 그 방법이 아무리 합리적이라고 해도 인간을 줄 세우는 제도다. 인간이 인간을 줄 세우려 하는 그 발상이 싫다. 핀란드 교육의 목표는 꼴등을 없애는 것이라고 한다. 얼마나 인간적이고 멋진 생각인가! 우리에게도 바로 그런 정신이 필요하다. 모든 인간은 마땅히 존중받아야 하며 자신이 가진 재능과 능력을 고르게 인정받아야 한다.

매 학기 첫 시간 강의 안내를 할 때 나는 늘 학생들에게 이렇게 말한다.

"성적에 매이지 말고 즐기며 공부하세요. 자기 성장을 위해서 하세요. 점수, 그거 허구에요. A+ 받으려고 애쓰지 말고 진짜 실력이 제 몸에 배도록 노력하세요. 그래야 훗날 후회가 없을 겁니다."

어떤 학생들은 이 말을 들으면서 얼굴이 환해진다. 그리고 고개를 끄덕인다. 하지만 교실 한쪽에서는 야유 소리도 적지 않게 들린다. '학생들이 처한 냉혹한 현실을 교수 니가 알기나 해?' 아주 냉소적인 반응이다.

학생들과 대화하면서 아이들이 왜 그렇게 성적에 집착하는지 알게 됐다. 그것은 사회의 낙오자가 되지 않으려고 벌이는 처절한 자기 방어 행위였다. 학생들은 낙오하는 것을 두려워했고 전쟁터처럼 변해버린 살벌한 현실에서 살아남으려고 몸부림치고 있었다. 우리 사회는 늘 1등만 기억하니까. 우등생이 아니면 사람 구실 못 한다고 믿고 있으니까. 우리 모두 사회가 만들어놓은 왜곡된 거짓 신화에 심하게 휘둘리고 있다. 이것 때문에 얼마든지 창조적이고 탁월한 인재로 클 수 있는 젊은이들이 점수에 집착하는 강박증 환자가 되어가고 있다.

21세기는 공존과 협력의 시대이며 소통과 창조적인 능력이 필요한 시대다. 따라서 상상력과 실천력을 갖춘 새로운 인재가 필요하다. 창조적 능력은 자유로운 사고에서 나올 수 있으며, 자유로운 사고는 마음껏 시행착오를 할 수 있는 여유로운 분위기에서 가능하다는 생각에, 진심으로 기회 있을 때마다 학생들에게 이렇게 당부한다.

"교수에게 잘 보이려고 공부하는 척하는 바보가 되지 말라. 자기 자신에게 당당해져라. 아무것도 두려워하지 말고 자기 자신을 신뢰하라. 무엇이 됐든 용기를 내어 도전하라. 배움이 자기 삶의 동력이 되게 하라. 이것은 삶의 가장 큰 즐거움이다. 두 눈을 크게 뜨고 세상을 바라보아라."

자유로운 존재가 되기 위해서

수업을 진행하면서 나는 단순하면서도 중요한 사실을 배우고 있다. 모든 사람들은 배우는 즐거움을 원한다는 것이다. 맛있는 음식을 원하듯이 배움의 즐거움, 배움의 맛을 원한다. 배우는 즐거움이야말로 인생의 최대 보상이다. 문제는 이 단순명료한 사실을 온몸으로 느끼고 의식하며 사는 사람이 많지 않다는 것이다. 학생들이 배움의 즐거움을 온몸으로 느낄 수 있도록 돕는 것, 그것이 교사의 일이다. 배움의 즐거움을 방해하는 장애물들, 즉 두려움, 무기력, 수동성, 비교의식, 경쟁심, 열등감을 걷어내고 학생들을 자유롭게 해줘야 하지 않겠는가! 학생들은 놀랍게도 자신의 경험을 돌이켜보며 글을 쓰고 대화하기 시작하면서 자기 속에서 잠자고 있던 학습의 즐거움이 꿈틀대는 것을 느낀다. 생생한 자기 경험은 이렇게 배움의 불쏘시개가 되었고, 그리하여 삶 전체가 타오르기 시작한 것이다.

학생들은 결코 텅 빈 머리로 교실에 들어오지 않는다. 아이들 나름대로 특수한 경험과 일반적인 지식들을 많이 가지고 있다. 바로 그 점이 핵심이다. 얼마나 다양한 학습 재료들이 학생들한테서 직접 공급될 수 있는지! 학생들은 진지한 대화와 토론을 통해서 자기 경험을 동료의 경험과 비교하면서, 또 텍스트의 내용을 거울삼아 생각하고 공감하고 비판할 줄 알게 된다. 여기서 중요한 것이 바로 대화의 기술이다. 처음에 학생들은 동료들과 대면하는 것을 낯설어 할 뿐 아니라 거기서 나오는 이야기들을 신통치 않게 여긴다. 다른 사람한테 소중한 것을 배울 수 있다는 사실을 잘 알지 못한다. 이제까지 곁에 있던 친구들은 그저 경쟁 상대일 뿐이었다. 그러나 학우들과 하는 대화가 자신에게 얼마나 유익한지 인식하는 순간부터 학생들은 그 시간을 기다린다. 진지하고 솔직하고 깊은 대화는 그때부터 시작된다. 이 과정에서 학생들은 주어진 텍스트, 자신의 경험, 상대방의 경험을 섞어 가면서 저마다 특별한 정신적 자양분을 만들어낸다. 이런 수업은 결코 지루하지 않을 뿐 아니라 흥미진진하기까지 하다.

　다양한 배경과 성향을 가진 학생들이 결코 똑같은 방식으로 배우지 않는다는 것도 흥미롭다. 어느 순간에 '아하!' 하고 깨닫는 순간이 찾아올지는 아무도 모른다. 학생들은 자신의 흥미와 관심, 그리고 삶의 경험적 맥락과 맞아 떨어지는 어느 순간에 예측하지 못한 방식으로, 때로는 조용히, 때로는 폭발적으로 '아하!'의 순간을 체험한다. RP를 쓰는 동안, 친구와 대화하다가, 스스로 물음을 던지면서, 강의실 문을 나서다가, 전철 안에서, 또 기분 좋게 긴장이 감도는 수업 시간에 학생들은 저마다 자기 방식으로 자신의 길을 따라 스스로 깨치며 스스로 성장하는 것이다.

　가르친다는 것은 한마디로 스스로 성장하도록 돕는 일이다. 학생들은 스스로 자라난다. '모든 살아 있는 존재는 자기 힘으로 자란다.' 이 단순한 진리를 깨닫는 순간, 교사와 학생은 모두 자유인이 된다. 자유롭게 하는 교육이야말로 참된 교육이 아니겠는가!

추천의 말

늦깎이로 공부한 아내가 대학 강단에 섰다. 신바람 나게 일을 시작했지만 학교에서 돌아와서는 언제나 진한 고심의 흔적을 내비쳤다. 대학의 교실에 앉아 있는 학생들한테 피곤함과 침묵, 무기력과 단절감을 느낀다는 이야기였다. 생기발랄해야 할 젊은이들이 그렇지 못하니 어쩌면 좋을지 모르겠다는 것이었다. 우리나라 교육의 현주소를 말하려면 초·중·고등학교뿐만 아니라 '대학 강의실'에 대해서도 말할 필요가 있다고 말했다.

이 책에 담긴 글들은 아내가 대학 강의실에서 만난 다양한 학생들이 '경험 보고서' 형식을 통해 털어놓은 속 이야기 중 일부를 모은 것이다. 이 글들은 학생들이 교육과 공부라는 이름으로 겪을 수밖에 없던 삶의 정황들을 여실하게 보여주고 있다. 그리고 그 정황들은 과거의 이야기일 뿐 아니라 '현재진행형'이기도 하다.

나는 때때로 아내가 수북하게 쌓인 학생들의 글을 밤늦도록 읽는 것을 보았다. 학생들의 글에 일일이 응답하며 학생들과 소통하려 노력했고, 그런 수고스러운 방법을 통해서 자신의 수업에 생기를 불어넣고자 했다. 기존의 만들어진 이론을 가르치는 교육학 수업이 아니라 학생들이 자신의 체험을 바탕으로 생생하게 이론화 작업을 하도록 촉진하고, 스스로 확인하면서 자신의 길로 접어들 수 있게 돕고자 한 것이다. 상호 소통이 가능한, 이런 흥미진진한 교육학 수업은 분명히 색다른 시간이 되었을 것이다. 나는 이것을 최근 자주 회자되는 '내러티브 노잉'narrative knowing, 즉 '이야기 교육학'을 대학 수업에 적용한 독창적인 시도라 부르고 싶다.

하지만 그런 진심이 얼마나 통했는지 그 방법들이 얼마나 효과가 있었는지 장담할 수는 없다. 다만 나는 이 책에 담긴 글들을 그런 솔직한 만남과 상호작용의 표현들로 읽고 싶다. 우리 교육의 과제가 어떤 제도나 정책적 변화의 문제인 것은 분명하지만, 그것보다 좀더 중요한 것은 현장에서 살아 움직이는 교사 한 사람 한 사람의 정신과 실천이라는 생각이 다시 한번 절실하다. 또 이핑계 저 핑계를 대며 수업에 부실하던 나 자신이 부끄럽기도 하다.

이런 진솔한 삶의 이야기들 안에서 학생들이 학교에서 진정으로 무엇을 느끼고 무엇을 갈망하는지, 이것을 둘러싼 논의에 또 하나의 초점이 모아질 수 있기를 바란다.

송순재(감리교신학대학교, 교육철학)